華頓商學院趨勢剖析

多世代革命

人口組成與科技創新，
如何共創一個顛覆學習、
工作與娛樂的未來？

The Perennials

The Megatrends Creating a Postgenerational Society

Mauro F. Guillén

馬洛·吉蘭——著　謝明珊——譯

CONTENTS

多世代社會的關鍵數據

◇◆◇

預期壽命正在逐年增加，同一個舞台，多代同台演出。由於經濟變遷與科技創新，不同世代的人必須一起學習、工作、生活及消費。從求學、工作到退休的舊模式，在嬰兒潮世代和千禧世代可能說得通，但是如果再繼續沿用陳腐的群體劃分方式，恐怕會跟不上時代。革命已經開始了，現代人有很多條人生道路可以走，好適應各種變化和意外事件。後世代社會（postgenerational society）來臨了，每個人都是**不老世代**（perennials），人與人之間不再以出生的年分劃分，頂多只有工作、學習和互動的模式之別。

三十二歲：美國人的平均預期壽命，從一九〇〇年的四十六歲增加到一九九八年的七十八歲，增幅為三十二歲。

十九年至二十五年：美國人、歐洲人、拉丁美洲人和亞洲人，一旦過了六十歲，平均還可以再活十九年至二十五年。

十三年至十七年：一旦過了六十歲，身體還會有十三年至十七年的時間，繼續保持健康。

八代：在這個世界舞台上，目前有八個世代共存。

一八％：二〇二一年，美國有一八％的家庭屬於核心家庭，遠低於一九七〇年的四〇％。所謂的核心家庭，包含已婚雙親，以及至少一個未滿十八歲的子女。

同樣是一八％：二〇二一年，美國有一八％的家庭屬於多代同堂，遠高於一九七一年的七％，在同一個屋簷下，至少三代共同居住。

一〇％至一五％：三十歲以上的人口，有高達一〇％至一五％進入大專學習，刷新歷史紀錄。

三〇％至三五％：三十歲以上的人口，有高達三〇％至三五％正在使用數位平台學習。

四六％：有高達四六％的跨國企業高層看好多世代勞動力，認為具有潛在優勢。

三七％至三八％：英國Z世代和千禧世代選擇品牌時，有高達三七％至三八％是受到父母或監護人的影響，超過受名人和網紅影響的比率。

前言

多世代革命，如何打破既有職場與生活方式？

◇◆◇

ＢＭＷ是全球最知名的品牌之一，專門生產「終極的駕駛機器」。如果說福特（Ford）以流動式生產線聞名，豐田（Toyota）以參與式作業著稱，ＢＭＷ就是經常憑藉著科技突破，登上新聞頭條。近年來，ＢＭＷ傳奇的工程實力帶來許多創新，例如液壓前叉避震技術（機車騎在凹凸不平的路面，仍可保持平穩）；八汽缸合金引擎；電子控制防鎖死煞車系統；技術極度純熟的電動車。

最近ＢＭＷ還做了一件事，備受關注，開創五個世代共同的工作環境，讓不同世代的人相互合作，各自發揮獨特的能力和視角。ＢＭＷ重新設計工廠及公司內部各區，讓各個世代的勞工自由自在地合作，進而提高生產力和工作滿意度。

ＢＭＷ的母工廠位於慕尼黑，那裡是德國巴伐利亞自由邦的首府。ＢＭＷ官網寫著這段話：「工廠大約有八千位勞工，來自五十多個國家，其中八百五十位是實習生，每天大約製造一千輛汽車及兩千具引擎，這家工廠和ＢＭＷ全球生產網絡緊密結合。」

多世代的工作環境，看似會造成文化誤會、摩擦和衝突。大家總以為，不同的世代有不同的工作驅動力，可能是工作滿意度、薪資或員工福利，對科技的態度也可能不同，比方年輕人在和別人溝通時，偏好傳訊息與影片，但是其他世代傾向當面溝通。這導致許多企業（就連ＢＭＷ也是）曾經猶豫不決，以為不應該在生產線或辦公室，實行多世代齊聚一堂的工作模式。然而，不同世代的人互相合作，其實有顯著的優勢。ＢＭＷ觀察發現，年紀大一點的勞工，思維沒有那麼敏捷、快速，卻因為經驗豐富，懂得善用其他資源來解決問題。

然而年齡越大，工作表現不一定會走下坡。美國俄亥俄州立大學（Ohio State University）的研究團隊意外發現，創造力顛峰是在二十多歲和五十多歲，這是因為人們剛出社會，很依賴認知能力，但是隨著年紀增長，大腦運作的速度變慢，只好用經驗來彌補。不同年紀的人擁有不同的能力，這促使ＢＭＷ把各個世代齊聚一堂，結果發現年齡多元的工作團隊，兼具高速度和低失誤。這個主題的專家海倫．丹尼斯（Helen Dennis）主張：「多世代（multigenerational）團隊運用多元的視角，來看待專案或問題。想法越多元，目標越有機會實現。」

打破人生序列模型的生活方式

多世代工作環境越來越普遍，挑戰我們的傳統思維，包括我們如何看待不同年齡的人，以及我們在人生各個階段，可以做什麼、能夠做什麼。大家常會聽到，「我太年輕了，不適合那份工作」，或是「我太老了，無法適應新工作」。自從一八八〇年代，推行全民普及教育和「退休金」制度，人生就開始劃分成幾個階段。嬰兒期，只要專心長大和玩耍；再來是求學，可能還會上大學；緊接著是出社會工作，不知不覺就屆齡退休。回顧線性的人生，看自己活得完完整整，井然有序，於是就期許後代子孫，在未來的人生歷程中，也要完美複製同樣的軌跡。從那時候起，世上的時間就被嚴格劃分，變成一個個明確的人生階段。

這種人生編排方式被我稱為**人生序列模型**（sequential model of life），過去一百五十多年，每一個世代，無論在世界哪一個角落，從日本到美國、從北歐到非洲的南端，都恪守相同的規則。就連戰爭開打、帝國興亡、婦女爭取到投票權，以及人類登陸月球和探測器登陸火星，我們依然一代又一代延續著同樣的生活方式，無盡的重複。

但是長期以來，人口結構逐漸改變，人生序列模型有一點不合時宜。

我們比以前的人更長壽，這是眾所皆知的事實。一九〇〇年，美國人平均預期壽命是四十六歲，二〇二二年是七十八歲，再過二十年，還會增加到八十三歲，這已經扣除新冠肺炎的死傷人數。現在的美國人過了六十歲，平均還可以再活二十三年，但是如果在一九〇〇年，只能再活十年，是不是好太多了？足足多活了一輩子。西歐人的壽命更長，如果活到六十歲，平均還能再活二十五年，亞洲人還能再活二十年，就連進步空間很大的非洲，也還有十六年可活。人不只是更長壽，身心健康的期間也跟著延長，也就是所謂的健康壽命（health span），這意味著現在七十多歲的人還可以生龍活虎，如果在兩個世代以前，唯獨六十多歲的人才有這個福氣。

既然預期壽命和健康壽命延長了，**老**、**少**的定義也要因時制宜。一八七五年，英國《互助協會法》（Friendly Societies Act）規定五十歲以上就是「老年」。法國作家維克多．雨果（Victor Hugo）曾說：「四十歲是年輕人的老年，五十歲是老年人的青年。」他活到八十三歲，在一八八五年去世，相當於四成的人生都在老年度過。第二次世界大戰以來，老少的分界就劃定在六十歲。至於世界衛生組織（World Health Organization, WHO）的統計資料，一下子說六十歲，一下子又說是六十五歲，可見專家也不知道該如何劃分。世界經濟論壇（World Economic Forum, WEF）以動態的方式定義**老年**：人到了「老年」，還剩下十五年的預期壽命，或者平均還有十五年可活。現在的美國把老年訂為六十九歲以上，比起雨果那個時代整整多出二十年。

不過人類的壽命延長，並非一切都很美好。年輕人負責繳稅，退休人士享受醫療和退休金福利，雙方的摩擦越來越多。此外，人生過渡期令人進退維谷，比方青春期、中年危機、退休人生的孤獨感，或是人生偏離常軌，舉凡青少年懷孕、輟學、家庭悲劇、離婚或濫用藥物。大家都知道，許多職業婦女難以平衡工作和家庭，大多受到不公平對待，即使付出相同的努力，卻無法獲得同等的升遷與報酬。即使預期壽命和健康壽命延長，卻因為科技日新月異，導致我們受過的教育比以前更快過時。知識過時的速度，快到令人暈眩，在學校累積的知識，再也無法學以致用數十載。

換個方式，面對新世界的變局

何不換個方式，重新看待人生？

什麼年齡該做什麼事，並沒有常理可循。人生序列模型只是政治與社會建構出來的產物，基於父權和官僚的觀念，把民眾劃分成不同的群體與角色。本書主旨是，隨著預期壽命延長、身心健康改善，還有科技導致知識很快就過時，從根本改變**整個**生命歷程，重新定義我們在各個年紀做的事，以及各個世代該如何生活、學習、工作和消費。

我將這些巨變稱為**後世代革命**（postgenerational revolution），這會顛覆人生、企業、經濟，甚至全球社會。因此，我們將見證不老世代持續壯大，套句創業家吉娜·佩爾（Gina Pell）的話：「這群人包含各種年齡、種族和類型，超越了刻板印象，彼此互相連結，也跟周圍的世界建立關係……他們不是由所屬的世代來定義。」

美國廢奴主義者溫德爾·菲利普斯（Wendell Phillips）說過：「革命不是人為的，而是自然發生。革命就像橡樹一樣自然生長，源自於過去。革命從很早以前，就奠定了基礎。」確實如此，不老族群的革命也是長期趨勢的結果。不久前，只有五代人共存的紀錄，如今卻有八代人共存。以美國為例，這八代人包括α世代（二〇一三年以後出生）、Z世代（一九九五年至二〇一二年）、千禧世代（一九八〇年至一九九四年）、X世代（一九七五年至一九八五年）、嬰兒荒世代（Baby Bust，一九六五年至一九七九年）、嬰兒潮世代（一九四六年至一九六四年）、沉默世代（Silent Generation，一九二五年至一九四五年）、偉大世代（Greatest Generation，一九一〇年至一九二四年）。至於日本、中國及歐洲，人口老化的速度更快，甚至有九個世代共存。如果壽命再繼續延長，到了二〇五〇年，九代或十代共同生活將成為常態。不同的世代能夠和睦相處嗎？還是分配問題注定會擺不平？服務和福利該由誰買單，始終爭論不休。年輕人負責繳稅，支付父母、祖父母及曾祖父母的醫療和退休金，到底作何感想？我們能不能採用不老世代的思維，來克服這些困境？這又是怎樣的思維？

本書透露一個驚喜：人活得更長壽，不只對退休人士有益，對各個人生階段的人都有正面影響。當壽命延長了，未來的後代子孫，無論年紀多大，都會有更多機會和餘裕轉換跑道，去壯遊或改造自我，但是這有賴政府、企業及其他組織的成全，放棄傳統的人生序列模型。如果可以擺脫「適齡」的暴政，成為不老世代，人可以追求的事業、產業或專業，就不會只有一種，而是會有好幾種，從中實現自我。更重要的是，十幾歲和二十幾歲的人一輩子可以轉換很多次人生，而非一路從求學到工作、從工作到退休。

各章的內容可能有違常理，因為我主張，既然人生有更多的十年，所以要保持選擇的開放性，避免用「重大決定」鎖死自己。真正不分世代的社會，會秉持著「不老世代」的心態，青少年就沒有必要糾結，什麼才是最佳的求學或工作路徑，因為人生變長了，大可視情況而定，再去轉換人生跑道、學習新技能和轉行。

新世界在等著我們，我們再也不必做毫無轉圜餘地，動輒影響一生的重大決定了。我們可以多參與跨世代的活動和體驗，一輩子盡情嘗試各式各樣的機會，例如重返校園，不用怕被歸類，被貼上年輕／老邁、活躍／不活躍、全職／兼職等標籤。即使科技發展可能導致學經歷過時，卻也帶來更靈活的學習和工作模式，隨時可以重來。我們的人生經歷，不再沿著十九世紀末大規模工業化和大眾教育當道時指定的路徑。事實上，我們一輩子可以過幾種不同的人生，跟不同世代的人交流，因為在這個社會工作和學習，普遍使用數位平台，不會受到距離與年齡的限制。只要個人、企業及政府看得到這個潛力，就可以進入無限制的新時代，生活、學習、工作和消費都不受限，為各個人生階段的人釋放出一堆新機會，這樣的社會才是真正的不分世代。

反思「不老世代」的觀念

我在新冠肺炎大流行期間，決定撰寫本書。當時我困在費城的家中，添購必要的設備後，直接在地下室進行教學和舉辦研討會，基於我在二〇二〇年八月出版的新書《華頓商學院趨勢剖析：二〇三〇世界變局》（*2030: How Today's Biggest Trends Will Collide and Reshape the Future of Everything*），舉辦線上數位論壇，把全新的想法和分析，與企業高層、金融分析師、獵才顧問、政府官員、學校校長、獨立書店老闆、讀書會成員、高中學生、報社創辦人、退休人士和醫護人員等大方分享。我和大家宣揚水平思考（lateral thinking），該如何串聯各點。幾個月後，我才意識到那本著作還不夠完整，沒有寫出人口結構和科技的雙重衝擊，正在打破十九世紀末以來的人生序列模型。

其中一場網路研討會，讓我領悟不老世代的精髓。那一次研討會的聽眾，是美國知名動物園和水族館的高層。我講到一半，突然想到唯有考慮多世代動態，動物園才有機會成功。一般來說，祖父母願意帶孫子去動物園，家長也願意遷就孩子愛動物的心，但是介於兩者之間的世代，根本不想去動物園。動物園如何吸引青少年、沒有小孩的成年人，或是孩子已經長大的家長？這些機構開始舉辦特殊的活動和展覽，包括電玩、虛擬實境（Virtual Reality, VR）、元宇宙（metaverse）。在不分世代的世界裡，不只是動物園，所有機構都必須善用手邊的工具，捕捉每個年齡層的想像力，一次掌握。

我們重新反思生活、學習、工作及消費方式，無論是哪一個世代，都應該思考不老世代的觀念。新冠肺炎疫情爆發後，我們看見遠距學習和工作的莫大可能性，但是也有難處與限制。我們也意識到，人類比起機器人和人工智慧，其實脆弱得多。疫情加深種族與性別的不平等，也提醒大家，沒有什麼東西是永恆的。我希望鼓勵你，換一個角度來看待學習、工作和消費，讓個人及組織拓展新的視野，在人生中不斷挑戰能力和成就的極限。本書是為很多人而寫，包括家長和孩子、女性和男性、勞工和人事經理、準退休人士和已退休人士、家庭和財富顧問、消費者和行銷人員，因為我們每個人都會受到後世代社會趨勢影響。

在接下來的章節裡，我會帶領你環遊世界，途經東亞、南亞、俄羅斯、中東、非洲、歐洲和美洲。我會引用無數的小說、電影、影集，以及平凡人的故事，證實在我們的文化和社會中，人生序列模型有多麼普遍，也會向大家證明，這種人生安排徒增多少摩擦與逆境，以及對各個社會群體的影響；同時會介紹後世代革命和不老世代興起後，生活、學習、工作、退休、繼承、消費的趨勢會有什麼轉變。

我面對人生序列模型的問題，並沒有現成的神奇解藥，等你看完就會知道。不老世代的心態，與其說是解藥，倒不如說是**方法**。用了這個**方法**，你會突然頓悟，如果硬要把人生看成由年齡劃分的一連串線性分隔階段，個人和家庭都會付出高昂的代價，很多人會感到格格不入。如果你想在這個科技時代把握機會，這個方法會幫助你挑戰傳統的假設，說服政府、企業、教育機構等組織，嘗試新的生活、學習、工作及消費模式，發揮後世代社會的優勢。我希望，這可以在二十一世紀，開發有創意的新生活方式，發揮每個人內在的潛能。

第一章
人生中的四個停靠站

「我們的人生就宛如一條溪流，流向大海後戛然而止。」

——霍赫．曼里奎（Jorge Manrique，約一四四〇—一四七九），《寫給已逝父親的詩篇》（*Verses on the Death of His Father*）

那一年正好是一八八一年，「鐵血宰相」奧托．馮．俾斯麥（Otto von Bismarck）正在改造統一的德國，成為經濟和地緣政治大國。德國蘊藏豐富的煤礦與鐵礦，人口持續擴張，金融資本不斷累積，大學體系活力充沛，大批的投資人和創業家為世界帶來內燃機、化學染劑、阿斯匹靈及X光機。然而，卡爾．馬克思（Karl Marx）或費利德里希．恩格斯（Friedrich Engels）之類的政治運動家，一直散播著革命的理想，堅持公布第二次工業革命的惡劣工作條件，痛批那是「撒旦的工廠」（Satanic Mills），俾斯麥擔憂這恐怕會助長激進的社會主義勞工運動，於是先發制人，想出聰明的計畫，向七十歲以上的民眾保證有退休收入。真是一位精明的政治家，因為當時的平均壽命根本不到五十歲。德皇威廉一世（Kaiser William I）代表總理寫信給德國議會，「那些年老和病弱無法工作的人，終於可以理直氣壯接受國家的關懷。」於是，全球第一個退休金制度在一八八九年誕生。這個策略相當成功：革命並未發生。

這種針對全國勞工的退休金制度，在全球普及的速度很慢。一九〇八年，英國決定實施，但是僅限七十歲以上「品行良好」的老人。一九一〇年，法國也跟進了，再來則是一九二八年的南非，並於一九四四年將黑人納入其中。一九三五年，美國富蘭克林．羅斯福（Franklin Roosevelt）總統簽署《社會保障法》（Social Security Act），開啟美國人熟知的全國退休金制度，否則在十九世紀末，政府只照顧士兵和母親，如今終於納入全體勞工，但仍遺漏占據半數勞動力的農民和家務勞動者。一九三〇年代至一九五〇年代，幾個拉丁美洲國家頒訂並擴大全國退休金制度，但是其實在一九六〇年代前，大多還很零散，例如直到一九六六年，巴西才統一整個退休制度。雖然早在一九四二年，日本就建立退休金制度，但是一九六一年又重新改革，變成現今的樣貌。一九五三年，南韓建立企業退休津貼制度，但是全國通行的退休金制度直到一九八八年才實施。

從不同的面向看待學校教育

政府推行「老年」退休金之際，發現全民基礎教育也很重要。讓人民學習閱讀、寫作、歷史和算術，一來是為了民族主義，建構出歷史學家班納迪克・安德森（Benedict Anderson）所謂「想像的社群」（imagined community）；二來是為了滿足第二次工業革命的勞動力需求，當時出現許多以科學為基礎的產業，例如化學、製藥、電機、汽車等。雇主體認到受過教育的勞動力更具生產力，否則做生意會更加資本密集，不容半點失誤。根據英國歷史學家愛德華・帕爾默・湯普森（Edward Palmer Thompson）的紀錄，勞工具有一定的教育水準，才懂得遵守工廠紀律、守時和服從指示。一七八六年，英國紐卡斯爾（Newcastle）的牧師威廉・透納（William Turner），特地引用格洛斯特（Gloucester）大麻亞麻廠商的話，證明上學是一件有意義的事：「有上過學的孩童更容易管理，更願意服從，爭吵及報復的情況變少了。」上學這件事，成為灌輸「工業習慣」的首選。

因此，學校向孩童灌輸紀律，促成薪資就業制。工業經濟需要大批的勞工，為與日俱增的大老闆效力，工作換取時薪，完成老闆指定的任務。根據社會學家查爾斯・佩羅（Charles Perrow）的說法：「一八二〇年，美國大約有兩成勞動力靠著薪資過活，到了一九五〇年暴增至八、九成。」務農的人、在家工作的人及自營作業者越來越少，學校顯得更重要。對雇主來說，學校大量供應標準化的勞動力，「持續穩定地生產」商品和服務，生產的規模越來越大。工廠的官僚體制興起，正好和官僚化的學校制度發展配合，如果沒有學校制度滿足工業的需求，工業勞動力怎麼會如此快速透過揀選、訓練及監督等流程，執行特定的工作和任務？可見大規模的學校教育，其實與大量生產密不可分。

社會改革人士也提倡義務教育，但是動機有別於民族主義領袖或工業巨頭。在他們看來，孩童去學校上課就不會受到剝削，被迫在農田或工廠工作，但是學校並非理想的學習地點。德國西南部施瓦本（Swabia）地區的一位老師，保留五十年來體罰學生的紀錄，「用棍子打了九十一萬一千五百二十七下、用藤條打了十二萬四千零一十下、用尺打了兩萬零九百八十九下、用手打了十三萬六千七百一十五下、打嘴巴一萬零兩百三十五下、打耳光七千九百零五下，還有打頭一百一十一萬八千八百下。」上學除了受教育外，還要內化紀律。

學校教育成為人生序列模型的基石，把大家區分成各種社會角色、職涯和職業，有些人要上大學，有些人不需要。一九五〇年代，功能論社會學家托卡．帕森斯（Talcott Parsons）試圖回答兩個問題：一是「學校課堂如何灌輸學生，讓學生內化某些義務和能力，履行長大後的角色？」二是「學校課堂如何基於成人社會的角色結構，來分配這些人力資源？」於是，小學成為「社會化的代理機構」。在帕森斯看來，教育體制反映無所不在的社會結構，同時也帶來改變和流動。「地位高、能力高的男孩，確實更有機會上大學；相反地，地位低、能力低的男孩，恐怕上不了大學。但是，對於兩個因素不一致的『交叉壓力』（cross-pressure）群體，也就是地位高卻能力低，或地位低卻能力高的男孩來說，這卻格外重要。」既然學校教育受限於地理區域，尤其是在小學階段，創造「初始的公平競爭」，大家的年齡和「家庭背景」差不多，畢竟鄰里之間的同質性比整個社會還高，更何況各國都有部分家長，會特地送子女就讀私立學校。自從帕森斯發表這篇知名的論文後，學校教育在大家的眼中，不僅是機會的天堂，也是不平等的前兆。學校體系是龐大的機器，貌似奉行菁英主義，實則兼具兩大功能：一是為孩童分配成年的角色；二是複製現行的社會階級制度。

初等義務教育的起源，其實可以追溯到馬丁・路德（Martin Luther，一四八三－一五四六）。他主張人們獲得救贖的關鍵是讀聖經，按照聖經的教義過日子，可見救贖的前提是識字，因此基督教必須推廣教育。早在一六九〇年，清教徒穿越北大西洋，追求宗教自由時，就提倡義務教育，讓北美麻薩諸塞灣殖民地領先全球，實施義務教育。由國家出資的大規模學校教育，最早誕生在一七六三年的普魯士（德國政治上最好鬥的地區），當時腓特烈大帝（Frederick the Great）強制要求，非菁英階層的孩童必須就讀村莊小學（至於菁英階級的孩童，早就在上學了）。一七七四年，奧地利皇帝約瑟夫二世（Joseph II）頒布全國義務教育法。一七九一年，法國《憲法》也頒布：「公共教育系統，對所有人民開放，學校會免費傳授人人非讀不可的科目。」丹麥（一八一四年）、加拿大安大略省（一八四一年）、瑞典（一八四二年）及挪威（一八四八年），都是第一批啟動新學校教育的國家。

大規模學校教育真正的普及，還要等到十九世紀末。英國經過數十年逐步改革，日益擴大受教範圍，包括教區學校和其他私立學校，一八七〇年通過《初等教育法》（Forster Elementary Education Act），終於奠定全國教育體制的基礎。一八七六年，義務教育延長到十歲，到了一八九九年，延長至十二歲。至於法國，在一八八一年開始免費提供初等教育，一八八二年把義務教育延長至十三歲。在大多數的歐洲國家，起初女孩只能讀女校，課程和男孩不同，但是第二次世界大戰後，男孩與女孩使用同一套課程，逐漸成為常態。美國南方以外的州，大多提供義務教育，而到了一九二四年，美國原住民也開始享有受教權。

義務教育、薪資就業制、退休金制度，共同奠定人生序列模型的基礎，把人生劃分成「四個停靠站」，這個譬喻很詩情畫意，猶如宇宙的季節更迭。到了二十一世紀，幾乎所有國家都接受這個觀念，相信人生就應該一路順著玩耍、學習、工作、退休這四個階段，於是大家視為理所當然，彷彿這就是人生的常態、理想和必然。

人生不該用年齡劃分階段

人生序列模型的一大優點，就是可以預期，直接依照年齡把所有人劃分成不同的群體，簡單方便。**非經濟活動人口**（passive population）是不工作，也不找工作，分布在光譜的兩端，包括嬰兒和「學齡」孩童，以及「老年」退休人士。中產與上層階級的婦女也屬於非經濟活動人口，不是在準備結婚，就是已經結婚，全心育子和持家，而勞動階級的婦女別無選擇，只好加入**經濟活動人口**（active population）。「工作年齡」的男性占經濟活動人口的大多數。在查爾斯・狄更斯（Charles Dickens）所謂的「最好的時代」，經濟活動人口大多找得到工作，但是到了「最壞的時代」，就會淪為失業或未充分就業的人口。這些和勞動相關的分類，至今依然成立，不只是勞動統計，就連勞動市場與日常生活也說得通。

人生中的四大停靠站，主導我們的文化。不相信嗎？去逛逛附近的書店，書架上的人生指南和勵志書籍，都建議你如何度過每個人生階段，彷彿人生在世，非得撐過一個個人生階段不可。小孩看的書，一律與自尊有關，例如《赫嘉幫自己取名字》（*Helga Makes a Name for Herself*）、《世界喜歡這樣的你》（*The World Needs Who You Were Made to Be*），或是《我有自信、美麗又勇敢》（*I Am Confident, Brave & Beautiful*，著色繪本）。青少年和年輕人的讀物，不勝枚舉，我直接跳過。等到你「真正成年」，隨即有一本書迎接你，叫做《你已經長大了，好好處理童年的困擾》（*How to Survive Your Childhood Now That You're an Adult*），何不改個書名，叫做《失控的佛洛伊德》（*Freud Unhinged*）？接下來有一片書海，教大家忍受數十年的工作生涯。自從戴爾・卡內基（Dale Carnegie）出版《卡內基溝通與人際關係》（*How to Win Friends and Influence People*）後，這類書籍就開始風行，直到最近退流行了，讓位給《我是這裡唯一正常的人嗎？：一百零一個在瘋狂辦公室生存的方案》（*Am I the Only Sane One Working Here?: 101 Solutions for Surviving Office Insanity*），或是

《無混蛋規則》（*The No Asshole Rule*）。至於退休人士，也有很多選擇，例如《不褪色：如何在退休後活得精彩》（*Not Fade Away: How to Thrive in Retirement*）、《退休人士一年級生》（*Retirement for Beginners*）、《早退休，富退休》（*Retire Young, Retire Rich*），但是難免會有一些書，說得好像人們退休後還有其他的階段，例如《如何撐過退休生活》（*How to Survive Retirement*）。

人生序列模型深植於文化中，奉為圭臬。大多數國家的《憲法》，都特別針對未成年兒童、學生、工人、退休人士，規定特殊的權利和義務，有別於一般民眾。聯合國（United Nations, UN）還成立專責組織，在全球推廣這些人的權利：聯合國兒童基金會（UNICEF，針對兒童）、聯合國教科文組織（UNESCO，針對教育）、國際勞工組織（International Labour Organization, ILO，針對勞工和退休人士）。此外，聯合國還頒訂世界兒童日（十一月二十日）、國際教育日（一月二十四日）、國際勞動節（五月一日）、國際老人日（十月一日），刻意強調不同的人生階段。

人生分成好幾個階段，專家、學者爭相告訴大家，每一個階段分別代表的意義。艾瑞克・艾瑞克森（Erik Erikson，一九〇二—一九九四）在一九五〇年出版的著作《童年與社會》（*Childhood and Society*），提出知名的個人發展心理學理論，將人生分成八個階段，人在每個階段分別會面對兩大衝突：嬰兒期（零歲至兩歲；信任 vs. 不信任）、兒童前期（兩歲至三歲，自主 vs. 羞怯和懷疑）、學齡前期（三歲至五歲，主動 vs. 愧疚）、學齡期（六歲至十一歲，勤奮 vs. 自卑）、青少年期（十二歲至十八歲，自我認同 vs. 角色混淆）、青年期（十九歲至四十歲，親密 vs. 孤立）、中年期（四十歲至六十五歲，創造vs.停滯）、成熟期（六十五歲以後，自我統整vs.絕望）。這些階段會疊加，一旦化解某個階段的衝突，就可以安心邁向下一個階段。此外，人在每個階段裡，分別要精通某項關鍵技能：吃奶、上廁所、探索、學習、社會關係、人際關係、工作和育兒，以及人生反思。既然這些階段都是規定好的，如果有哪一個技能沒學好，一輩子都要受苦。

這四個人生停靠站早已根深柢固，大家習以為常。如果有人落後了，沒有準時邁向下一個階段，就會遭到責備，除非有身體和心理殘疾，無法像常人一樣持續進步，則另當別論。例如，一直停留在嬰兒期，沒有進入青少年期（成年的前奏），就叫做彼得潘（Peter Pans）；一直停留在青少年，永遠不長大，叫做叛逆；明明有工作，卻存不了退休金，就是人生失敗組、敗家子或沒有責任感。一大堆心理學家和治療師，靠著這些在人生階段落後的人賺錢，提供建議與治療。

艾瑞克森會提出人生階段理論，絕非偶然。一九四〇年代末，由於全民教育、薪資就業制、強制退休，歐美國家及部分東亞和拉丁美洲地區的人，只好接受人生序列模型。這套模式的設計者（政府官僚是幕後推手，強迫全民乖乖遵守），厚顏無恥地到處張揚，求學、工作、退休的人生順序對每個人都好。我不得不說，學校教育大致有益，但是一九七〇年代興起自學運動，開始質疑國家為什麼要壟斷教育，因為課堂變得太壓抑了，只把學生訓練成聽話的勞工，這麼說還挺有道理的。可是我要質疑的並非學校教育，而是普遍推行薪資就業制和退休，以致求學到工作的過程淪為單行道，沒有來回轉換的餘地。一九八〇年代期間，自營作業者變多了，以及二十一世紀興起零工趨勢，這種普遍依照年齡過活的模式，確實應該好好檢討，加上退休金制度陷入財務危機，等於為批評者的彈藥加碼，攻擊無所不在的人生序列模型。現在就來逐步探討，人生分成幾個連續的階段，究竟有什麼矛盾和害處。

從「生一打更划算」到「小皇帝」的教養變遷

小法蘭克・吉爾柏斯（Frank Gilbreth Jr.）與厄奈斯汀・吉爾柏斯・凱里（Ernestine Gilbreth Carey）於一九四八年合著出版暢銷書《十二個孩子的老爹商學院》（*Cheaper by the Dozen*），寫道：「維持這個家很燒錢。」後來改編成四部電影，其中兩部是由史蒂夫・馬汀（Steve Martin）和寶妮・杭特（Bonnie Hunt）飾演，還有一部舞台劇、一部音樂劇。兩位作者的父母正好是工業效率專家夫婦——莉蓮・莫勒・吉爾柏斯（Lillian Moller Gilbreth）與法蘭克・邦克・吉爾柏斯（Frank Bunker Gilbreth）。這對夫婦生了十二個孩子，他們平時的工作就是協助企業提升生產力，例如改善時間管理和行動研究。兩人的研究成果，不只激勵雇主，也激勵現代建築師，例如包浩斯（Bauhaus）創辦人華特・葛羅培斯（Walter Gropius）。對他們來說，科學管理法則不僅適合管理工廠的無知勞工，也可以套用在家庭。「吉爾柏斯一家人，把效率視為一種美德，這就和真誠、誠實、慷慨、慈善、刷牙一樣重要。」工廠會架設攝影機，提高製造營運的效率，這家人把工廠這一套做法直接搬到家裡。小法蘭克表示：「爸爸會拍攝我們小孩洗碗的影片，他看了影片，就知道哪些動作是多餘的，可以加快洗碗的流程。」法蘭克也經常被問道：「您如何養活這麼多的孩子？」他的答案很簡單，「生一打更划算。」

吉爾柏斯一家人，無論是生育能力、社會地位、教育程度都異於常人。莉蓮在加州出生，從小家境富裕，就讀加州大學柏克萊分校（University of California, Berkeley），然後在布朗大學（Brown University）攻讀心理學，取得博士學位。即使在那個年代，有這種教育背景的女性，不太會生育這麼多孩子。至於她的另一半法蘭克，放棄就讀麻省理工學院（Massachusetts Institute of Technology, MIT）的機會，直接開始工業和顧問的生涯，成為科學管理界的風雲人物，他在一九二四年死於心臟衰竭，當時長女安妮．吉爾柏斯（Anne Gilbreth）正在史密斯學院（Smith College）就讀大二，最小的孩子珍．吉爾柏斯（Jane Gilbreth）也只有兩歲。接下來四十年，莉蓮接手顧問公司，同時養育無數的孩子，竟然還有時間撰寫幾部大作，探討工廠與家庭的心理學和營運效率，例如在一九二八年出版的《跟孩子共處》（*Living with Our Children*），她在書中反覆追問：「為什麼大家的家庭生活都不做規劃？」當時她蠟燭兩頭燒，一來要滿足孩子的生活需求，二來要提供孩子良好的人生機會。對她來說，「家庭生活是孩子受教育的過程，父母要善用手邊的方法，甚至是其他領域證明有效的方法。如果父母做越多規劃，盡量給孩子人生機會，創造豐富的經歷，對孩子未來的作為和成就，將會有莫大的影響。」說到大學文憑，她倒是有別於現在的父母，「雖然大學文憑和出人頭地很重要，但不管是當一個優秀的小鎮老師或成為產業界領袖，對世界的貢獻都一樣大。」大概是因為她身處大家庭，所以這位知名的效率專家並沒有固守特定的方法，強迫子女活出某一種成功的模樣。通往成功之路有很多條，而她的每個孩子肯定會選擇各自不同的路。

少子化讓父母努力養出「成功」的孩子

時間快轉到二十一世紀，生育率急遽下滑，以致東亞、歐洲、北美的女性，一輩子生育的孩子平均不到兩個，完全追不上人口更迭的速度。二〇一八年，美國國家衛生統計中心（National Center for Health Statistics）報告顯示，美國受過大學教育，年紀介於二十二歲至四十四歲的女性，平均**正好**生育一．〇個孩子；高中以下學歷的女性，數據則落在二．六個孩子（至於大學學歷的男性，這個數字是〇．九個）。因此，美國女性接受大學教育，形同美國的一胎化政策，只是侵入性沒有中國一胎化政策那麼高。

芝加哥經濟學家蓋瑞．貝克（Gary Becker）認為，少生一點孩子，家長會開始注重品質。他認為，隨著收入增加，重質不重量是人之常情。更換老舊車輛，購買更新穎、更大型、更豪華的轎車或休旅車，而不是買一堆爛車。他說：「孩子的質與量相互拉扯，當家長的收入增加時，會選擇投入更多的資源來養育孩子。」可見家長的收入提高後，傾向在每個孩子身上花更多錢，提供更豐富的人生機會。從東亞、印度到歐洲、美國，家長的焦慮不再是如何育兒成功，而是如何養育**成功的**孩子，如果是受過大學教育的父母，可能只會養育**一個**成功的孩子。

結果，當今的父母一心想著，如何把孩子送入一流學府。教育學教授肯．羅賓森（Ken Robinson）的TED演講影片，創下史上最多人點閱的紀錄，他批評家長扭曲人生中的教育目標。二〇一八年，他參加在都柏林舉行的人才高峰會（Talent Summit），發表這段談話：「如果你以為教育的目的，只是讓孩子上大學或者是特定的大學。如果你以為這一切，都是為了取得文憑，從此保證未來安穩，找到一份中產階級的好工作，以及長期穩定的收入。這種心態真是要不得，這導致家長的壓力越來越大。對特定的教育過度執著，反而忽視孩子的其他能力和天賦，但那些才是孩子真正需要的。」這個問題已經蔓延到世界各個角落。印度的家長對孩子寄予厚望，加上課堂以考試為主，對學習確實有害。艾維克．馬力克（Avik Mallick）指出：「父母的期望太高，不利兒童發展，因為孩子只顧著考出更好的成績，在這個過程中，教育最重要的面向會蕩然無存。孩子不記得老師傳授的知識、不理解上課的主題，只浪費一堆時間，消除成績單的紅字。」

二〇一六年，《大西洋》（*The Atlantic*）雜誌刊登一篇艾莉雅．王（Alia Wong）的文章，她認為**教養**（parenting）的概念和行為，其實是最近才流行，自古以來，生了孩子不過就是拉拔長大。到了一九九〇年代，「至少對中產階級來說，為人父母不只要當孩子的權威人物，提供物質和支持，還要形塑孩子的人生，給孩子各種機會，讓孩子具備長期的競爭優勢，為孩子創造各種正面的經歷。」

高學歷的家長帶孩子參觀博物館、聽音樂會、看舞台劇的頻率，是其他家長的兩、三倍。這個趨勢加劇經濟不平等，也在複製社會階級，根據保羅．狄馬喬（Paul DiMaggio）的說法，從家庭的「文化資本」就可以預知孩子在中小學的成績。二〇一九年，驚爆美國大學入學醜聞，波及招生人員、運動教練及名人，還有一些富有的家長，涉嫌賄賂考試工作人員，由此可見，家長一心想為孩子鋪好康莊大道，這不僅造成負面影響，甚至到了荒謬可笑的程度。

為什麼會有這麼多的家長，拚命為孩子創造最大的機會？這是人生序列模型在作祟，如果人生是直線的，失敗的代價就很高。如果子女一不小心落後，輸給鄰居的小孩，就會白白浪費人生。人一定要從玩耍過渡到學習，再繼續過渡到工作，完全沒有倒退的餘地，從出生的第一天起，就要有最佳表現，否則一定會落後，毫無轉圜餘地。我們盡量就讀一流學府，拚命學習，就像沒有明天似的，努力工作到退休。

社會逼迫青少年盡快進入下一個階段

一九五五年的賣座電影《養子不教誰之過》（*Rebel Without a Cause*），片中茱迪的母親是由羅謝爾．哈森（Rochelle Hudson）飾演，說過一句台詞：「親愛的，他會長大的。這只是年紀的問題……那是一個什麼都不適應的年紀。」**青少年**（teenage）和**青年**（young adulthood）的社會建構成分，專家早已探討許多年，隱含一系列互斥的概念，例如依賴與獨立、秩序與反叛、確定與風險、穩定與冒險，諸如此類。片中的父親刻意忽視兒子的問題，但是飾演兒子的詹姆斯・狄恩（James Dean），卻說了這段話：「我現在就要答案，才不管十年後的我，會明白什麼人生大道理。」《養子不教誰之過》拍出郊區中產階級家庭裡，世代之間的誤解和衝突，凸顯人生序列模型的另一個大缺陷。雖然自從一萬年前，人類開始定居後，青少年和青年時期的考驗與磨難，一直存在至今，如果硬要順著四個連續階段過人生，親子間的文化衝突只會越演越烈，因為父母還看不見孩子完全成年，孩子卻迫不及待想要掙脫束縛，遲早會發生世代衝突。

至於《月光下的藍色男孩》（*Moonlight*），劇中胡安這個角色，由馬赫夏拉・阿里（Mahershala Ali）飾演，他告訴主角：「到了某個時刻，你必須為自己做抉擇，決定你要成為誰。這項決定，千萬不可以交給別人做。」這是第一部LGBTQI+（同性戀、雙性戀、跨性別、酷兒、雙性人等）電影，劇中的演員全是黑人，最後榮獲奧斯卡最佳影片獎。從童年到成年是一段痛苦的過渡期，有許多青少年都碰過認同危機，因為個人認同會受到性別、種族及宗教的影響。可是按照人生序列模型的假設，這是一條直線，只有一個選擇，每一個人生階段都只有一種正確的身分。

研究顯示，父母強迫青少年符合社會期待，實現人生序列模型，可能會導致一些風險，例如孩子使用或濫用藥物。此外，位於佛羅里達州的非營利組織Caron，專門輔導濫用藥物的青年，其醫療服務副總裁暨醫療主任喬瑟夫・加布里（Joseph Garbely）博士表示：「青少年心智還在發育，卻要承受這些壓力，可能會改變大腦的迴路，這個問題很嚴重，因為這種生理變化，恐怕會導致青少年罹患心理失調，並且使用和濫用藥物。」

如果繼續奉行人生序列模型，家有青少年的父母，最害怕的事永遠是孩子長不大，變成彼得潘。彼得潘（Peter Pan）一詞，是指不成熟的大人。這個名詞會流行，是因為心理學家丹．凱利（Dan Kiley）在一九八三年出版的著作《彼得潘症候群：不曾長大的男人》（*The Peter Pan Syndrome: Men Who Have Never Grown Up*）。依照美國精神病學會（American Psychiatric Association）的標準，這不算精神失調，但卻獲得家長和治療師關注。知名的彼得潘症候群有幾個症狀，包括不願或無法承擔成年的責任、缺乏自信，以及過度自私。二〇〇〇年上映的電影《失戀排行榜》（*High Fidelity*），就描述典型的彼得潘症候群。一個長不大的男友導致女主角的人生卡關，男友永遠像小男孩，始終不願意「定下來」，由約翰．庫薩克（John Cusack）飾演，他坦承道：「我心知肚明，從未真正對蘿拉做出承諾。我從未全心投入，所以很多事情都做不了，比方思考自己的未來……對我來說，不承諾任何事，永遠有選擇的機會，反而更有意義。這形同自殺，每一天都加重一點藥量。」

年紀已經是大人了，行為卻像孩子，有一個難聽的稱號叫做**巨嬰**（transageism），源自古代神話中的**永恆少年**〔puer aeternus，或是**永恆少女**（puella aeterna）〕，一輩子都是男孩或女孩，也就是永遠年輕的孩子神。阿道斯．赫胥黎（Aldous Huxley）在一九六二年出版的小說《島》（*Island*），把阿道夫．希特勒（Adolf Hitler）形容成彼得潘，「小希特勒沒有順利長大，造成全世界付出慘痛代價。」心理學家最近設計一套量表，可以量測彼得潘症候群的嚴重程度，男女都適用。西班牙格拉納達大學（University of Granada）心理學教授亨貝蓮娜．羅伯斯．奧特加（Humbelina Robles Ortega）認為，過度保護是主因。「有這個症狀的族群，主要受到家人過度保護，無法鍛鍊必要的生活技能。對彼得潘來說，成年世界太難了，只好美化青少年時期，希望一直停留在無憂無慮的時光。」諷刺的是，穆斯林青年在一四九二年投降了，交出最後一座堡壘，伊比利半島成為基督徒的天下，於是奧特加任教的大學才有機會創立。根據傳說，原本防守堡壘的末代統治者波伯迪爾（Boabdil），遭到母親嘲笑，「你沒有男人的防守能力，跟女人一起哭泣吧！」他放棄自己的領地，看在母親的眼裡，他不配當個男人。數百年來，社會和家長一直逼迫孩子從一個階段過渡到下一個階段，然後以這個標準解釋所有人的行為。

美國高達四分之一的人處於中年危機

二〇〇四年的電影《尋找新方向》（*Sideways*），保羅．吉馬蒂（Paul Giamatti）飾演麥斯，湯瑪斯．哈登．丘奇（Thomas Haden Church）飾演傑克，麥斯對傑克說：「我活了大半的人生，沒有什麼好炫耀的。我就像摩天大樓窗戶上的指紋、衛生紙上的一點糞便，即將隨著無數的汙水湧入海洋。」麥斯是一個沮喪的老師，也是滿懷雄心的小說家，而他的旅伴傑克是一位演員，剛過事業顛峰，即將邁入婚姻，他們一起在加州葡萄酒產區，展開公路旅行，為期一週。基本上，整部電影的故事線就是中年男子活到四十幾歲，只看得見人生的無聊和絕望。這是很經典的電影主題，探討個人認同的改變，例如《愛情，不用翻譯》（*Lost in Translation*）、《麥迪遜之橋》（*The Bridges of Madison County*）、《繼承人生》（*The Descendants*）、《摯愛無盡》（*A Single Man*）、《天才接班人》（*Wonder Boys*）、《末路狂花》（*Thelma and Louise*）都是類似的主題。

心理學家奧維爾．吉爾伯特．布瑞姆（Orville Gilbert Brim），負責由麥克阿瑟基金會（MacArthur Foundation）贊助的大型心理學研究計畫，他提到，「中年（介於三十歲至七十歲，以四十歲至六十歲為主），備受人類發展研究忽視。」心理學主要探討童年、青少年或老年。然而，人步入中年，不免跟另一半或配偶爭吵，發覺工作沒前途，或看著父母衰老，這些都是壓力源。大衛．阿爾梅達（David Almeida）也參與這項研究，他觀察到：「中年人會感到壓力，是因為比起早年或晚年更能掌控自己的人生，更想要積極面對問題，因此中年人描述壓力源時，經常會說迎接挑戰。」

加拿大工業心理學家艾略特．雅克斯（Elliott Jaques），一九九五年創造**中年危機**（midlife crisis）一詞，其中最直接相關的症狀，包括對人生不滿意、質疑自我、對人生方向感到迷茫，可能會自問「就這樣了嗎？」或是「我失敗了嗎？」諸如此類的問題，這就是中年危機最明顯的跡象。勞動經濟學家也加入辯論，探討工作和幸福的關係，參考有關自我滿意度的國際數據，發現所謂的

「幸福U曲線」，指出我們對人生的感受在四、五十歲觸底，有趣的是，在那些較富裕、平均壽命較長的國家，情況特別明顯。達特茅斯學院（Dartmouth College）的大衛・布蘭琪洛爾（David Blanchflower），以及華威大學（University of Warwick）的安德魯・奧斯華德（Andrew Oswald），根據歐洲二十七個國家的數據，發現坐四望五的人服用抗憂鬱藥物的比例，超過坐二望三或六十出頭的人，差不多有兩倍之多。

大猩猩也是在中年左右，幸福感開始下降，但是人生序列模型卻天真的以為，人只要準時進入成年，就會一帆風順，從中年過渡到退休。麻州大學阿默斯特分校（University of Massachusetts Amherst）心理學暨腦科學榮譽教授蘇珊・克勞斯・惠特布恩（Susan Krauss Whitbourne）發現，「如果可以早一點發生職業變動，例如在二、三十歲，對中年生活反而有幫助，這樣到了中年，職涯就不容易卡住。」這些研究都鼓勵大家，不妨換一個方式，重新看待人生各個停靠站，這會幫助美國四分之一的人口。康乃爾大學（Cornell University）心理學暨社會學家伊蓮・威辛頓（Elaine Wethington）指出，美國有高達四分之一的人正在經歷中年危機。

中國經歷四十年的經濟劇烈成長，高達九億人口成功脫貧，晉升中產階級，但社群媒體最新的熱門話題，依然是中年危機。無論是已婚夫婦或決定單身到老的人，無疑都遭受交叉壓力，包括來自父母、工作及社會的期待。最擅長撰寫這個主題的知名作家，莫過於陳丹燕，她的作品《白雪公主的簡歷》，描述一輩子做皮影戲表演的李平，過去數十年一直在扮演白雪公主。她說：「對女性來說，年過五十歲是一個里程碑。社會告訴妳，這是分岔路口，身體也默默提醒妳，每一個超過五十歲的女性都感覺得到。孩子要上大學了、父母在變老……人生的變化，從來就不好應對。任其存在，就是一種應對。」陳丹燕覺得，童話用簡單明瞭的方式，傳達人與人的關係，以及年齡對關係的影響。她說：「這就是許多中年女性的狀態，不再年輕，卻還不夠老，看事情會悲觀一點，變得疑心病和憤世嫉俗。然而，巫婆擁有的自由，白雪公主不可能擁有；巫婆培養出來的能力，白雪公主也望塵莫及。」

退休後的孤獨階段

一九八一年的家庭劇《金池塘》（*On Golden Pond*），道格．麥基翁（Doug McKeon）飾演的比利，問亨利．方達（Henry Fonda）飾演的準岳父諾曼一個問題：「人生過了八十歲，有什麼感覺？」諾曼回答：「就像年過四十，但是感覺糟了兩倍。」這位退休教授的生活並不寂寞，妻子陪在身旁；這個夏天，夫妻一起照顧十三歲的男孩，妻子和女兒都感覺到，他跟十三歲男孩展開冒險，人變得年輕，行動更敏捷。只可惜諾曼的經歷是特例，在美國，六十歲獨居的比例大約一八%、七十五歲是二五%，而八十九歲增加到四二%。七十歲以上的人大多退休了，如果子女住得很遙遠，每天社交的機會少得可憐。住宿平台Airbnb公布，在出租房間的屋主中，以六十歲以上的族群成長最快，主因是想要避免孤獨。

芝加哥大學（University of Chicago）的史蒂芬妮・卡西奧波（Stephanie Cacioppo）指出：「慢性孤獨造成的痛苦和磨難，確實正在發生，值得大家關注。人是社會的動物，我們有責任幫助孤獨的孩子、父母、鄰居，甚至陌生人，就像幫助自己一樣。治療孤獨感是大家共同的責任。」缺乏社交連結，對身心都有影響。史蒂夫・柯爾（Steve Cole）現任加州大學洛杉磯分校（University of California, Los Angeles; UCLA）社會基因組核心實驗室（Social Genomics Core Laboratory）主任，他認為：「人們感到孤獨，可能會導致其他疾病發作，例如加速動脈硬化斑塊形成、加速癌細胞生長和擴散，還會導致腦部發炎，造成阿茲海默症。」如果住在治安不好的社區，更容易孤獨，並承受孤獨的害處。加州大學舊金山分校（University of California, San Francisco）社會學家艾蓮娜・波塔克隆（Elena Portacolone）表示：「我之前研究高犯罪率社區的老年居民，大多是非裔美國老人，這些人渴望參與社會，社會卻阻礙他們參與，因而形成一種緊張關係。」

雖然任何年紀都可能感到孤獨，但是如果奉行人生序列模型，孤獨的問題會更嚴重，因為有些人在退休後，不得不離開社交生活。一份研究發現，一八％受訪者在退休後開始感到孤獨，其中一位受訪者表示：「退休是巨大的衝擊，讓我們一起走出去，看別人在做什麼，如果可以的話，就加入他們吧！（謝天謝地，還好有網路。）」美國國家衛生研究院（National Institutes of Health）資料顯示：「如果配偶或另一半離世、跟親朋好友分隔兩地、正式從工作退休、行動或交通不便，人們頓時會感到孤獨，健康惡化的風險特別大。」這個問題太普遍了，《會計期刊》（*Journal of Accountancy*）甚至認為事態嚴重，有必要針對美國註冊會計師（Certified Public Accountant, CPA）發表一篇論文，標題是「退休孤獨的財務和人力成本」，畢竟會計師的工作就是為客戶做好財務規劃。根據美國退休者協會（American Association of Retired Persons, AARP）的資料，「直到最近，退休滿意度調查才開始考慮孤立和孤獨，這屬於質性因素，不是金錢可以衡量的。」二〇一七年研究顯示，由於孤獨和社會孤立，每年醫療成本增加六十七億美元。

退休對孤獨的影響有多大？一個實用的評估方法，就是比較自願和非自願退休的人。《應用老年學期刊》（*Journal of Applied Gerontology*）有一篇論文，參考二〇一四年「美國健康和退休研究」（Health and Retirement Study）的數據，總共超過兩千位老人參與研究，其中一個主要結論提到，非自願退休人士（將近占三分之一）比起自願退休人士更容易感到孤獨。另外，他們還發現「社會支持可以緩解非自願退休的負面影響」，由此可見，人們會有孤獨感，是因為和同事失去互動。另一個研究團隊參考相同的資料，探討退休速度與孤獨感的關聯。結果發現，「退休的速度（逐步退休或突然退休），並不是很重要。真正發揮關鍵作用的，其實是退休原因（主動退休或被迫退休）。」這兩份研究都強烈表明，退休會提升孤獨感，這不僅僅是職場關係的斷裂，被迫退休的人還會感到格外不幸。

現代主義建築師菲力浦・強生（Philip Johnson）活到九十八歲，他曾肯定地說：「老年並不存在，我現在和五十歲的時候毫無不同，只是活得更開心。」人老了不一定要退休，但是退休這件事卻莫名其妙成為一種規定和人生目標。世上有一些職業，顯然比較適合「退休年齡」的人從事，但是政治人物、金融顧問、房地產開發商卻不這麼想，老是把退休說成一件值得渴望與期望的事。

為代間衝突預做準備

人生序列模型不僅在各個時間節點，製造多重的心理壓力，也因為把人嚴格劃分成幾個年齡，導致世代之間的摩擦和緊張關係。青少年開始質疑父母輩，挑戰父母僵化的性別、種族認同，還有對人際關係的看法。年輕人怪罪老一輩，造成氣候變遷和惡劣的勞動市場。在職勞工埋怨退休人士，不甘心為老年人支付退休金和醫療（無奈退休人士的選票較多）。說得誇張一點，二十一世紀主要的問題很可能是代間衝突（intergenerational conflict），這對世界的衝擊不亞於二十世紀的世界大戰。為什麼會有代間衝突？主要是人口年齡結構遽變的副產物。

最近有一篇名為「認識代間衝突和管控方法」的論文，比較以前與現在的代間衝突，以前是發生在父母和青少年之間，或者退休人士和在職勞工之間，但是如今就連職場上也會上演不同世代的衝突，更加引人關注。其中一位受訪者提到，「組織的資深管理階層大多屬於另一個世代，習慣面對面交流和固定工時，但是現在有許多年輕的專業人士，從小就學習聰明工作，而非辛勤工作。」

另一位受訪者則指出：「我負責的職務，經常和某些（老一輩）的人正面對決，那些人不求進步。」另外，有一些差異是社會趨勢所致，例如世俗化，「無論信仰什麼宗教，老一輩的宗教價值就是比較強烈一點，我的意思是說，現在還有多少年輕人上過主日學？」

認同政治（identity politics）的時代來臨，代間關係變得更棘手。「老一輩定義自己時，可能只想到工作，但年輕人用很多面向來定義自己，例如我是認證理財規劃顧問（Certified Financial Planner, CPF），也是自行車運動員，還是三鐵運動員、教練與父親。我是孩子的教練，我是妻子的老公，我做每件事都全心投入。」有人怪罪科技，因為科技造成誤解，害人疲於溝通。「這種社會壓力，我們（老人）沒有什麼感覺，……但是他們（年輕人）承受很多，二十四小時不休息的心理狀態，帶來巨大的社會壓力，於是有一些人選擇離開。」科技也導致溝通能力退化，「每週我都會碰到年輕人，有一些人的溝通技巧簡直是零，因為他們都使用推特（Twitter），學會用縮寫或短句交流，如果現在要長時間和二十多歲的年輕人互動，我恐怕做不到。」

然而，當代間衝突遇見生存議題（如氣候變遷），不免相形見絀。ClimateOne.org網站指出：「嬰兒潮世代瘋狂消費，留給千禧世代一屁股債，還有不穩定的氣候。」我父母那一輩和本身這一代，自從一九五〇年代至一九七〇年代就開始對石油上癮，因為經濟成長與郊區大規模擴張，以及超級油輪和噴射機等新發明問世。布魯斯・吉布尼（Bruce Gibney）在二〇一七年撰寫發人深省的《社會病態的世代：嬰兒潮世代如何背叛美國》（*A Generation of Sociopaths: How the Baby Boomers*

Betrayed America）一書，把這種代間衝突展現到了極致。吉布尼屬於X世代，他是PayPal早期的投資人，預測「等到氣候變遷很嚴重時，嬰兒潮世代早已不在人世，何不早一點讓位？」在他看來，這是委託人和代理人困境（principal-agent dilemma）——承受較低風險的一方，卻擁有問題的決策權，為受害最深的一方做決策。

問題何止如此。二〇一三年，聯合國針對永續發展目標，呼籲國際社會要團結起來。祕書長針對這個主題，公開宣示：「對未來子孫的承諾，無論在什麼國家或文化都毋庸置疑，這是全人類共同推崇的價值。」這段話沒有問題，卻隱含一種偏見，仍是從年齡的視角來看待國際團結這件事。聯合國繼續透過旗下的機構，推動以年齡為基礎的僵化體制，包含普及教育、薪資就業制、強制退休，這終究無助於實現代間正義與平等，更何況還有各國政府企業在推波助瀾。到了第二章，我們會看到人生序列模型有多麼長壽，要不是人類的壽命無盡延長，說不定這個模型會毫髮無傷，挺過當前的社經動盪。

第二章 壽命飛速增長，健康顯著改善

「我不延長人的壽命，我只維持人的健康。」
——奧布里．德格雷（Aubrey de Grey，一九六三—）

約瑟夫．史達林（Joseph Stalin）不想死。這位無情的獨裁者，實現蘇聯的工業化，並在第二次世界大戰獲勝，這兩件事都讓人類付出慘痛的代價。他有信心在軍備和太空競賽取勝，在一九五三年過世時，享年七十四歲，距離蘇聯首次引爆氫彈與發射衛星，只差了幾年的時間。他的故鄉在喬治亞共和國，如果你相信那個國家的統計數據，會覺得史達林活到一百歲也不足為奇。事實上，蘇聯宣傳部門把自己吹捧為「長壽國」，但是根據人口學教授尼爾．班奈特（Neil Bennett）及其同事利亞．基爾．加森（Lea Keil Garson）的紀錄，蘇聯的官僚和幹部為了討好「國父」史達林，不惜誇大蘇聯高加索地區的人瑞數，讓史達林以為自己能活到一百歲。畢竟，蘇聯就是一連串巨大的謊言，就連紅色沙皇也躲不過。

然而，平均壽命延長絕非假新聞。過去兩百五十多年，我們見證平均預期壽命大幅增加。二〇二二年出生的美國人，平均壽命是七十八歲，一九〇〇出生的人，只有四十六歲，可見多活了三十二年。至於全球的平均壽命，也從一九〇〇年的三十一歲，在二〇二二年增至七十二歲，相當於成長一倍以上。如此大幅的進步，挑戰到傳統對求學、就業和退休的看法。歷史學家詹姆士・瑞里（James Riley）表示：「這是現代最偉大的成就，重要性超過財富、軍事力量、政治穩定性。」不過，這確實引發一些問題。我們上一次學校就夠了嗎？如此漫長的壽命，我們就只能有一種志業、行業或專業嗎？如果年過六十，平均可以再活二十五年，我們在六十五歲退休可行嗎？我們的儲蓄夠用嗎？從代間公平來看，幾歲退休才合理？

壽命如何演進

猶大王國（西元前六〇〇〇年至西元前一〇〇〇年）的十五位國王，平均壽命為五十二歲。在羅馬洗劫雅典前，二十九位已知生死日期的古希臘哲人、詩人和政治家，平均壽命為六十八歲，從這場災難倖存的三十人，平均壽命是七十一・五歲。相較之下，西元前三〇年至一二〇年，三十九位羅馬哲人、詩人和政治家，平均壽命卻只有五十六・二歲，或許是因為羅馬有太多鉛製的供水管，導致慢性鉛中毒。過去數千年來，男性特權菁英階級飲食良好，平均壽命卻一直在波動。基督教的十八位教父（一五〇年至四〇〇年），平均壽命是六十三．四歲；文藝復興時期的二十一位義大利知名畫家（一三〇〇年至一五七〇年），平均壽命是六十二．七歲；二十七位重要的義大利哲學家，平均壽命為六十八．九歲。一五〇〇年至一六四〇年，皇家內科醫師學院（Royal College of Physicians）院士的平均壽命則為六十七歲，但在一七二〇年至一八〇〇年間，卻只有六十二．八歲。

因此過去數千年，平均壽命的波動很大，至少男性菁英確實如此。一八〇〇年之前，人要活到六、七十歲，必須先撐過可怕的嬰孩死亡率、饑荒、瘟疫、絕症。成年女性的預期壽命，也經歷幾次起伏。但是無論男女，除非在短期內遇到戰爭或流行病，否則工業革命後，預期壽命都有顯著提高。一七八五年在英國出生的人，預期壽命為三十七歲，到了一九〇〇年增至四十七歲，二〇二二年甚至達到八十二歲，只不過二十世紀進步的事物太多了，以致大家都忽略壽命延長。

大家總以為，預期壽命會延長，主要是嬰兒和兒童死亡率降低，但事實上所有年齡層的死亡率都下降了。一九〇〇年，美國白人男性十歲時，平均剩餘壽命為五十一年，二〇二〇年增加到六十八年；至於六十歲的白人男性，一九〇〇年平均剩餘壽命為十四年，二〇二〇年增加到二十三年，幾乎翻了一倍。同樣地，美國十歲白人女性的平均剩餘壽命，從五十二年增加到七十三年；美國六十歲白人女性的剩餘壽命，從十七年增加到二十六年。至於美國非白人男性的平均剩餘壽命，比白人少了三、四年，非白人女性則大約少了兩年。但是過去兩百五十年，**無論哪一個群體**，在每個年齡層的平均預期壽命都有所增長。

由於種族不平等和所得不均，美國人出生時的預期壽命並未領先全球。一九六〇年，美國在所有國家中排名第二十二，但是到了二〇二二年，只排名第四十八，美國人口普查局（Bureau of the Census）甚至估計，到了二〇六〇年，美國的排名還會下滑到第四十九。二〇二二年，領先的國家依序為摩洛哥、澳門、日本、列支敦斯登、香港、瑞士、西班牙、新加坡及義大利。在上述這些國家中，有一些非常富裕，資源豐富。至於西班牙和義大利，似乎是因為地中海飲食，還有基礎醫療照護普及，才能躋身前段班。在已開發國家中，有一個國家格外引人注目，俄羅斯因為酗酒和自古以來對人命的蔑視（正如「俄羅斯的土地，熱愛血腥」這句話所說），淪為全球平均壽命最低的七十個窮國之一。

史蒂夫．強森（Steven Johnson）撰寫的《額外的壽命》（*Extra Life*）一書，堪稱關於預期壽命的大作，他寫道：「我們壽命延長的故事，其實是一個進步的故事，其中一些出色的想法和合作，並未受到大家關注，卻默默地推動漸進改善，這一切要等到數十年後，才會真正展現出來。」自工業革命以來，整體的營養狀況更好、個人衛生改善、自來水氯化處理、乳品經過加熱殺菌、抗生素的發明、大規模疫苗接種，以及流行病學分析的進步，諸如此類的眾多工具都有助延長人類壽命。過去兩百五十年，壽命翻倍，如今大多數的父母都可以活得夠久，陪著兒孫一起玩耍，其中至少三分之一的人甚至有機會見到曾孫。然而，社會上仍有一些群體的壽命逆勢縮短了。

中年白人男性怎麼了？

普林斯頓大學（Princeton University）經濟學家安妮·凱斯（Anne Case）和安格斯·迪頓（Angus Deaton，後來獲頒諾貝爾獎），二〇一五年在《美國國家科學院院刊》（*Proceedings of the National Academy of Sciences*），發表一篇發人深省的論文，第一段是這樣寫的：「根據這篇論文，一九九九年至二〇一三年，美國非西班牙裔的中年白人，無論男性或女性，全死因死亡率都顯著增加。」當年的政治氛圍憤世嫉俗，如此精確的統計結果出爐，肯定在政界和學界掀起巨大風暴。「數十年來，死亡率持續下降，但是唯獨美國發生這種事；其他富裕國家的壽命，並沒有逆勢縮短。」最令人震驚的是，「美國中年死亡率逆轉，只限於非西班牙裔白人；反觀非西班牙裔黑人與西班牙裔的中年人，其他種族和族裔的六十五歲以上族群，死亡率依舊下降。」但是我要補充一點，這些族群原本的死亡率就比較高，所以是從較高的水準下降。

他們詳細記錄死亡率增加的原因，主要是「藥物和酒精中毒、自殺，以及慢性肝病與肝硬化」，這一切都是社會分裂的不祥之兆。說得更白一點，這波死亡危機主要傷害的對象，都是高中以下學歷的非西班牙裔白人男性，而非受過更高教育的人。雪上加霜的是，這個人口群體有較高比例罹患精神疾病和慢性疼痛，無法順利工作，帶給大家的印象不外乎是痛苦、壓力、孤立、絕望、疾病和早逝，這種現象稱為**絕望死**（deaths of despair），引發民眾的共鳴。

一篇枯燥的學術論文竟然引發媒體轟動，這本身就是新聞。二〇一六年，美國總統大選倒數，共和黨候選人唐納．川普（Donald Trump），跑到民主黨大本營，刻意針對中年白人男性挑起憤恨不平的情緒，爭取這些選民的支持，這件事在學術界造成轟動。二〇一七年，兩位作者做出更發人深省的分析，指出在勞動市場裡，教育程度較低的白人男性承受累積性劣勢（cumulative disadvantage），不僅和其他白人相比如此，與少數族裔相較也占下風。根據凱斯和迪頓的分析，「藍領貴族」解體的原因，包括製造業衰退、結婚率降低、其他形式的伴侶關係興起，加上傳統宗教集會也沒落了，而這原本是社會支持的來源。在這種情況下，如果面臨全球化和科技革新，教育程度較低的人經濟機會必定遭受衝擊，恐怕會因為全球競爭加劇而蒙受損失。薪資降低加重惡性循環，以致許多非西班牙裔白人男性退出勞動力市場，走上社會孤立和經濟不穩定的道路。已故的普林斯頓大學經濟學家阿蘭．克魯格（Alan Krueger）指出，當時約有一半的失業男性服用止痛藥，其中三分之二的人甚至服用處方藥，以類鴉片藥物居多。

五十多歲的非西班牙裔白人男性，占美國人口不到五％，但是他們的生活過得越來越苦，苦到足以影響選情，這種情況還會持續很長一段時間，他們支持的候選人必須能改革美國和全球政治。川普傳達的訊息，正好引發白人勞工貴族（labor aristocracy）共鳴。他怪罪移民、企業高層和自由派精英，而非對抗某種想法或理念。川普獨特的民粹主義顛覆美國政治，於是共和黨支持者中有一堆受挫的藍領勞工。新冠病毒疫情爆發後，問題變得更複雜，黑人的死亡率遠高於白人，無論男女。

然而早在疫情之前，美國人口壽命就出現驚人的逆轉，不只是五十多歲的非西班牙裔白人男性。

誰「殺了」事業女強人？

美國獨有的悲劇還有一個，就是女性與男性之間的預期壽命差距正在縮小。一九七五年，與男性相比，六十歲女性的剩餘壽命優勢達到顛峰，平均為四．九歲，這個差距相當顯著。到了二〇二二年，差距縮小到三．三歲，最近聯合國人口司預測，二〇五〇年還會繼續縮小，剩下不到兩歲。美國縮減的幅度，超越英國、瑞典、法國、德國、西班牙、義大利和南韓。在這些富裕大國裡，只有日本是例外，日本女性的壽命優勢持續擴大，猶如大多數的新興國家與開發中國家。

大家先不要誤會，美國女性的預期壽命仍在持續延長，只是與往年相比，速度大幅趨緩，而且成長率低於男性。歷史上，男性在各個年齡層的死亡率都高於女性，原因五花八門，從生物學到社會行為都有。《科學人》（*Scientific American*）指出：「女性體內的荷爾蒙及傳宗接代的角色，可能是女性更長壽的原因，例如雌激素可以排出壞膽固醇，避免心臟病。」反觀男性荷爾蒙似乎會令人短命，「睪固酮和暴力與冒險有關。」女性的生殖角色也對身體健康有利，「女性的身體必須儲備能量，滿足懷孕和哺乳的需求。」這乍看之下是劣勢，但其實不然，「女性多虧這種能力，更能應付營養過剩的問題，排除多餘的食物。」

外出工作一向是死亡率高的主因，自古以來，男性比女性更容易罹患人為疾病（man-made diseases），包括「暴露在工業環境中的工作場所風險、酗酒、吸菸和交通事故，在整個二十世紀顯著增加。」如今美國女性的勞動參與率和男性不相上下，尤其是四十歲以下的女性，只低了幾個百分點；相反地，在兩代人之前，女性的勞動參與率卻非常低。

女性的勞動參與度越來越高，卻依然承擔大部分的家務，包括採買、煮飯和照顧孩子。此外，單親媽媽的人數幾乎是單親爸爸的六倍。哈佛大學（Harvard University）人口暨發展研究中心主任麗莎・柏克曼（Lisa Berkman）認為，美國女性承擔新的經濟角色，說是形成一場完美風暴也不為過：一來女性更容易面臨職場和婚姻的壓力；二來有一千一百五十萬名女性是單親媽媽。加州大學舊金山分校精神病學教授艾莉莎・艾貝爾（Elissa Epel）坦言，「長期承受壓力，可能導致慢性病提前發生。」一位於染色體末端的保護端粒，其實和長壽有關，艾貝爾研究發現，如果人們承受壓力，可能會磨損端粒，她因此聲名大噪，這項發現找出女性壽命減少的主因。此外，女性還有一個更糟糕的習慣：和男性相比，她們更容易藉由飲食來安撫自我情緒，或是減少運動時間來平衡工作和家庭生活，這確實是一場完美風暴。

絕望超乎想像地普遍

有些女性的處境，正在每下愈況。美國女性的預期壽命，竟然可以用教育程度和居住地劃分。受過良好教育，並且住在都會區的女性，過得比其他女性好得多。我在賓州大學（University of Pennsylvania）的同事厄瑪．艾羅（Irma Elo），組成人口統計學家團隊，分析美國四十個地區，在二〇〇九年至二〇一六年間，有八個地區的「女性預期壽命下降」。要特別強調的是，這裡的數據單指非西班牙裔白人女性，「白人男性的壽命增長，在這四十個地區都超越白人女性。」至於阿拉巴馬州、阿肯色州、肯塔基州、路易斯安那州、密蘇里州、奧克拉荷馬州、田納西州和德州，沒有住在都會區的女性，「在一九九〇年至二〇一六年間，預期壽命差不多少了一歲」。流行病學做了詳細研究，找出罪魁禍首，包括吸菸、精神和神經系統疾病、服藥過量。

最近死亡率的相關研究，有一個最驚人的發現：就連沒有外出工作的女性，預期壽命也在減少。學生阿倫．亨迪（Arun Hendi）和我一起合寫論文，發現「自從一九九〇年以來，所有教育程度、種族、性別群體的預期壽命，都有所成長或維持穩定，唯獨一個例外，就是教育程度在高中以下的非西班牙裔白人女性。」過去二十年裡，這群人的預期壽命**驟減**二．五歲，只有短短的二十年，這可是巨大的變化。背後悲慘的個人故事，不是數據和精妙統計方法可以呈現出來的。克莉絲朵．威爾森（Crystal Wilson）住在阿肯色州凱夫城（Cave City），三十八歲就離開人世，當地居民大多是白人。她是全職家庭主婦，患有過胖症和糖尿病。莫妮卡．帕茲（Monica Potts）在《美國展望》（*The American Prospect*）寫下一段文字：「十年級輟學結婚，事情就這樣發生了。」在那個社區，不是只有威爾森早逝。根據當地學區的技術專員茱麗葉．強森（Julie Johnson）的說法：「如果你是一個女人，教育程度低，你的機會幾乎等於零。你會結婚生子……如果不用工作，日子可能會好一些……可怕的惡性循環。」強森針對白人女性中輟生的人生，下了一個簡單的結論，剛好呼應教育程度低的非西班牙裔白人男性，「社會的絕望正在消磨他們的生命，而我卻一無所知。」

美國深陷絕境的人，不只有教育程度低的小媽媽。整體來說，全美二十五歲至四十四歲的死亡率正在快速增加。艾羅和別人合寫一篇文章，指出：「在二〇〇八年至二〇一〇年經濟大衰退期間，美國當代的年輕人遭逢人生關卡；換句話說，這些人延後從青年過渡到成年，導致結婚率下降，和父母同住的比率增加。」他們接著表示：「這個年齡層的成年人，由於濫用藥物和酗酒的比率增加，未來罹患相關疾病與死亡的比率也隨之升高。」這就是無數千禧世代面臨的未來，對他們而言，全球化和科技變革都是逆風。此外，新冠疫情爆發後，社會上最弱勢群體，尤其是五十歲以上的人，死亡率也提高了。

儘管有很多人因為絕望死，但是科技帶來新的可能性，讓人有機會永生，科技正在從另一種視角，挑戰傳統的觀念。

終結老化的各種努力

希羅多德（Herodotus，約西元前四八四—西元前四二五），是希臘地理學家，也是歷史編纂之父，他說過：「吃魚的海岸居民訝異自己竟如此長壽，他們來到噴泉前，沐浴後發現自己的肌膚光滑如油，泉水散發出紫羅蘭般的香氣。這泉水的浮力據說較低，沒有任何物體可以浮在水面上，無論是木頭或其他輕盈的物體都會沉到水底。如果這個噴泉的描述是真的，可見他們長壽的原因可能是經常飲用這種泉水。」神祕的青春之泉，一直是最令人著迷的魔法。

我結婚的地點就在波多黎各瓜伊納沃（Guaynabo），當地有一間聖荷西教堂（San José Parish Church），教堂的對面剛好是胡安．龐賽．德萊昂（Juan Ponce de León）故居。一五〇八年，他代替西班牙君主出征，征服這座島嶼。一五一三年，他領導首批歐洲遠征隊抵達佛羅里達州。義大利學者彼得．馬特（Peter Martyr），為西班牙斐迪南二世（Fernando II）的天主教宮廷效力，他談到傳說中噴泉的位置，卻並未提及佛羅里達州或探險家德萊昂，「距離伊斯帕尼奧拉島（La Española）三百二十五海浬處，聽說有一座島嶼叫做博悠卡（Boyuca）或艾揚尼奧（Ananeo）。曾到那座島嶼探險的人，說有一個奇特的噴泉，老年人飲用泉水就可以恢復青春。」但是他也提醒大家，「教皇陛下，請不要以為他們是在開玩笑或道聽途說，這些人在宮廷正式宣傳，讓整個城鎮都信以為真，甚至包括一些德高望重、受人尊敬的大人物。」

德萊昂追求佛羅里達州青春之泉的事蹟，直到他死後二十年，也就是一五三五年才被明確記錄，寫在哥薩羅・費爾南德斯・德奧維多（Gonzalo Fernández de Oviedo）的編年史裡。「他說了一個故事，據說喝泉水可以回春……這個故事廣為流傳，當地的印第安人都聽過，也堅信是真的，以致德萊昂隊長和隊友們，還有無數迷失的船隊……全都跑去尋找泉水，但是尋找青春之泉這件事，對印第安人來說仍是一個大笑話。」後來，佛羅里達州以陽光之州聞名。德萊昂初次抵達佛羅里達州時，年僅三十歲，他想在佛羅里達州南部建立永久的定居點，卻和卡魯薩人（Calusa）爆發衝突，八年後受傷而死。他應該沒想過，這個半島會成為世上最重要的養老勝地。

現在時間快轉到網路時代。Google改變我們搜尋資訊、看地圖找路、接收廣告訊息的方式。Google資金充裕，為了延長預期壽命，在二〇一三年成立加州生命公司（California Life Company, Calico）。兩年後，由於公司太龐大，於是把生命科學部門獨立出來，另行成立生技公司Verily。該公司試圖設計智慧健康解決方案，包括穿戴式醫療裝置和監測器、疾病管理、外科機器人、生物電子醫學，以及用於追蹤健康和預防跌倒的智慧鞋。二〇一四年，新聞報導透露一項基準線研究（baseline study），堪稱「有史以來最具企圖心、最困難的科學專案」、「向未知大膽探索」，目的在於「認識無數人的身體結構，一直到身體細胞內分子」，確立一些生物標記，加速疾病診斷的流程。

追尋「上帝分子」，以延緩老化，甚至逆轉衰老，引發好萊塢明星和矽谷大亨無限想像。這些人都渴望永無止盡地享受好運。泰德，范特（Tad Friend）在《紐約客》（*The New Yorker*）雜誌撰文提到，這群人對長壽的迷戀，演員和「宇宙主宰」總以為抗老的「萬靈丹」即將誕生。俊允（Joon Yun）是醫生，也是醫療保健避險基金的經理，他參加美國國家醫學院（National Academy of Medicine）會議時，表示：「我認為衰老是可塑的、可以編碼的，既然可以編碼，人就能破解這個密碼。」隨著越來越多的掌聲，他接著說：「如果你能破解密碼，就能**駭入**密碼！」他繼續用科幻的言語補充道：「我們可以永遠終結老化。」

這番大膽的斷言一點也不誇張，事實上，基因會操縱細胞，讓細胞永遠增生，或至少延長增生的時間，達到抗老的效果。問題就在於從基因、行為和倫理來看，人類都是複雜的物種。歐洲生物資訊研究所（European Bioinformatics Institute）抗老專家珍妮特·桑頓（Janet Thornton）注意到，「讓人體突變是一件不道德的事，更何況有這麼多矛盾的力量交互作用，實在難以評估飲食限制的影響。在實驗室裡，蠕蟲的壽命可以延長十倍；蒼蠅和老鼠，最多延長一．五倍，但是人類無法如此。大概是人體太複雜了，有許多元素互相關聯和調節，不可能這樣延長壽命。」雖然有這些抗老成果，但我還是寧願當一個有終點的凡人，也不願做一條永生的蠕蟲。

生命無限延長，可能會有違宗教信仰，干擾我們在人生不同階段的動力，久而久之，地球會過度擁擠，不適宜居住。儘管如此，人們依然耗費大筆資金，研發琳瑯滿目的抗老技術。長生不老的想法，就跟人類一樣古老，但是否值得我們犧牲現在和未來？或者我們應該專心提高生活品質，讓自己活得更健康一點，而不僅僅是更長壽？

預期壽命與健康壽命

亞當．戈普尼克（Adam Gopnik）發表在《紐約客》上的一篇文章，打開大家的眼界，他拋出一個問題：「我們能不能活得更長壽，並且保持年輕？」依照強大的演化法則，當我們把基因傳給下一代時，人體應該會像鐘錶一樣精準運作，並且完成使命，但是人生走到晚期就不一定了。「一旦超過生育年齡，基因複製可能會變得馬虎，突變的機率增加，因為到了這個年紀，已經超出天擇關心的範圍。」因此預期壽命大增，反而會提高各種棘手健康問題的發病率，包括癌症、心臟病、糖尿病、關節炎和失智症。這就是難題所在，研究資源稀少，我們該如何分配資源？要延長壽命，還是要確保人生大多數時間，都能夠保持健康——也就是健康壽命？誠如范特所言，這造成「健康壽命者」和「長生不老者」之間的激烈競爭。長生的夢想似乎遙不可及，但是如果想要確保活著的大部分時間，都能盡情享受人生，似乎很有可能實現。只可惜預期壽命延長的速度，超過健康壽命延長的速度，因此過世前幾年，相當於六年至八年的時間，仍會面臨健康惡化，這絕對不是大家期待的晚年。

二〇一九年，美國國家醫學院推動健康長壽全球大挑戰（Healthy Longevity Global Grand

Challenge），自詡為「全球運動，旨在改善人逐漸老化的身體、精神和社會福祉」，緩解人口老化的不良影響，「以免重創全球經濟、醫療保健系統及社會結構」。**這確實可能達成**，主要有幾個層面，包括「推動潛在新藥、新療法、新技術、新預防和社會策略，延長健康壽命，這可以改變我們衰老的方式，確保我們在壽命延長的期間，維持更健康的身體、功能及生產力。」然而，說來容易，做來難。

我們測量預期壽命的方法很出色，可以測出各個年齡層的死亡時間，但是要測量預期的健康壽命就很困難了，而且備受爭議和熱議。世界衛生組織計算「健康預期壽命」（healthy life expectancy），定義為「在良好健康狀態下的平均壽命，也就是日常生活活動並未永久受限，或者並未失能，這等於模擬一個虛構世代，預測當年的死亡率和疾病率。」預期壽命沒有灰色地帶，不是活著，就是死亡，可是從方法論來看，健康壽命的概念始終模稜兩可。該如何劃分健康和不健康？有沒有人既非完全健康，也非完全不健康？人有沒有可能陷入不健康的狀態，後來又恢復健康？

先將這些難題擱置一旁。自從二〇〇〇年開始計算「健康預期壽命」，由於良好的生活方式、預防護理、早期疾病檢測及新藥物療法，已經讓六十歲以上的健康壽命穩定成長。但是健康壽命的成長如此緩慢，追求長生不老的人只好用更激進的方式延長壽命。每隔十年，平均健康壽命只增加兩、三個月，這個速度讓Google研究人員聽到，絕對會生氣，好萊塢和矽谷人士也無法接受。不過好消息是，二〇一九年，美國六十歲的男性，平均可以再健康生活十五．六年，女性平均可以再健康生活十七・一年，對照當時的平均剩餘壽命，年過六十，男性還可以再活二十二年，女性還可以再活二十五年，可見美國人平均在生命的最後八年，會面臨一些健康狀況，無法悠閒享受人生。

最重要的是，二十一世紀以來，世界上大多數國家的平均健康壽命，無論是富國或貧國的成長速度，都和預期壽命不相上下，尤其是在安哥拉、孟加拉、波札那、中國、丹麥、厄利垂亞、衣索比亞、芬蘭、印度、愛爾蘭、約旦、寮國、馬拉威、馬爾他、蒙古、納米比亞、波蘭、葡萄牙、俄羅斯、新加坡、南非、南韓、泰國、英國等多元化的國家。果不其然，美國又是特例。美國健康壽命成長的速度，竟然只有預期壽命的一半，可見比起世界上其他地方，美國老年人的生活品質正在惡化。

現在這種情況，對代間關係有什麼影響？基本上，在大多數富裕國家，平均六十歲的人還有二十年至二十五年的壽命，其中預計有十年至十五年屬於健康的生活年數。那麼，工作到六十五歲退休，到底有沒有意義？社會是否負擔得起？這對其他世代來說，又是否公平？這些棘手的問題牽涉到各方利益，往往會激發熱烈討論。

代間正義的理念

諾貝爾獎得主阿馬蒂亞・沈恩（Amartya Sen）是印度哲學家暨經濟學家，他在二〇〇九年的革命性著作《正義的理念》（*The Idea of Justice*）中提到，「若想推動正義，基本上就有公開論證的必要，聆聽各方和各種角度的論點。雖然聆聽相反的論點，不一定能化解衝突的起因，也不一定可以在所有的問題達成共識，但是沒關係，因為每個人私下做決定，也不必解決所有的問題。同樣地，社會做出合理的選擇，也不必化解所有的衝突。」

說到代間正義的問題，或許最難解決的就是氣候變遷，一方面，既要考慮現在的經濟福祉；另一方面，又要顧及未來的環保永續，特別難以裁決。誰來為退休人士支付退休金和醫療，又是另一個傷腦筋的問題，缺乏公平的論據。畢竟退休人士賦予年輕人生命，拉拔他們長大，為他們提供人生的機會。然而，依照沈恩的建議，我們仍要對比不同世代的論點和觀點，讓大家一起參與辯論，不要因為問題太棘手，就選擇忽視或逃避。

二〇一九年英國上議院報告提醒大家：「老年人和年輕人之間的關係，仍以相互支持與情感為主，但是一個接著一個的政府，種種的行為和不作為，正在破壞代間關係的基礎。許多年輕人努力尋找穩定高薪工作，以及負擔得起的住宅，同時有許多老人，因為政府計劃不當，無法處理長期的代間問題，而沒辦法獲得必要的支持。」這個委員會列出幾個主要的摩擦點，包括政府赤字、取得可負擔住房、「老年福利計畫」的費用。但讓我想不通的是，他們並未考慮氣候變遷。

不知道什麼緣故，社會的運作就是受到社會契約（social contract）的影響。有了社會契約，人與人的互動就有基本準則。世代契約（generational contract）也同樣重要，甚至在不久的將來，會變得比社會契約更重要。其中一個具體的版本，稱為世代福利契約，規定選民應該支持的政策，不僅要對自己有利，也必須顧及其他人生階段的群體，同時兼顧自我中心和無私利他。年輕世代願意支持退休金和醫療保健，是因為預想數十年後，自己也會用得到。老年世代支持育兒服務與教育，就可以培養更具生產力的勞動力，有更多人繳納稅金，得以支付退休金和醫療保健，讓老年人因此受惠。可惜的是，大多數富裕國家的退休金竟然不成比例，成為最大的福利計畫，破壞各項預算之間的平衡。

退休金和醫療保健的成本飛漲，芬蘭退休金中心（Finnish Centre for Pensions）研究人員艾爾特－揚．瑞克霍夫（Aart-Jan Riekhoff）寫道：「在大多數歐洲國家，民眾仍支持政府為老年人提供合理的生活水準，但是對老年人有利的政策，相對支持度正在下滑，不只是因為絕對支持度下降了，也是因為有越來越多的民眾支持政府補助育兒。」換句話說，世代之間的團結仍穩固無虞，但是國家的預算需要權衡，尤其是年輕的勞動者和選民格外有感。「世代福利契約並沒有立即的危險，但是有關年齡的政策偏好，正在許多國家重新調整。」尤其是在歐洲、美國、加拿大和日本。

說到代間公平和團結，近年來有一個關鍵的問題：如何因應不同年齡層，設計和頒布福利計畫？公共教育支出與育兒服務，主要是幼兒及家長受惠；失業保險讓失業勞工安心；醫療保健有較大的比例，是在幫助高齡的人；退休金則是由退休人士獨享。隨著國債和預算赤字增加，破壞世代之間的團結。如今我們就是在這種情況下，爭辯公共退休金計畫的可行性。

社福制度能撐下去嗎？

荷蘭人楊－皮特．詹森（Jan-Pieter Jansen），現年七十七歲，抱怨道：「我感覺到莫大的壓力。」他在六十歲退休。「政府刪減我的退休金，我能用在家庭和假期的預算，可能會減少數千歐元。我存了這麼多年的退休金，現在卻發生這種事，讓我非常生氣。」他連續四十年繳納所屬產業的退休基金，卻收到一封通知信，告知福利會削減一〇％。

壽命延長，加上生育率下降，對退休金制度來說，形同雙重大打擊，尤其是員工和雇主共同提撥的退休基金。此外，許多公共退休基金總假設投資報酬率為七％以上，但是當債券殖利率趨近於零時，根本不可能會有這樣的報酬率。該如何解決呢？幾乎每項重要的研究都得出一個結論，建議研擬多重的解決方案，包括延後退休、提高員工與雇主的提撥金額和稅收、刪減福利，或是開放更多年輕勞工移民。上述的辦法缺一不可，但是在實施過程中，勢必會有混亂和痛苦。退休金危機迫在眉睫，導致不少總理和總統人氣下滑，任何政治人物都不希望喪失勞工或退休人士的支持。然而，大家都擁護自身的利益，退休金改革難以執行，未來可能就會崩盤。

幸虧民眾看見前方的困境，決定晚一點退休。一九七〇年代初，歐洲及北美等已開發國家，男性平均在六十九歲退休，女性則是六十五歲，這個平均年齡在二〇〇〇年達到最低點，分別為六十三歲和六十一歲。往後二十年，男性和女性平均晚了二．五年退休。

我始終想不透，為什麼探討退休金的可行性時，只關注預期壽命延長，卻沒有考慮平均健康壽命。預期壽命和健康壽命的概念一樣重要，尤其是在探討後世代社會的退休人生時。這是因為在做退休決定時，除了考慮自己有幾年可以活，也會考慮目前的健康狀況，或者未來的健康狀況。

讓我們看看這些以前大多數專家都出乎意料忽略的數據。參見表二．一，前兩欄列出主要國家各自的數據，資料來源來自先前提過的兩大權威組織，包括聯合國和世界衛生組織。六十歲的預期剩餘壽命，意味著過了六十歲，還可能做多少年全職工作，也就是具備完全生產力的社會成員，絲毫不受限制。把預期剩餘壽命減去預期健康壽命，等於人們要依賴退休金的**最低**年數，因為在這段時間，健康狀況不佳，做不了全職工作，一般美國男性是六．四年（二十二年減去十五．六年），一般美國女性則是七．九年（二十五年減去十七．一年）。

看到這張圖表，令人安心。**如果**我們可以工作到健康壽命的終點，一直到身體出現嚴重的健康問題為止，現行的社會保障制度絕對撐得下去。可是很少人願意工作到這麼老，我肯定不願意。依照情境A，這可以減輕勞工繳稅負擔，避免支付大量的退休金和醫療保健，這樣一來，美國男性平均在七十五．六歲退休，美國女性則是七十七．一歲退休，遠高於今天的平均退休年齡（六十五歲）。在這種情況下，民眾退休後，並無法享受活躍的生活方式，因為一般人都抵達健康壽命的終點。在日本、南韓、法國及西班牙又特別嚴重，年近八十歲才可以退休。簡而言之，雖然情境A對年輕人特別有利，但是從社會和政治來看並不合理，我們不可能要求大家工作到身體出了大問題，

表二・一 2019年，60歲人士的預期剩餘壽命、預期健康壽命及退休情境預測

	60歲的預期剩餘壽命		60歲的預期健康壽命		預期剩餘壽命減去預期健康壽命		情境A：工作到健康壽命的終點		情境B：工作到健康壽命終點前7年	
國別	男	女	男	女	男	女	男	女	男	女
美國	22.0	25.0	15.6	17.1	6.4	7.9	75.6	77.1	68.6	70.1
中國	18.6	22.0	15.0	16.9	3.6	5.1	75.0	76.9	68.0	69.9
日本	24.0	29.2	18.8	21.8	5.2	7.4	78.8	81.8	71.8	74.8
南韓	22.6	27.3	18.2	21.2	4.4	6.1	78.2	81.2	71.2	74.2
印度	17.4	18.6	13.0	13.5	4.4	5.1	73.0	73.5	66.0	66.5
英國	22.7	25.2	17.6	18.9	5.1	6.3	77.6	78.9	70.6	71.9
德國	22.2	25.6	17.0	19.9	5.2	5.7	77.0	79.9	70.0	72.9
法國	23.3	27.6	18.5	20.8	4.8	6.8	78.5	80.8	71.5	73.8
義大利	23.5	27.0	17.9	19.8	5.6	7.2	77.9	79.8	70.9	72.8
西班牙	23.4	27.7	18.0	20.3	5.4	7.4	78.0	80.3	71.0	73.3
墨西哥	20.0	22.4	15.3	16.8	4.7	5.6	75.3	76.8	68.3	69.8
巴西	20.1	23.9	15.2	17.4	4.9	6.5	75.2	77.4	68.2	70.4
土耳其	19.2	24	15.8	17.3	3.4	6.7	75.8	77.3	68.8	70.3
奈及利亞	13.4	14.3	13.3	13.8	0.1	0.5	73.3	73.8	66.3	66.8
南非	14.4	18.3	12.7	14.8	1.7	3.5	72.7	74.8	65.7	67.8

資料來源：世界衛生組織的全球衛生觀察站（Global Health Observatory）。

直到沒有工作能力為止，勞工有權利趁著健康時，享受幾年的退休生活。

為了追求代間平衡，可能要想出中庸的解決方案，既非極端的情境A，也不是當今平均六十五歲退休的方案。舉例來說，我們可以設定，無論男女都是在健康壽命結束前七年退休，退休後仍有七年的時間，可以享受活躍的生活型態。我之所以會選擇七年，是因為七這個數字在《聖經》蘊含著特殊意義。依照情境B，美國男性平均在六十八・六歲退休，女性則在七十・一歲退休，聽起來比情境A更可行，也更令人接受，但是七年夠不夠？是否符合代間公平？這在政治上恐怕需要經過曠日持久的辯論。

圖二・一　每個退休人口（60歲以上）由幾個工作年齡人口（15歲至59歲）共同扶養

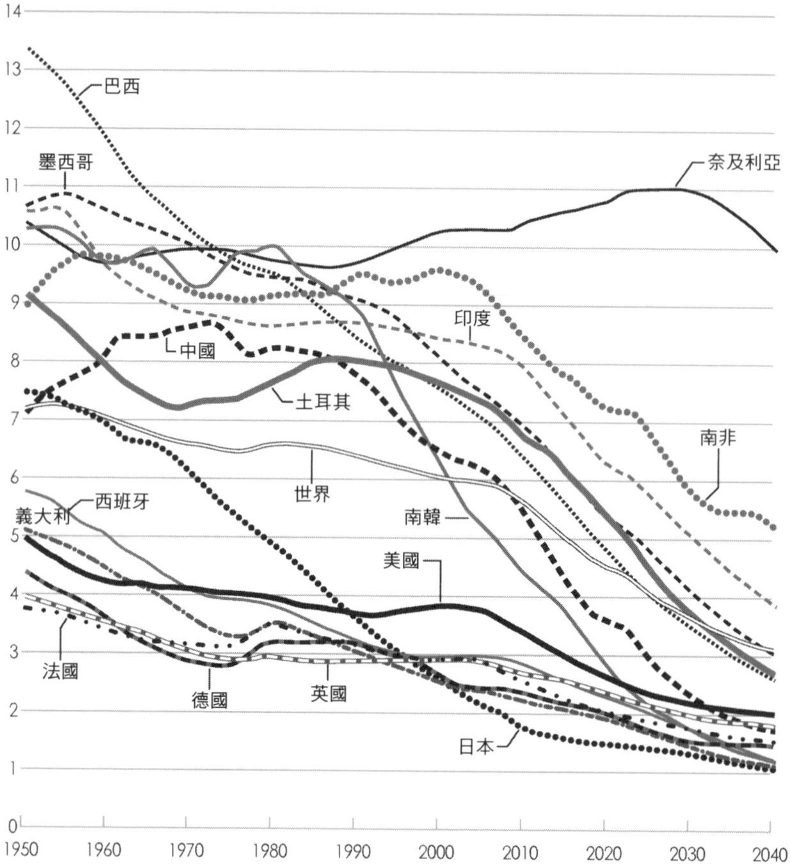

資料來源：2022年聯合國世界人口展望（World Population Prospects）。

每個想像情境的背後，都隱含著一個根本問題，就是工作年齡人口與退休年齡人口的比例。這個比例正在下降，社會面臨莫大的挑戰。從圖二．一可以看出，情況有多糟。一九五〇年，十五歲至五十九歲工作年齡人口和六十歲以上退休人口的比例，剛好是七．二。到了二〇二二年，這個數字降為四．四。中國甚至從七．一降至三．五，美國從五減少到二．五；南韓的下降幅度更劇烈，從一〇．三降為二．五；日本則從七．五降至一．五。由於生育率下滑，預期壽命延長，在未來數十年，這個比例還會繼續下降，導致那些工作年齡人口不得不繳納更多稅金，一來是為了累積自己未來的退休金，二來則是為了支付六十歲以上人口的醫療保健費用。以日本和南韓為例，到了二〇四〇年，工作年齡人口與退休人口的比例只剩下一點多，這麼低的數值似乎難以為繼，除非機器人能完成所有繁重的工作；美國的比例預計是二。無論哪一個數值，都無法實現醫療保健和退休金的承諾，因為當時預設的比例是三到四。看了這些數字，你就會明白代間權衡有多麼棘手，尤其是年輕工作者必須承擔大部分的費用。

消除問題 vs. 解決問題

我在華頓商學院的同事羅素．艾可夫（Russell Ackoff）已經離世，但是我從他身上學到很多有用的東西，他是系統思考的先驅。我學到最重要的一課，是他長達一個半小時的演講，探討一九五〇年代著名的倫敦公車罷工。倫敦交通局聘請他擔任顧問，幫忙解決公車延誤的問題。由於尖峰時段，太多紅色雙層巴士上路載客，遠遠超過公車站可以停靠的數量，導致公車經常延誤，無法按照時刻表行駛。在每輛公車上，前方有司機，後方有票務員，於是司機工會和票務員工會之間激烈鬥爭，導致問題惡化。司機多為巴基斯坦人，票務員主要是印度人。〔二〇一六年薩迪克・汗（Sadiq Khan）首度當選倫敦市長，他本身是巴基斯坦裔公車司機之子。〕司機和票務員每天都互相指責，把公車延誤怪罪到對方的頭上，始終無法突破瓶頸，反正說來說去，一切都是對方的錯，對方沒有賣力工作，司機責怪票務員拖慢進度，票務員也不甘示弱回嗆。言語侮辱只會讓問題惡化，讓乘客感覺非常不舒服。

艾可夫平靜地解釋，任何問題都有兩個方法可解。第一個方法是解決這個問題，找到方法克服在現有系統設計參數和限制中的立即問題，例如到了尖峰時段，大城市的交通就會大打結，為了解決問題，可能要調整時刻表、開闢更多公車專用道、預測紅綠燈調變、引導乘客搭乘較冷門的路線，或是在尖峰時段提高票價，以價制量。可是這樣看來，似乎治標不治本。

艾可夫冷靜地提出，第二個方法則是消除問題，徹底根絕，包括重新理解情況，直接讓問題消失。他給倫敦交通局的建議真的太妙了，在尖峰時段，票務員不應該隨車，而是應該派駐在公車站。有的公車站特別繁忙，指派一個票務員不夠用，就指派兩個人。這樣可以消除司機和票務員之間的潛在衝突，還可以提升每個公車站的上車人數。問題就直接消失了。我至今記憶猶新，艾可夫在華頓商學院進行這場演講時，已經高齡八十多歲，在場的高階主管聽完，紛紛起立鼓掌，然後他開始回答問題，他清晰的思路令觀眾如沐春風。

迫在眉睫的退休金危機，需要什麼樣的改革，大家心知肚明，但就是不願支持，例如提高退休年齡、削減福利、增加退休金提撥和稅收，並且開放國外的年輕勞工。為了消除退休金問題，必須展開系統層級的改革，也就是直接擺脫人生序列模型，改用後世代人生模型，流動性較高，隨時都可以逆轉。如此一來，我們才能一勞永逸，徹底擺脫問題，後面幾章就會探討這種可能性。

第三章 核心家庭的興起和沒落

◇◆◇

「現在的核心家庭必須自給自足，生活在獨立的小盒子裡，沒親戚、沒支援，史上前所未有，簡直就是不可能的挑戰。」

——瑪格麗特·米德（Margaret Mead，一九〇一－一九七八）

人類學家米德和肯·海曼（Ken Heyman）在一九六五年合著《家庭》（*Family*）一書，他們觀察到，「自從人類有知識以來，一直活在家庭裡。就我們所知，每一個時期都是如此。沒有任何一個民族，可以長期解散家庭或取代它。即使有人提倡改革或實驗，人類社會卻一再證明，人類生活的基本單位就是家庭。而所謂的一家人，就是有父親、母親和孩子的家庭。」

家庭對人生來說不可或缺，但是家庭有許多形式、形狀和大小。我們所謂的家庭，通常是核心家庭，包括已婚雙親和孩子；還有大家庭，包括祖父母、叔叔、姑姑、堂兄弟姊妹和其他親戚。此外，單親家庭和無子女的家庭也一直存在。這些家庭結構出現的頻率，會隨著時間和空間而改變。如今在大部分已開發世界，由雙親和特定幾個孩子組成的核心家庭，不再是常態。一九七〇年，在所有美國家庭中有四成屬於核心家庭，包含已婚雙親和至少一位十八歲以下的孩子，但是到了二〇二一年，這個比率降至一八%，創下一九五九年以來新低，難怪會變成政治話題，引發熱議。

核心家庭和人生序列模型

「家是最美好的詞彙。」這是超級熱門影集《草原小屋》（*Little House on the Prairie*，一九七四－一九八三）的開場白，出自作家勞拉．英格爾斯（Laura Ingalls）之手。這裡的**家**，代表「英格爾斯一家人」，象徵著家庭典範，包含雙親和孩子。家庭生活中，應該充滿喜悅、奮鬥與愛，共同解決所有想像得到的困境。這部影集改編自勞拉．英格爾斯．懷爾德（Laura Ingalls Wilder）的系列暢銷書，背景設定在十九世紀末，猶如田園詩一般的明尼蘇達州鄉村，引發全球觀眾共鳴，當時在每個人的心目中，似乎都夢想成家，看著孩子組成自己的家庭。黛安娜．布魯克（Diana Bruk）在《鄉村生活》（*Country Living*）雜誌寫了一篇文章，提及：「《草原小屋》描繪一個單純的時代，大家的生活圍繞著教會、學校及家庭。」這些書籍和影集並未美化人生，反而勇於面對世間的問題和悲劇，例如嬰兒夭折、失明或毒癮。「大家當然都有各自的困難，但是每個人始終面帶微笑，保持善良，因為任何問題都可以一起解決。」當時正值越戰後，由理查・尼克森（Richard Nixon）主政，確實需要一部影集來「傳遞良好的家庭價值」。劇中的角色很討喜！查爾斯・英格爾斯確實是「完美的男人：可靠、正直、豁達、勤奮」，妻子卡羅琳，善良、慷慨、溫柔和忠誠。他負責狩獵、釣魚及農耕，養活一家人，而她則負責持家。至於他們的孩子，終究會長大成人。

一九七〇年代，正好是核心家庭的全盛時期。

根據人生序列模型，如果沒有意外，人們會一如所料，依序進出每個人生階段，這在全球獲得普遍的認可。各國政府、媒體、好萊塢及各大宗教，紛紛推廣核心家庭的觀念。所謂的核心家庭，是由父母養育子女，直到孩子完成教育，離家建立各自的家庭。至於最低的社經階層，雙親都在外工作，只好把孩子託付給鄰居，或是由年齡較大的手足負責照顧。一八七〇年代，德國統一，社會階層較高的女性，必須待在家裡，專心照顧**孩子**（Kinder）、**廚房**（Küche）和**教堂**（Kirche），簡稱三K。從日本到美國，大部分的企業不鼓勵已婚女性外出工作，甚至公然阻止。一九五〇年代，由於中產階級蓬勃發展，由雙親、至少兩個孩子、一台電視、一台洗衣機、一輛汽車和一隻狗組成的美國核心家庭，成為全球爭相效仿的標準。女性可以工作，但是僅限婚前。米德指出，核心家庭的概念其實對女性的社會地位有害，把女性困在家中，還缺乏大家庭的支持網絡。一旦有大量的女性外出工作，就會發現身邊根本沒有家人可以伸出援手，只好決定少生一點孩子或是不生孩子。

然而，核心家庭的歷史，學界並沒有定論。歷史學家彼得·拉斯萊特（Peter Laslett）和艾倫·麥克法蘭（Alan Macfarlane）認為，早在十三世紀，住在「簡樸房屋」的核心家庭就是英格蘭的常態。他們認為，核心家庭很靈活，可以四處搬遷，工業革命才得以成真，而不是工業革命催生了核心家庭。根據市場的邏輯，每個員工都要夠聽話，隨時聽候差遣，當然不可以跟親屬和社區有太深的感情。布麗吉特·伯格（Brigitte Berger）和其他社會學家，以及我在賓州大學的同事安妮特·拉羅（Annette Lareau）也認為，雙親組成的核心家庭是「以孩子為中心」，在過去兩百五十年，這樣的家庭型態提升教育在現代經濟與社會中的地位。核心家庭、教育和社經流動性之間的掛鉤，到底有多深？大家試著想一想，奴隸要怎麼組成核心家庭養育子女？這是多麼困難的一件事，根本不可能實現。這個問題至今仍困擾美國的非裔社區，當地的黑人男性失業率與監禁率居高不下。核心家庭的概念，有時候會壓迫女性，但是如果核心家庭真的失靈了，也會造成問題，引發社會動盪。

核心家庭的興起，受到相關法規支持。社會心理學家貝拉·迪波洛（Bella DePaulo）認為：「人們礙於法律和分區規定，無法與自己重視的人一起居住，這就是《黃金女郎》（*Golden Girls*）的劇情狀況。」基本上，「有些地方的分區規定，限制無血緣關係的人同居，不可以超過特定的人數，通常是兩人。」此外，美國《家庭與醫療假法》（Family and Medical Leave Act）允許民眾放無薪假，照顧生病的配偶，但是不包括未婚伴侶。

核心家庭的理想，掩蓋了真實的掙扎與絕望，因為太強調「成長」，反而讓孩子承受莫大壓力，不得不為成年生活做好準備，以實現穩定的戀愛關係，還有事業成功。此外，核心家庭也導致社會不平等，大家可以想見，社會上並非每一個群體都能符合理想的原型。《紐約時報》（*New York Times*）專欄作家大衛・布魯克斯（David Brooks），最近在《大西洋》雜誌發表一篇文章，認為：「現在個人生活更自由了，家庭生活卻變得不穩定。成年人的生活變好，但孩子的生活卻變糟了。我們從相互關聯的大家庭，變成獨立的核心小家庭（包括已婚夫婦和孩子），這會有什麼後果？社會上最有特權的人，從此有最大的空間來發揮他們的才能、擴大他們的選擇，最終解放富人，蹂躪工人階級與窮人。」他指出一個令人痛苦的事實：核心家庭的理想，從未在窮人、弱勢種族和少數族裔中實現。

「跳脫傳統」的家庭

二〇一四年，眾星雲集的電影《愛在頭七天》（*This Is Where I Leave You*），劇中人物賈德・阿特曼是由傑森・貝特曼（Jason Bateman）飾演，曾經這樣痛訴：「我一直在追求完美的生活，但是人生就該難以預料、沒有邏輯、複雜難解，我要過複雜的人生。三個月前，我有一份好工作，住在不錯的公寓，我愛我的妻子。」他的妹妹溫蒂・阿特曼由蒂娜・費（Tina Fey）飾演，馬上反駁：「才怪！」他自言自語：「才怪？也是，她都和別人睡了一年，你都沒有發現……你是有多愛她？」妹妹回答：「好……扯平了。」阿特曼一家有四個兄弟姊妹，父親去世後，一起回到童年的家，在那裡共度一週。珍・芳達（Jane Fonda）飾演他們的母親，一間屋子裡還住著一大堆配偶（有些忠誠、有些不忠）、前任及準情人，分享彼此傷痕累累的成年生活。

除了文化變遷（我們對關係和婚姻的觀念改變）外，我們的社會也不再井然有序，不再以傳統核心家庭為主。無論富國或窮國，單親家庭正在增加，可能因為父母分居、離婚或從未同住。我們先來看未婚女性生下嬰兒的比率，如圖三・一所示，這是導致單親家庭的可能情況之一（但也不一定）。二〇一八年，歐盟（European Union, EU）的這個數字是四一・三%，高於美國的三九・六%。就連愛爾蘭也達到三七・九%，逼近美國的平均水準。這個比率在西班牙（四七・三%）、英國（四八・二%）、愛沙尼亞（五四・一%）、丹麥（五四・二%）、瑞典（五四・五%）、葡萄牙（五五・九%）、保加利亞（五八・五%）、法國（六〇・四%）及冰島（七〇・五%）特別高。因此，無論什麼宗教背景、緯度和發展程度，現在富裕國家中，未婚女性生下嬰兒比以前更普遍。經濟發展較低的國家，例如拉丁美洲，這個比率甚至更高：墨西哥是六九・三%、哥斯大黎加為七一・八%、智利更高達七三・七%。值得注意的是，在一九六〇年，只有少數幾個西歐國家的比率超過一〇%（冰島、奧地利和瑞典），大多數國家的比率仍低於五%，當時美國的比率為五・三%，加拿大則是四・三%。

圖三・一　未婚女性生下嬰兒的比例

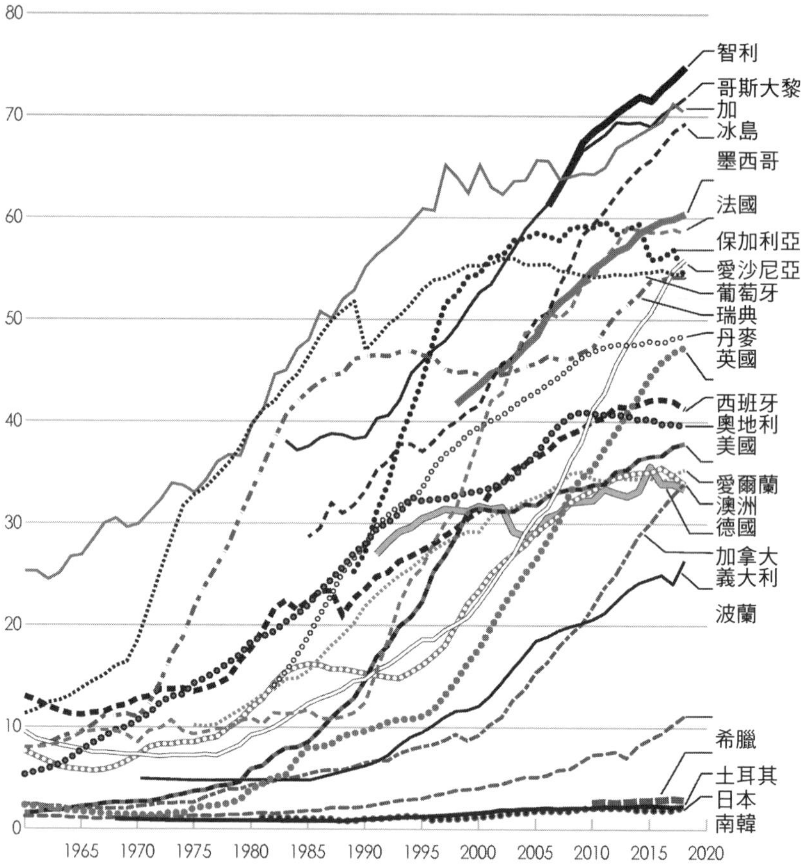

資料來源：經濟合作暨發展組織家庭資料庫（Family Database）。

未婚女性生下嬰兒的比例，全球普遍提高，只有幾個國家例外，包括南韓（二〇一八年只有二・二％）、日本（二・三％）和土耳其（二・九％），因為在這些國家，無論是當地文化，或是政府和企業政策，仍然鼓勵已婚女性生下孩子就離開職場。中國缺乏關於單親媽媽的官方統計數字，但是合理估計落在五％至一〇％，中國政府過去控制人口成長，其實是在懲罰單親媽媽，但是如今已廢除一胎化政策。中國官員有可能認為，未婚女性生下的嬰兒比例增加，反倒是一件好事，可以逆轉人口衰退的趨勢。至於印度，比例應該和中國差不多（但是統計數據並未區分單親媽媽和喪偶的母親），而且單親媽媽與大家庭同居的比率，應該是獨自生活的兩倍以上。印度單親媽媽美樂妮・安卓德（化名），說出自己的遭遇：「我們那棟大樓的女性，每次和我搭乘同一部電梯，都刻意站在我跟她們的丈夫之間，社區的阿姨也禁止孩子和我的女兒玩，只因為她來自『破碎的家庭』。」

不再是常態的核心家庭模式

然而，單親家庭之所以存在，不只是因為單身媽媽，還有其他原因，包括其中一方去世、雙親分居或離婚。二〇一九年，皮尤研究中心（Pew Research Center）研究顯示：「美國兒童生活在單親家庭的比例，在全世界排名第一，美國十八歲以下兒童，大約有四分之一只和一位家長生活（二三％），這個數字是全球兒童的三倍以上（七％）。」美國之所以排名第一，主要是因為分居率和離婚率高，因為美國單親媽媽的比率大約落在全球平均水準，並沒有過高或過低。單親家庭比例最低的國家，包括中國（三％）、奈及利亞（四％）及印度（五％）。加拿大是一五％，歐洲最高的國家是丹麥，達到一七％。該報告還指出，美國兒童和親戚同住的比率只有八％，遠低於全球平均三八％，反觀在新興開發中國家，這種家庭模式卻很常見。

核心家庭隱含一個核心理念：兒童必須長大，出外工作，在適當的時機自組一個核心家庭。布魯克斯引用一九五七年的調查結果，超過半數的美國人認為，未婚人士是「病態的」、「不道德」或「神經質的」。正如第一章所言，那些不在適當年齡依序通過既定人生階段的人，可能會被貼上標籤，例如離經叛道或社會邊緣人。但傳統的核心家庭不再是常態，主要有兩個跡象。首先，美國有四成以上的已婚女性收入比丈夫來得高，根據美國人口普查局的資料，到了二〇三〇年，這個數字會增至五成以上；其次，超過一半的美國家庭，由單親、無子女或單身成年人組成。為什麼會有這些趨勢？因為全球化、製造業衰退、女權運動、世俗化、離婚率提高，以及自我表達文化興起。

社會學家法蘭西絲卡．坎森（Francesca Cancian）和史帝文．戈登（Steven Gordon），長期研究女性雜誌提供的婚姻建議，最後得出一個結論：「自我成長、充分表達正面與負面的感受、親密感、更彈性的家庭角色，取代了自我犧牲、以和為貴、嚴格的性別角色規範。」自從一九六〇年代以來，他們發現「一股新趨勢，朝向個人主義、情感表達與雙性向（androgyny）」。我之前在賓州大學的社會學同事凱瑟琳．艾汀（Kathryn Edin）和瑪莉亞．克法拉斯（Maria Kefalas），也有類似的發現，越來越多夫妻認為，結婚（或同居）不是為了孩子，而是為了人生的滿足。真是驚人的變化。我認為，當婦女受過高等教育，出外工作後，開始用不同的角度看待婚姻，結果導致孩子變少、寵物變多。男人別無選擇，不得不適應新的情況。

核心家庭還有另一個層面，和社會孤立有關。以羅伯特・貝拉（Robert Bellah）為首的頂尖美國社會學家，在一九八五年出版暢銷書《失序的心靈》（*Habits of the Heart*），書中寫道：「美國文化傳統定義的人格、成就和人生目的，讓個人處於孤立狀態，既光榮又可怕。」人生進步包括「找到自我」、「離家」、透過工作來「實現自我」、「愛和婚姻」，以鄰居與公民的身分「參與」社區和國家。但是到了二〇〇〇年，政治學家羅伯特・普特南（Robert Putnam）出版的暢銷書《獨自打保齡球》（*Bowling Alone*），同樣引人入勝，他發現美國個人主義凌駕於傳統社群意識之上，尤其是中產階級家庭搬到郊區，切斷與傳統的聯繫。他觀察到，「美國在二十世紀最後三分之一的時間，社會聯繫及公民參與有了很大的改變。雖然美國人比起其他許多國家的公民，仍有更深厚的公民參與精神，但是和過去相比，美國人彼此的聯繫變少了。」這有許多原因（對工作的痴迷、城市擴張、世代變遷），他特別提到，「不僅公民參與變少了，傳統的家庭單位（包含雙親和孩子）也在瓦解。」

傳統的家庭結構沒落，一些社會科學家樂見其成。迪波洛認為：「對我來說，核心家庭式微，不一定只有混亂或創傷，畢竟世上就是有些人，從未適應核心家庭，反而會感覺解脫，從此以後，迎接一整套全新的選擇，只考慮人生幾個重要成分，例如結婚、同居、性行為、生小孩。」怎麼說呢？「這些成分原本是全套的，現在都分開了，人可以自由挑選想要的成分。」例如，不結婚就同居，或者沒有另一半，自己生小孩。無論是核心家庭或嬉皮公社，現在都逐漸沒落，其他形式的社會組織和生活方式反而正在迅速成長。

比率攀升的獨居家庭

南韓MBC電視台播放全球最知名的獨居實境節目，叫做《我獨自生活》，公開展示演員、韓流明星和頂尖職業運動員的獨居生活。《我獨自生活》宣布：「一個人住的家庭數量，有正在增加的趨勢，這些過著單身生活的人，因為各式各樣的原因，最後選擇獨居。」十九世紀，南韓試圖與世界隔絕，曾經被稱為「隱士王國」，生育率是全球倒數第二，每位女性只生育〇・八七個孩子，僅次於香港的〇・七六個，南韓有五千兩百萬人口，其中超過六百萬人獨居。《我獨自生活》播出後，觀眾可以窺探名人的獨居生活，「了解單身生活的真實形象，還有一個人做家務的祕訣和智慧，以及獨居的生活哲學。」

總體統計數據顯示，許多國家的獨居家庭比率正在攀升，但是這些數據可能不太完整，而且包含獨居的年輕人、離婚者或喪偶者。過去五十年，巴西的這個數字從五％增至一二％、墨西哥從四％增至一〇％、智利從六％增至九％，波蘭從一七％增至二四％、西班牙從一三％增至二三％、愛爾蘭從一四%增至二四%、法國從二〇%增至三五%、美國從一三%增至二九%，以及南韓從二〇%增至二七%。大部分的歐洲地區，獨居家庭占了三分之一，可見核心家庭正在沒落，原因包括單親家庭的比率增加（美國為一〇%）、無子女的夫妻（二五%），以及獨自生活的人增加（又占了二五%）。聯合國估計，無論是加拿大、日本、南韓、俄羅斯與大部分的歐洲地區，由已婚雙親和至少一個孩子組成的核心家庭，占所有家庭的比率都不到三成。至於新興市場和開發中國家，這個比率甚至更低，因為自古以來，就是多代同堂的家庭居多。

社會學家艾瑞克．克里南伯格（Eric Klinenberg），同時也是《獨居時代》（*Going Solo*）的作者，表示：「過去半個世紀，人類這個物種展開令人矚目的社會實驗。人類有史以來，無論什麼年齡、地區、政治立場，都開始有大量的人嘗試獨居。」越來越多人從未結婚、從未生育，或者跟另一半或配偶分居或離婚，所以這個數字正在成長。

迪波洛在《今日心理學》（*Psychology Today*）發表一篇文章，指出獨居的成本很高，因此唯有在富裕國家，以及房價合理一點、政府退休金制度相對完善的國家，才會比較普遍。此外，「網路和其他通信技術越來越進步，就算獨自生活，也不會感到孤獨。」二〇二一年六月，我抵達英國後，隔離了五天。我第一次在人生中感覺到人與人之間如此相互連結，我能和親朋好友視訊聊天、可以在線上工作，也可以觀賞視聽娛樂內容。雖然獨居生活完全是可行的，不像以前那麼可怕，但並不表示人們渴望獨居。迪波洛說：「獨居這件事，甚至可能遭到汙名化。」她認為獨居者增加的原因，不外乎個人主義價值觀興起，例如個人獨立、自力更生、自我表達及個人選擇。此外，人生序列模型和核心家庭的瓦解，也是原因之一。

在位於巴塞隆納的人口統計研究中心（Center for Demographic Studies）工作的艾伯特・艾斯蒂夫（Albert Esteve），領導人口統計學研究團隊，研究發現：「有越來越多的人選擇獨居，從很多層面來看，這已經是現代西方社會的象徵，基本上就是犧牲家庭來成就個人，還有個人的目標。」他們參考一百一十三個國家的居住安排數據，涵蓋全球超過九五％的人口，結果發現獨居取決於婚姻狀況。因此，如果孩子長不大，找不到結婚的對象（或建立穩定的關係），必定會助長獨居的趨勢。

一如往常，魔鬼藏在細節裡。只要走出歐洲和北美，二十五歲至二十九歲的年輕人獨居並不普遍（只有一五％至三〇％女性和二〇％至三五％男性獨居），代表這些國家的人，一輩子都與人同住。至於歐洲和北美三十多歲、四十多歲、五十多歲的人（這幾個年齡層正好是組成核心家庭的年紀），大約有八％的女性與一二％的男性獨居，反觀非洲、亞洲及拉丁美洲，這些年齡層的女性只有不到二％獨居，而非洲和拉丁美洲的男性則多出四倍，亞洲男子獨居的比率很低，一來結婚率高，二來避免文化汙名。長期來看，唯獨歐洲和北美有更多的女性，在成年後的頭幾十年獨居，但是成年男性獨居的比率，各國都有增加的趨勢，唯獨亞洲例外。總體來說，已開發國家的獨居比率較高，有長期增加的趨勢，尤其是已開發國家中二十多歲至五十多歲的男女。由此可見，無伴侶的個人正在增加。艾斯蒂夫和同事做出一個結論：「男性在打破傳統的模式，不僅比女性更早，也更堅定。但是在全球最先進的國家，女性獨居的程度相當高，可見女性改變的步伐，有可能比男性還快。」因此有越來越少的男性和女性依照人生序列模型，一路從青年、成年，切換到伴侶關係／婚姻和育兒。

不再孤單的巢

二〇二〇年，皮尤研究中心發表一項驚人研究，標題是「自大蕭條以來，美國首次有大量的青年和父母同住」。一九〇〇年，美國威廉．麥金利（William McKinley）總統連任，當時十八歲至二十九歲的青年有四一％和父母同住，到了一九三〇年代，美國的社會特別艱困，這個數字成長到四八％。隨著戰後經濟繁榮，核心家庭崛起，該比率在一九六〇年降至二九％。後來經過二十年緩慢成長，從二〇〇〇年的三八％，暴增到二〇二〇年的五二％（參見圖三．二）。這一波劇烈成長是從二〇〇八年金融危機開始，到了二〇一九年，新冠肺炎疫情爆發，致使數百萬大學生和失業的年輕人返家，其中有許多人背負沉重的學貸。不過，美國年輕人的教育年數越長，和父母同住的可能性就越低。「現在沒有大學學位的年輕人，更可能和父母同住，而不是擁有自己的家，與配偶或另一半同居，反觀擁有大學學位的年輕人，更可能擁有自己的家，與配偶或另一半同居。」至於女性、白人及亞裔美國人，和父母同住的比率成長得更快。

圖三．二　在美國和父母同住的年輕人比率

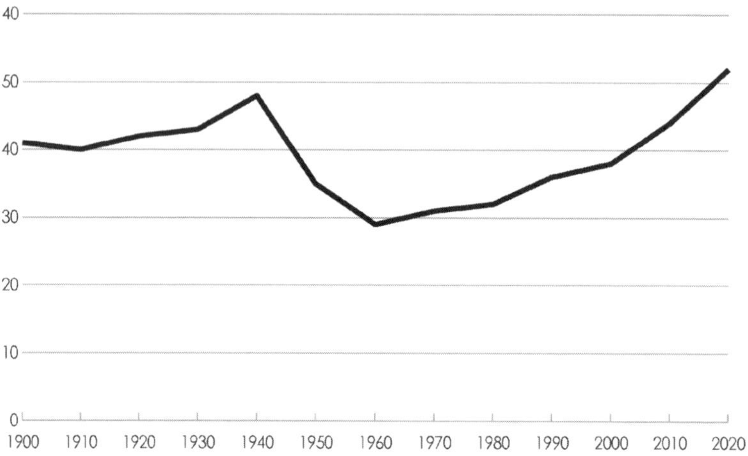

資料來源：皮尤研究中心／美國人口普查局。

全球富裕國家中，絕對不是只有美國，有很多年輕人和父母同住，而且人數持續增加。截至二〇一九年，歐盟二十五歲至三十四歲的男女，和父母同住的比率略高於三〇％。在大部分的南歐和東歐國家，超過四〇％；至於在德國、法國和英國，卻不到二〇％；北歐地區則不到五％，由此可見，經濟狀況、失業及負擔住房的能力，才是關鍵原因。二〇二一年三月，南韓國家統計局發表驚人的調查報告，南韓三十多歲的男女有六二％都和父母同住，四十多歲男女則有四四％。這意味著所有三十多歲的未婚南韓人，有二六％和父母同住（未婚的比率為四二％，再乘以和父母同住的比率六二％），在南韓稱為「袋鼠族」，但是歐洲的平均水準其實更高。

這些統計數據背後的個人故事，一再重現於流行文化中。二〇一四年上映的電影《石頭路》（*Rocky Road*）裡，馬克・薩林（Mark Salling）飾演成功的華爾街銀行家哈里森・伯克，他擁有一切，包括寬敞的公寓、偌大的辦公室、有很多費用可以報公帳，不料有一天，公司破產了，只好回到新英格蘭小鎮，和父母同住，在父親的冰淇淋餐車工作。

社會心理學家迪波洛的著作《現代人如何生活》（*How We Live Now: Redefining Home and Family in the 21st Century*）中提到，「大量年輕人返家和父母同住，在學術界引起騷動。這些孩子多了一些名號，例如迴力鏢世代、原地踏步世代、卡住的世代。」對父母來說，這種退步的現象顛覆了每個世代必經的同步人生階段。「收留孩子的父母，被稱為直升機家長，甚至是一些更難聽的名詞。」第一章就曾說過，真正的問題是我們如何看待人生不同的階段。「這些批評者用二十世紀的觀點，來評價這個新趨勢。」

這個主題還有另一個版本，叫做永遠不離家的孩子。二〇〇六年的電影《賴家王老五》（*Failure to Launch*），馬修・麥康納（Matthew McConaughey）飾演崔普，在劇中說道：「我們是沒有離家的男人，但是我們沒有必要為了自己的身分、做法，還有和誰同住，向任何人道歉。」崔普三十五歲了，還住在巴爾的摩父母家。「我環顧同桌的人，看見三個勝利者。就算外界不這麼想，我仍然不會動搖，要我從父母家搬出去，乾脆拿炸藥炸了這個家吧！」他先後帶女伴回「他家」，女伴們在發現那是他父母的家後都甩了他。於是，絕望的父母請來莎拉・潔西卡・帕克（Sarah Jessica Parker）

飾演的兩性關係專家寶拉，說服崔普搬出去，經過幾番波折，兩人終成眷屬。

根據人生序列模型的假設，成年子女到了某個年紀，就會有自己的住所，組成一個新的家庭，父母則會獨守空巢。迴力鏢世代和不離家的年輕人，吸引無數的作家撰寫文章、書籍與勵志指南，例如克莉絲提娜・紐貝里（Christina Newberry）的著作《和成年子女同住的生存指南》（*The Hands-On Guide to Surviving Adult Children Living at Home*），建議讀者：「如果你家正好有成年子女，或是從未離家的孩子，你必須知道自己並不孤單。尤其是在放假期間，和成年孩子同住格外痛苦。」紐貝里本人正好是和父母同住的年輕人，不僅寫了一百一十五頁的生存指南，還有一份八頁的「和成年子女同住的契約」，外加一份「家庭預算計算表」，提供父母一套精密的會計規則，處理直接與間接支出，向住在家裡的孩子收取房租，並且幫助孩子「解決嚴重的債務問題，以免還要幫孩子收拾爛攤子」。

越來越多年輕人別無選擇，只好和父母同住，可見人生序列模型背後的代間動態，已經有好幾條裂縫。首先，依照人生序列模型的假設，父母對子女的義務有一個到期日。所謂的空巢，正是基於這個前提。其次，誰來負擔教育成本也是一大問題，年輕人沒有工作，無法償還越來越沉重的學貸。最重要的是，紐貝里提到「情感地雷」：「當子女有了自己的孩子，如果繼續和父母同住，可能會影響他當好父母的能力。當成年子女帶著自己的家庭返家，基本規則和期望必須說清楚。而且成年子女必須明白，無論生活遇到什麼問題，撫養孩子是他們的責任，而不是你的。」說來容易，做來難，但是所有的勵志指南都這樣，把一切都歸咎於個人是否願意接受挑戰。

然而在有一些國家中，三、四十歲的年輕人和父母同住，不只是為了經濟需求。南韓就是典型的例子，雖然失業仍是主因，占了四二％，但有許多經濟穩定的年輕人選擇和父母同住，沒有搬出去。三十六歲的宋貞賢是一位未婚女性，有一份令人稱羨的工作，在首爾公立高中教書。她說：「我的父母很擔心，單身的女兒自己住在外面，太危險了。和父母住在一起，是一種幸福。」留在家裡住，還有一個主因，就是可以多存一點結婚基金。許多人認為，這是一種互惠的做法，一來子女住在家裡，可以聽父母的人生建議；二來子女可以照顧父母的健康，或者幫忙跑腿。既然年輕人留家裡的原因如此複雜，我們應該重新思考住宅安排，從多代同堂的角度出發，想出更妥善的規劃。

多代同堂回來了！

建築師羅伯特・哈貝格（Robert Habiger）在部落格寫道：「我的家庭堪稱多代同堂的典範，我們家有七個人同住，包括我的岳母、兩個孩子、孩子的男友，以及一個孫女。這個家主要靠我和妻子維持。」哈貝格一家住在新墨西哥州阿爾伯克基（Albuquerque），家裡最年長和最年幼的成員相差八十歲之多，為了平衡年齡差距，他付出不少心力。哈貝格一家嘗試的做法，有別於一百年前興起的核心家庭，也就是新婚夫婦各自離開父母，建立一個新家庭。他說：「我們多代同堂的家，有四個相互連接的生活區域，每個生活區域分別提供一至三名家人居住。這種家庭結構，讓家中每個人都能體驗到獨處／陪伴、多元／整體、獨立／支持。」根據哈貝格的說法，這種居住安排的好處很多。「多代同堂的核心，就是體驗許多互相矛盾的經驗，例如親近又疏遠，有一些集體活動，又能夠退回到自己的私人聖地，這些特質都是至關重要的生活體驗。」這段敘述說服力十足。

數百年，甚至數千年來，家庭以多代同堂居多，直到核心家庭在二十世紀間萌芽，創造新時代的生活安排，可是到了現在，核心家庭模式至少有一部分走到盡頭。哈貝格的多代同堂家庭不再稀有，反而有越來越多的跡象，但是哈貝格一家的經濟狀況比大多數多代同堂的家庭來得好。根據皮尤研究中心彙整的資料顯示，在二〇二一年，美國有五千九百七十萬人住在三代以上的多代同堂家庭裡，比率從一九七一年的七％成長到一八％左右，相當於之前看到核心家庭占據的比例。根據哈里斯民意調查（Harris Poll），非營利組織聯合世代（Generations United）估計，二〇二一年約有二六％美國人居住在多代同堂的家庭，遠高於二〇一一年的七％。

估計值可能有誤差，但是趨勢很明顯。核心家庭盛行之前，多代同堂所占的比率甚至比現在更高（大蕭條期間大約是三〇％，而一九五〇年則是二一％），後來持續下滑，直到一九八〇年代又開始反彈。近年來，歐洲地區也有類似的趨勢。少數族裔有更高的比率，住在多代同堂的家庭中：非裔美國人和拉丁裔大約二六％；亞洲人是二四％；非西班牙裔白人較少，只有一三％。此外，在美國以外出生的人，更可能住在多代同堂的家庭，在一般男性也說得通。人們會住在多代同堂的家庭，可能是迫於經濟需要和文化規範，但是非西班牙裔白人美國人不一定會有這些壓力，卻有越來越多人做出同樣的選擇。

多代同堂的動機很複雜。皮尤研究中心調查發現，頭號原因是財務問題，占四〇%；第二個原因是出於習慣，一直以來都是多代同堂（二八%），以及照顧年長的家人（二五%）。世代共同（Generations Together）發現，會組成多代同堂的家庭其實有許多原因：有老人需要照顧（三四%）、有兒童照顧或教育的需求（三四%）、失業或低度就業（三〇%）、高醫療保健支出（二五%）、文化和家庭期望（二三%）、高教育或再訓練支出（二三%）、離婚或分居（一五%），以及房子遭到法拍或其他住房損失（一四%）。一旦組成多代同堂的家庭，似乎會有許多好處，至少有七〇%受訪者表示，更方便照顧家人，還可以改善財務狀況，提高個人的身心健康，並且得以重返學校學習，或是報名參加職業訓練。值得注意的是，其中近半數的多代同堂家庭，家戶所得超過十萬美元，可見財務問題不見得是主因。此外，七一%擁有自己的房子。這種居住安排將繼續存在，七二%的受訪者表示，未來會繼續住在多代同堂的家庭裡。由此可見，多代同堂的家庭不太可能生活貧困，既然大家都住在一起，就可以整合財務資源、分攤成本，並且更有能力照顧身心障礙人士或老年人。皮尤研究中心的調查還發現，超過一半的受訪者表示，住在多代同堂的家中，不只是方便，還有很多好處，只有四分之一認為有壓力。因此，我們可以總結，多達三分之一的多代同堂家庭，可能是出於自願選擇，而非生活所迫。

多代同堂的生活為各世代帶來好處？

美國退休者協會自創一個名詞，叫做**隔代教養家庭**（grandfamily），是指祖父母和孫兒同住。二〇一六年，這種家庭有七百二十萬個，相當於四年前的兩倍以上。類鴉片藥物成癮危機可能是主因，因為父母藥物成癮，無力照顧孩子，只好由祖父母接手。二〇一六年，有一項調查訪問兩萬三千多名購屋者，其中四四%受訪者心中的住宅，希望能讓父母同住，還有四二%的受訪者打算為成年子女預留房間。值得一提的是，六五%的受訪者希望一樓有帶浴室的臥房，還有二四%的受訪者則希望，這個小套房除了有起居和睡眠空間外，附帶一個小廚房。附屬住宅單元（Accessory Dwelling Unit, ADU），又稱為**岳母套房**（in law suite）或**奶奶小屋**（granny flat），逐漸流行。二〇一八年，美國退休者協會的住宅與偏好調查（Home and Preference Survey）顯示，如果不是因為分區限制，以及其他法規阻攔，有高達三分之一的成年人考慮建造附屬住宅單元，但是目前美國只有八州及哥倫比亞特區全區開放。「未來應該撤除諸多限制，讓大家能夠發展多代同堂家庭，享受更多的家庭選擇，以適應不斷改變的家庭型態。」

大家總以為多代同堂的生活方式蔚為風潮，應該會吸引房地產開發商的注意，只可惜專為多代同堂打造的建案寥寥無幾。有一個建案叫做隔代家庭之居（Grandfamilies Place），位於美國亞利桑那州鳳凰城（Phoenix），二〇一二年完工，總共有五十六戶，專門為撫養孫兒的祖父母設計。這個建案爭取到民間和政府的資金，凡是低收入戶（收入只有當地所得中位數的四成到六成），即可享受租金優惠。美國人口普查局研究人員達芙妮・洛奎斯特（Daphne Lofquist）表示，一般人會選擇多代同堂，共享生活空間，主因仍是生病、離婚、喪偶、失業、貧困、房屋被查封拍賣、最近剛移民。換句話說，大多不是自願的選擇。因此有不少多代同堂家庭，仍然住在不符合需求的房子。

歸根究柢，多代同堂的家庭捲土重來，其實是因為壽命延長、出生率下滑、代間界限模糊，以及學歷不足的年輕人，出社會以後四處碰壁，還有人類對社群生活的嚮往。此外，年輕人找不到穩定工作，許多家庭面臨經濟壓力，也是原因之一。無論是迫於無奈，還是出於主動選擇，多代同堂的生活方式都明顯回歸了。

另外，美國國家衛生研究院發表一篇文章，其中哥倫比亞大學（Columbia University）研究人員寫道：「多代同堂的生活安排，可以……提升心理、社會和財務的資本，而這些因子都與改善健康和延長壽命有關。」多代同堂的家庭，無論是出於自由選擇，還是為生活所迫，都可以開啟互相合作和理解的可能，克服人口加速老化的挑戰。老年人過著多代同堂的生活會延年益壽，那麼青少年和青年呢？這群人經常面臨人生重大決定，過著多代同堂的生活會不會減輕壓力？家長正忙著養育孩子，住在多代同堂的家庭會不會輕鬆一點？

你不必支持十九、二十世紀的美國烏托邦和公社，或是以色列集體農場奇布茲（kibbutz，這些都融合宗教、倫理及社會主義的思想），就可以獲得多代同堂家庭應允的優勢。多代同堂的生活，和那些歷史運動有著相似之處，都是對個人主義的反彈。一九六〇年代末至一九七〇年代初，社會學家暨商業顧問羅莎貝絲．莫斯．坎特（Rosabeth Moss Kanter）針對這個主題，做出以下觀察，「公社運動相信，只要建立正確的社會制度，就可以讓人滿足和成長，這種建立烏托邦的信仰，早在十九世紀就有了，至今依然存在。」布魯克斯也在《紐約時報》寫道，如果回歸多代同堂的生活，甚至是集體公社，即使國家缺乏足夠的社會安全網，人們在面對人生階段過渡期，仍有辦法應付壓力導致的情緒碎片（emotional debris）。

從性別認同到跳脫性別認同

傳統核心家庭的觀念正受到挑戰，這涉及性別認同與跳脫性別認同的趨勢。當代的辯論經常圍繞著用字遣詞，一位Reddit用戶寫道：「語言是我們破除不了的監獄，束縛我們的思想，限制自由思考。」更糟糕的是，語言也會形塑我們的行為，而不只是我們的認知。研究證實，無論是職場或學校等生活場所，性別化語言都成為歧視的溫床。納雁塔拉．杜塔（Nayantara Dutta）在BBC上發表的文章指出：「自古以來，男性被當成預設的性別，語言也一直在強化這個觀念。人類的集體認同就是偏向男性，英文以『man』和『mankind』表示全人類。」西班牙語、法語、德語、阿拉伯語及印地語，性別化的情況格外嚴重；相反地，中文是沒有性別的語言，名詞與代名詞都沒有明確的性別；英語的性別化程度居中，有一些代名詞有性別之分，但是大部分沒有。珍妮佛．普魯伊特－弗瑞利諾（Jennifer Prewitt-Freilino）、安德魯．克斯威爾（Andrew Caswell）及艾米．拉斯科（Emmi Laakso），採用一百一十一個國家為樣本，結果發現：「說性別化語言的國家，性別不平等的情況格外嚴重。」此外，「說性別中立語言的國家，性別較平等，即使有性別歧視的語言也容易修正。」因此數十年以來，女權團體與反歧視專家一直呼籲使用「他／她」這種性別中立的詞彙。學術界也會迴避seminar（研討會）這個字，因為字根和semen（精液）有關，甚至提議使用偏向女性的ovular，因為字根是ovum（卵子）。此外，penetrating（深入研究）也減少使用，因為帶有性暗示，改用path-breaking、pioneering或incisive。商業界也有類似的趨勢，避免使用market penetration（市場滲透），因為這些是不雅的性別化用語。

儘管有了這些改變，但是民眾仍無法盡情追求多元的生活方式。二十一世紀後，千禧世代及其他世代一直在挑戰「男性」和「女性」的固有分類，呼籲用字遣詞要跳脫二元或傳統，包容各種生活方式。國際同志協會（ILGA World）和國際LGBTI聯合會（International Lesbian, Gay, Bisexual, Trans and Intersex Association）宣布，美國、澳洲及紐西蘭是全球最保護性傾向（sexual orientation）權利的國家。國際同志協會發表一張全球性傾向法律地圖，探討LGBTQIA＋多元性傾向與生活方式的保障情況，針對世界各國評分，最低零分，最高九分，涵蓋「判處死刑」（大約十幾個國家），到「憲法保護」（只有六個國家）。不出所料，西歐、北美及大多數拉丁美洲和加勒比海國家，堅決捍衛性傾向權利，還有安哥拉、波札那、莫三比克、南非、尼泊爾、蒙古、南韓與泰國也是如此。有許多政府、航空公司和大學，不再要求民眾自報性別，或是提供跳脫二元的選項。

LGBTQIA＋革命爆發後，帶來一系列電影，再度向大家證明，這已經融入集體意識與文化。二〇一一年的法國劇情片《裝扮遊戲》（*Tomboy*），主角剛結識新朋友，新朋友打招呼道：「我叫麗莎，我住在這裡。」停頓片刻後，麗莎說：「妳挺害羞的。」蘿拉回答：「不，我沒有。」蘿拉十歲，沒有符合社會常規的性別。「妳不告訴我名字嗎？」蘿拉猶豫了一下，最後回答：「麥可，我叫麥可。」這其實是剛剛編造的名字。二〇一五年的浪漫劇情片《因為愛你》（*Carol*），也有類似的內心掙扎，改編自派翠西亞．海史密斯（Patricia Highsmith）在一九五二年出版的小說《鹽的代價》（*The Price of Salt*），劇中由魯妮．瑪拉（Rooney Mara）飾演的特芮絲，是一位有抱負的二十歲女攝影師，迷人的老婦人卡蘿則是由凱特．布蘭琪（Cate Blanchett）飾演，她正在辦離婚，整部電影就是拍攝兩人的禁戀。卡蘿俯身親吻特芮絲，她說：「妳在發抖。」「不，我想看著妳。」

這種電影類型的顛峰之作，大概是二〇一六年上映的《月光下的藍色男孩》，探討童年、青春期和青年期的身分認同，以及種族與性傾向。主角小個兒追問：「什麼是死玻璃？」由艾力克斯．希伯特（Alex Hibbert）飾演童年的小個子，長大以後，大家都叫他夏隆。馬赫夏拉．阿里（Mahershala Ali）飾演的毒販胡安，成為夏隆的父親典範，回答他：「死玻璃……是羞辱同性戀的詞彙。」小個兒追問：「我是嗎？」「不，你不是，就算你是同性戀，別人也不可以叫你死玻璃。」《裝扮遊戲》、

《因為愛你》、《月光下的藍色男孩》三部電影，其實在傳達同一個意涵：當我們不再把所有人劃分成兩個互斥的性別，當我們放棄傳統對性傾向或人生角色的假設，傳統的核心家庭會逐漸沒落，讓位給其他更包容、更多元的家庭生活方式。

到了二十一世紀，《脫線家族》（*The Brady Bunch*）就像來自遙遠過去的銀河光芒，清楚告訴我們，有嚴格順序的人生序列模型早已劃下句點。隨著女性有新的社經角色、科技變革興起、文化全球化、個人主義高漲、經濟不平等加劇、非常規的生活安排，以及訴求跳脫性別的身分認同，我們再也不適合按照順序過人生。在已開發國家，核心家庭不再是主流，至於新興和開發中國家，這從來不會是規範。我們是否有必要在家庭生活建立新秩序？但是該如何定義**家庭**？人生序列模型微調一下，有沒有可能繼續沿用？我們能夠消除問題，徹底根絕問題嗎？人生序列模型的弱點那麼多，會不會自己崩盤？在接下來的章節裡，會探討這些可能性。

第四章 不再做出重大決定的青年世代

◇◆◇

「生存還是毀滅，這是一個值得深思的問題。」

——威廉·莎士比亞（William Shakespeare，一五六四—一六一六），《哈姆雷特》（*Hamlet*）

心理學家暨作家潔妮·賽森·埃奇特（Janet Sasson Edgette）寫道：「十六歲的奧莉薇亞坐在我的治療室，滿心焦慮，她不知道自己未來想做什麼。奧莉薇亞說，這個問題很迫切，如果不知道自己想做什麼，她就無法選擇大學主修。」埃奇特立刻回覆她：「但是妳還在讀高二。」從治療師的描述看來，奧莉薇亞覺得，「如果拿不定主意，選不好大學主修，未來就會失業，甚至會無家可歸。」高達三分之一的美國大學生，曾經在畢業前更換主修，但是師長和輔導老師卻堅持，學生應該「趕快確定自己的未來。」

我們的主流文化，只顧著盡快做決定（所謂的正確選擇），即使還在青少年時期，或者情緒快崩潰的狀態。在《暮光之城》（*Twilight*）系列電影第一部中，克莉絲汀．史都華（Kristen Stewart）飾演貝拉，說道：「有三件事是我百分之百確定的：首先，愛德華是吸血鬼；第二，他體內有一部分渴望我的血，但是我不知道那個部分有多強大；第三，我已經無條件、無可救藥地愛上他。」貝拉這種青少年很常見，優柔寡斷，一次次做出糟糕的選擇。「我從未深思自己會如何死去，但為了所愛的人而死，似乎是不錯的死法。我從不後悔那些和死亡面對面的抉擇，一路把我帶到愛德華的身邊。」

主流文化經常批評青少年的決策能力。生化學家愛蓮娜．布蘭卡－蘇亞雷茲（Elena Blanco-Suarez）在《今日心理學》寫道：「所謂的認知能力，包括工作記憶、數字記憶和語言流利度，似乎在十六或十七歲時發育完全，但是情感與社交技能仍要繼續發展，才能達到有益社會的成年期。然而，大家都以為青少年（通常是指年齡介於十三歲至十七歲之間）不理智，經常做出錯誤的決定，冒著無謂的風險，真的是這樣嗎？」研究結果和刻板印象恰巧相反，青少年做決策時，其實與成人一樣優秀，也會隨機應變。只不過如果有時間壓力，或是面臨同儕的壓力，青少年的表現遠遠不如成人，可能會做出更危險的選擇。

從神經科學和心理學出發，探討青少年如何做出改變人生的決定，例如接受什麼教育（或選擇什麼主修），確實有解決問題，但是套句第二章中艾可夫的話，並沒有消除問題。如果要完全消除問題，最好挑戰人生序列模型，讓青少年和年輕人重新考慮自己的選擇，重返正確的道路，透過試誤的過程，即時自我調適。這和做出一輩子重大的決定相比，豈不是更好？現在很多人擔憂「孩子不再是孩子」，因此家長與社會必須重新定義成功，無論是在學業層面，還是個人關係或人生的其他層面。

年紀輕輕要做出影響一輩子的決定，本來就不容易，更何況經濟和社會如此瞬息萬變，一旦決定把生命奉獻在何處，就永遠不能更改。但是年紀還很輕，卻要做出影響終生的決定，結果通常並不理想。以射飛鏢為例，請大家思考下面兩種可能性：首先，想像你從六十英尺（約十八．三公尺）外投擲飛鏢，直接命中靶心，可以贏得三百美元。現在換一個情境，有三個標靶排成一直線，彼此相距二十英尺（約六．一公尺）。一、你站在二十英尺外，瞄準第一個標靶，命中靶心，贏得一百美元；二、你走過去拔起飛鏢，再度站在二十英尺外，瞄準第二個靶心，再贏得一百美元；三、你再度拔起飛鏢，瞄準二十英尺外的第三個標靶，再贏得一百美元。你寧願從六十英尺外擲一次飛鏢，還是從二十英尺外擲三次飛鏢？從六十英尺外擊中目標的可能性，肯定遠低於在二十英尺外。假設機率分別是一％和五％，從二十英尺外擲三次（$100×5%＋$100×5%＋$100×5%＝$15），比起從六十英尺外擲一次（$300×1%＝$3），期望報酬相差五倍。

這個例子凸顯一個重點：每隔二十年重返一次學校，重新決定做什麼類型的工作，絕對好過下好離手，一次決定未來六十年的工作，否則你學到的知識和技能，可能會在未來六十年過時。更重要的是，如果是每隔二十年，重新決定學習與生活的方向，你還會隨著人生經驗累積，提高命中靶心的機率，可見這絕對好過一次做好未來六十年的決定。

如果強迫年輕人「下定決心」，會造成他們壓力過大、錯失機會，並且對生活不滿意。大部分的研究指出，給青少年和二十多歲青年太多的壓力，其實會適得其反，對經濟也不利，因為人才在勞動市場上無法適得其所。與其如此，還不如放輕鬆，思考人生目標，就像是做實驗，大可盡情嘗試不同工作和職業，在課堂與職場來回穿梭。此外，玩耍也不必侷限在嬰兒期、晚上、週末及假期。不劃分人生階段，一輩子彈性地分配學習、工作和玩耍的時間，自由地追求工作之餘的興趣。這些全新的安排，終究會幫助越來越多人嘗試不同的工作，甚至轉行。

父母給孩子的壓力vs.終生收入的弔詭

克麗斯廷·范·奧格特羅普（Kristin van Ogtrop）寫給兒子的道歉信，刊登在《時代》（*Time*）雜誌：「養兒育女最困難的部分，就是搞懂何時該介入和退出，我做得不好，要向你道歉。我還把自己的問題加諸於你，真對不起你。為人母親的我，最大的錯誤就是將你的成功和我的成功混為一談。對我來說，你每項成就都在減輕我這個職業婦女的內疚感，如果你考到A，我也給自己一個A；如果你加入校隊，等於我也加入校隊。」她最後建議大家，當孩子做了某件事或完成某件事時，最好不要說「我為你感到驕傲」，而是應該說「你應該為你自己感到驕傲」。這只是稍微調整用語，無意間卻賦予孩子力量。

二〇一三年，皮尤研究中心研究顯示：「美國人認為學校應該給孩子更多的壓力，中國人卻認為要減輕孩子的壓力。」事實上，在二十一個國家中，美國選擇「壓力不夠」的比例最高（六四%）；中國只有一一%，甚至還有六八%認為壓力太大了。該研究指出，中國基本學力測驗的平均分數高於美國，大家總以為是父母管教嚴格，但是心理健康資訊網站Verywell Mind主編艾美．莫林（Amy Morin）認為，逼迫孩子達成更高的成就，可能會適得其反，並且經常提高心理疾病的發病率、受傷的風險、作弊的可能性，以及自尊問題和睡眠不足。

比較各國的學業表現，結果發現平均分數最高的國家中，父母不一定都會給孩子多一點壓力。根據經濟暨合作發展組織（Organisation for Economic Co-operation and Development, OECD）數據指出，二〇一八年閱讀、數學及科學的平均分數，中國、新加坡、澳門、香港和南韓名列前茅，這些國家以虎爸、虎媽聞名，但是前十名的國家也包括愛沙尼亞、加拿大、芬蘭、愛爾蘭和波蘭，這些國家的孩子壓力明顯較低。美國排名第十三，緊接在瑞典和紐西蘭之後。包含美國在內的大多數國家，男孩的數學與科學成績比女孩更好，學業表現和家庭社經地位高度相關。這項研究並未考慮種族，但是美國國家教育統計中心（National Center for Education Statistics, NCES）做了這方面調查。二〇一八年的輟學率（也就是十六歲至二十四歲不在學的比率），與種族和族裔有關聯，真令人灰心：亞裔美國人的輟學率是一．九%、白人是四．二%、多種族的人是五．二%、黑人是六．四%、拉丁裔是八%、太平洋島民是八．一%，以及美洲印第安人和阿拉斯加原住民則是九．

五%。無論哪一個群體，男性的輟學率都高於女性，性別之間的差距在最弱勢群體特別明顯，但是太平洋島民及美洲印第安人和阿拉斯加原住民除外。值得注意的是，移民家庭的輟學率竟然與主流族裔相當。

這些統計結果，到底有多少是父母施壓造成的？我們必須區分單純壓力的效應，以及榜樣的影響。如果父母受過更好的教育，孩子就更有可能就讀一流的學校，完成高中和大學學業，取得更優異的成績。此外，瑞典研究團隊發現，做出「非性別典型」（gender-atypical）的選擇（如女性主修數學），可能是因為母親主修科學。教育研究人員葛瑞絲・陳（Grace Chen）認為，父母參與孩子的教育，會提高孩子的學業和課堂表現，以及教師的士氣，但是如果父母給孩子壓力，恐怕會造成反效果。

尤其是在美國這樣的國家，到底該申請哪一所大學，選項複雜到令人害怕的地步，難以評估，如果父母還給孩子壓力，傷害就會更大、更深。輔導學生考試和大學入學公司Princeton Review共同創辦人約翰・卡茲曼（John Katzman），和律師暨作家史蒂夫・柯恩（Steve Cohen）認為：「在選擇大學這件事上，家庭做得不好。」他們指出，有三分之二的學生因為選擇錯誤而轉學，有很多時候是因為金錢問題，以及半工半讀的壓力。

身不由己的職涯道路

家長往往會強迫子女選擇特定的職涯道路，有一項英國研究訪問大學生，六九％的受訪者說家長試圖影響他們選擇哪一所大學，而五四％的受訪者則表示，家長試圖影響他們選擇的學業和職業。二〇一六年，安娜．拉斯金（Anna Raskind）就讀哥倫比亞大學四年級，在學生週報《哥倫比亞每日觀察家》（*Columbia Daily Spectator*）寫了這段話：「許多來自不同背景的學生，都感受到家長的壓力，家長期許孩子選擇特定的專業或道路，換取畢業後穩定的工作。」在美國大學校園裡，來自少數族裔或國外的學生，更可能承受這種壓力，主要是因為那些家長習慣干涉子女的選擇。對許多家長來說，與其主修文科，還不如取得商業、工程或科學學位，或進入法學或醫學院就讀，因為後者比較「有市場」。生涯輔導員安德莉亞．聖詹姆斯（Andrea St. James）認為：「如果家長可以給孩子機會，做一些不合常規的事，從經驗中學習，並且給孩子空間，弄清楚自己要什麼，孩子終究會找到答案。孩子會選擇一份更快樂的事業，而非被迫從事某項工作。」研究也證實，家長逼迫孩子接受某個職業，可能會降低成績、收入及自尊，會升高壓力、挫折感，甚至提高憂鬱症的發病率。

教育期刊 *Ledger* 編輯部指出，子女選擇學業和職涯時，家長經常詢問幾個問題：「你餘生想做什麼？這真的是你想追求的嗎？現在有超過一百萬人，在追求相同的職業，成功率只有一％。」然而，很少家長知道，教育、社工、人文或文科收入前二五％的美國人，終生收入其實不亞於主修工程、經濟、電腦科學、商業或會計收入後五〇％的美國人。美國聯邦準備理事會（Federal Reserve Board）經濟學家道格拉斯．韋伯（Douglas Webber）計算後，寫出這樣一段話：「哪些主修的收入最高？雖然學生和家長有一點概念，卻不太清楚同一主修內部的收入差距。」收入前二五％的工程師或電腦科學家，總收入是人文或文科主修平均數的兩倍，但收入後二五％的「定量分析師」，總收入其實和「詩人」的平均數差不多，甚至更少。這樣看來，如果只因為終生收入更優渥，而選擇某一個主修（無論是否被迫），可能適得其反，並不是什麼明智的決策。

由此可見，相同職業的終生收入可能天差地遠（並非所有定量分析師都坐擁高薪）。除此之外，年輕人不該參考市場性來選擇職業，還有另一個原因。回到第四章開頭，高中生奧莉薇亞和治療師埃奇特的故事，這透露一個大問題。青少年追求「實用」的學科，而非自己的熱情所在，讓埃奇特憂心不已。埃奇特的擔憂是有道理的，她完全能夠理解為什麼要解構人生序列模型，「一輩子只能有一個主修和職業，這種觀念越來越過時；現在的徵才啟事比以前更有彈性，企業對適應力的要求更勝於專業知識。」

破除青年完美主義的迷思，讓自由冒險主義當道

家長給孩子的壓力，還有另一種版本。家長可能會扭曲現實，責怪孩子給自己壓力。女孩領導

力（Girls Leadership）創辦人暨作家瑞秋・西蒙斯（Rachel Simmons），常聽家長說：「我只想要她快樂，但是她**給自己太多壓力了**。」這種說法有一個問題，就是把過錯都怪到青少年頭上，而不是社會普遍的完美主義和成就文化。根據最近一項研究，心理學家湯瑪斯・庫蘭（Thomas Curran）和安德魯・希爾（Andrew Hill），參考過去三十年針對四萬兩千名英國、美國與加拿大大學生的調查，發現一項日益明顯的趨勢，青少年認為「每件事都要做到出色」，以及「如果做不好，就是徹底的失敗者」。研究人員觀察到，「在那段時期，美國、加拿大與英國的文化，趨向個人主義、物質主義和社會對立。現在年輕人面臨更競爭的環境、更不切實際的期望，以及更焦慮、更控制狂的父母，更甚於任何世代。」為什麼會有完美主義的文化？因為個人主義和物質主義興起，青少年感受到父母與同儕的壓力，因而導致更多憂鬱、焦慮和自殺意圖。數位社群媒體興起後，情況更嚴重。

一邊是極端的完美主義，另一邊則是流行文化中的自由冒險主義，剛好形成鮮明對比。早在一八九〇年，幽默風趣的愛爾蘭作家奧斯卡・王爾德（Oscar Wilde），就寫下小說《格雷的畫像》（*The Picture of Dorian Gray*），為書中的年輕英雄訴求一個更自由的世界。王爾德寫道：「趁著你還年輕，趕快去實現。如果再繼續聆聽乏味的人、事、物，嘗試徒勞無功的事情，或者把生活都奉獻給無知平庸的人，簡直是在浪費你的黃金時光。」這一段言論貼近享樂主義。「在我們這個時代，有太多如此病態的目標與虛偽的理想。盡情地活著吧！活出你內在的奇妙生命！沒有半點浪費，永遠在體驗新的感受，毫無畏懼。」

王爾德唯一的小說，寫在俾斯麥退休金提案的九年後，正面抨擊青少年要在二十歲左右過渡到成年的觀念。《格雷的畫像》正式出版時，顛覆世人的價值觀，但是如今我們都知道，「年輕人」的叛逆、愛冒險和重視享樂，有一部分是生物特質，青少年的腦部還在發育，不太會判斷危險性，卻嚮往冒險的快感。然而即使到了今日，家長面對青少年子女仍施加莫大的壓力，逼迫子女下定決心，做出影響一輩子的重大抉擇，好好當個「大人」。

從此以後，叛逆的年輕人成為文化不敗的主題，無論是一九五五年的《養子不教誰之過》，還是二〇一八年上映的《波希米亞狂想曲》（*Bohemian Rhapsody*）。《波希米亞狂想曲》是皇后樂團（Queen）的故事，電影一開場，佛萊迪・墨裘瑞（Freddie Mercury）的嚴父就譴責他散漫的生活方式，痛罵他一頓：「你的腦袋根本就沒想到未來，慎思、利他、善行才是你應該追求的。」主角二十三歲，正在機場擔任行李貨運裝卸員，立志成為搖滾巨星，他用自己橫跨四個八度的獨特嗓音，簡單回應一句：「你又活得多好？」在墨裘瑞的年代，年輕人必須為往後的人生制定詳盡計畫，包括職業訓練、大學主修課程、職業、專業、事業、成家。如果是上一個世紀，這些決定大致有道理，因為大多數二十歲的年輕人已經度過預期壽命的三分之一，但是到了這個年代，年過二十歲，還有六、七十年要活，如何假裝自己可以為餘生做決定？這麼做對年輕人有好處嗎？對經濟有好處嗎？就業環境瞬息萬變，為什麼家長仍然堅持要早點做決定？

附帶傷害和機會不平等

嚴格遵循人生序列模型，無論叛逆與否，後果都不堪設想，造成的傷害何止是憤懣的青少年，以及失望的父母。目前在已開發國家中，有相當多人口（從一五％到三〇％不等），無法充分享受人生序列模型的好處，主要是因為這些人並未按照規定，堅持走線性的道路，其中有相當大的比例，是高中輟學生、小媽媽、寄養兒童和青少年、藥物濫用者，以及在人生階段遭逢巨變的人。

二〇一五年，亞歷珊卓·摩根·葛魯柏（Alexandra Morgan Gruber），參加美國參議院財政委員會的聽證會，宣稱：「我在小時候經常為別人製造煩惱和麻煩，因此患有嚴重的焦慮症與憂鬱症。我失去唯一的家庭和住所，只好住在寄養家庭裡，有著嚴重的心理創傷。」葛魯柏並未解釋她為何失去雙親，但是在往後的人生裡，她一直在更換寄養家庭和收容所，最終來到位於康乃狄克州的治療團體之家。她克服萬難，完成高中學業，準時在二十二歲從昆尼皮亞克大學（Quinnipiac University）畢業，隨後在華盛頓特區的非營利組織工作。

只可惜其他寄養兒童並沒有這麼順利，安妮·E·凱西基金會（Annie E. Casey Foundation）的資料顯示，寄養青少年上大學的比率，只有美國一般年輕人的一半，其中僅一八％可以在六年內取得學位。截至二〇二一年為止，只有三十五個州政府提供這些人高等教育學費補助，其中只有二十四個州政府在全州的大學減免學費、七州提供獎學金、四州提供補助。一個真正的後世代社會，應該有更多的資源可用，否則有一些兒童並未身處核心家庭，得不到情感和經濟支持，但是他們應該獲得平等的發展機會。更重要的是，如果真心要實現機會平等，這些福利應該開放給所有年齡層，而不只是高中應屆畢業生。

成功戒毒和戒酒的人，也遭受人生序列模型的「附帶」傷害。四分之三有毒癮及酒癮的人能康復，正因如此，社會必須在不同時間點為這些人提供各種途徑，讓他們重返社會和經濟，成為有生產力的公民。二〇二一年，有兩千兩百三十萬名美國人成功戒除物質濫用，相當於十分之一的成年人，相當驚人。由此可見，縝密的治療計畫、支持團體，甚至保險計畫，可以實現七五％成功率，但是戒除成癮後，不保證就能健健康康，順利找到工作，這些人比一般美國人更可能失業，也更可能受到失能的影響。

果不其然，拉丁裔和非裔美國人康復後，生活品質遠遠不如白人。企業及社會加諸的汙名與阻礙，讓人無力克服。

寄養兒童、小媽媽、戒癮者加起來，並不是小數目，根據我自己的估算，有近五千萬名美國人曾在人生某個階段，落入這三種身分之中的一個，甚至多個：一千五百萬人曾待過寄養體系（每年約有二十萬人進入，再乘以十八歲的平均剩餘壽命）、一千五百萬名小媽媽（也是類似的計算邏輯），以及三千萬人曾經物質濫用（其中有兩千兩百三十萬人康復）。這些人加起來，大約占美國人口的一五％。對這些人來說，整個社會奉行人生序列模型，一旦面臨重大的挫折，就很難迎頭趕上。一翻兩瞪眼，極為殘酷：只要你落後了，只要你在人生十字路口走錯方向，只要有事情阻礙你，害你沒有按時通過人生各個階段，你就註定不會幸福，即使待在全球最富有、最先進的社會和經濟體，也無法享受任何美好，包括找工作與維持經濟穩定。新冠肺炎疫情帶給我們一個啟示，無論全球或區域發生危機，都可能妨礙年輕人（尤其是弱勢家庭的孩子）按照人生序列模型，準時通過各個里程碑。

未來的就業市場

一位匿名的科學編輯質疑皮尤研究中心的專家調查，「你們是認真的嗎？未來的勞動力？彷彿真的有未來似的。現在的『雇主』不是跑到國外經營血汗工廠，就是留在『第一世界』，開出討人厭的爛職缺，無論有沒有一技之長，終究會淪落到靠社會福利度日，或者打零工過日子。至於『職位相對穩定』的合格人士，雖然在『專業領域』工作，但是就業市場的風險和挑戰，可能比他們想像得還大。」這個論點確實有一點誇張，卻點醒我們，再不認真思考未來的工作和技能，可能會陷入何種境地。

勞動市場的變化太大了，無論任何年齡層都要更懂得靈活應變，盡量接受教育和終身學習。根據聖路易聯邦準備銀行（Federal Reserve Bank of St. Louis）的數據指出，二〇二〇年美國製造業的就業人數比一九八七年減少二六%，但產量卻增加了驚人的六三%。數十年來，科技革新浪潮一波接著一波，經濟變動頻仍。服務業大幅擴張，現在大多數美國人從事白領職業，就連名義上從事製造業的人也是如此。大多數白領屬於「專業與技術人員」，根據美國勞工統計局（Bureau of Labor Statistics）的數據，占全美勞工的四一%，在歐洲、加拿大、澳洲、日本、南韓、新加坡及其他先進經濟體，也是不相上下。這批多元異質的人群，具備強大的教育背景，以及相對較高的薪資，涵蓋經理人、電腦程式設計師、工程師、建築師、醫生、實驗室技術員、律師、教授和老師、設計師、藝術家等。有趣的是，其中女性占了半數以上，事業成功的關鍵在於趕上時代潮流，涉獵最新的專業知識。他們主要從事非例行的認知任務，即使人工智慧（Artificial Intelligence, AI）會搶走人類的飯碗，但是至今這些任務仍難以自動化。

專業技術人員變多，是因為分析能力很搶手，但是根據勞動經濟學家的紀錄，社交技能其實更搶手，包括溝通能力、團隊合作、在不確定條件下做決策，以及出色的談判能力。此外，對情緒智商（Emotional Intelligence, EQ）的要求也變高了，也就是「準確推測情感，並且透過理解情緒和情感，提升思考能力」。任職ReadWriteWeb和TechCrunch等媒體，如今是社會化行銷服務商Little Bird共同創辦人的馬歇爾．柯克帕特里克（Marshall Kirkpatrick），預測「未來更重視軟技能、自我覺察、同理心、網絡思維和終身學習。」

電影製片人暨威比獎（Webby Awards）創辦人蒂芙妮．施萊茵（Tiffany Shlain），發表一段強而有力的言論：「在現今和未來，為了取得成功，必須兼具好奇心、創造力、自發性、跨領域思維及同理心。有趣的是，這些技能都是人類所獨有，機器和機器人無法執行。」施萊茵是藝術家，她會這麼想並不令人意外，但是就連馬里蘭大學（University of Maryland）電腦科學家班・施奈德曼（Ben Shneiderman）也說：「我們可以培養學生創新和創造的能力，還有主動發想新的想法。寫作、演講及製作影片的技巧很重要，但是批判性思考、社群經營、團隊合作、辯論／對話和衝突解決等基本能力也非常強大。」只可惜在初等、中等及高等教育的課程裡，這些社交能力並不是重點。

未來職場最重要的技能

現在試試逆向思考，未來有哪些技能不再管用？透過逆向思考，也可以想像未來需要的技能。麻省理工學院教學系統實驗室執行主任賈斯汀・萊希（Justin Reich）主張：「未來最重要的技能，是電腦無法輕易執行的事，在這些領域裡，人類工作者特別占優勢。」他舉了兩個例子，「一是不明確的問題，沒有固定答案；二是善用溝通技巧來說服別人」。巴勃羅・畢卡索（Pablo Picasso）曾說：「電腦是無用的，它只能給你答案。」然而，給出正確的答案之前，必須先有正確的提問。換句話說，如果手上的問題或難題，提問的方式錯誤，就得不到正確答案。

專家逐漸達成共識，未來的工作有賴跨學科訓練，而非專業化訓練。職涯專家梅麗爾・克里格

（Meryl Krieger），任職於印第安那大學布魯明頓分校（Indiana University, Bloomington）的音樂學院，她認為：「未來職場最重要的技能有兩種：一是可轉移的技能；二是能把這些技能轉移並應用到特定的環境。」國際隱私權專家協會（International Association of Privacy Professionals）執行長J·崔佛·休斯（J. Trevor Hughes）也認為：「未來以混合型的技能居多，我們必須在好幾個傳統領域裡，累積知識或專業。」他列舉自己的隱私保護領域，「任何數位經濟專業人士，都要懂得隱私權和隱私權對組織的風險，這涉及法律與政策、商管、科技。現代的專業人士，必須串連這些領域。」路易斯·米隆（Luis Miron）是位於紐奧良的羅耀拉大學（Loyola University）傑出教授，現任教育品質暨平等研究所所長，他認為：「最重要的技能，莫過於高階批判性思考，以及認識全球化對多元社會（在文化、宗教和政治方面）的影響。」這正是過去二十多年來，我和人類學家布萊恩·斯普納（Brian Spooner），在賓州大學全球化課程講授的內容。

莫斯科高等經濟大學（Higher School of Economics）研究人員波琳娜·科洛札里迪（Polina Kolozaridi），完美闡述跨學科教育的力量。「未來職場最重要的技能，一是以過程和系統為導向的思考，二是寫程式。」她強調技術技能的重要性，例如人工智慧通訊、三D建模和物理學。但是她也認為，批判性思考、資訊管理、紀錄查證的能力（歷史學與新聞學格外重視），不可或缺。

其他專家強調學習、歸零及進修。阿爾夫·倫（Alf Rehn）住在芬蘭圖爾庫（Turku），任教於奧博學術大學（Åbo Akademi University），擔任管理組織系的教授兼系主任，說到未來的技能，他認為：「大家要有覺悟，沒有一套明確的核心或重要技能，未來的技能會不斷變化和更新，我們現在想得到的任何技能，過不了多久，八、九成會過時。創造力和批判性思考，在未來一樣很重要，但是除此之外，其他技能就難說了，不要自以為是。」馬克・吐溫（Mark Twain）在很早以前，說過一句睿智的話：「害你陷入困境的不是未知，而是你信以為真的事情。」

大多數的人都認為，在當今的勞動市場，分析和社交能力至關重要，但是我們有沒有做好萬全的準備？哪些教育學程最合適？終身學習又可以發揮什麼功能？

重新構思中小學教育

有一個根本的問題，始終困擾教育界，就是學校為了目前根本不存在的工作，訓練未來的棟梁。根據世界經濟論壇的數據，現在上小學的孩子，未來有高達三分之二會從事目前不存在的工作。美國國家學院（National Academies of Sciences, Engineering, and Medicine）參考勞動市場的趨勢，發布一百八十四頁的報告，做出一個結論：「未來會有新的職業類別，取代部分的職業，甚至所有的職業。大多數的行業，無論新舊都將需要不同的技能組合，甚至會顛覆工作的方式和地點。」教育界勢必大規模轉型，「近來資訊科技進步，帶來新的教育途徑，而且更便利。」

專家逐漸達成共識。喬治亞理工學院（Georgia Institute of Technology）教授卡爾頓・普（Calton

Pu）認為：「最重要的技能，莫過於元技能（meta-skill），也就是適應變化的能力。」但是這似乎不符合學校課程的編排方式。他指出：「隨著科技加速創新，未來的勞動力必須適應新技術和新市場。」除了技術轉型外，還有人口和經濟變遷，所以人們要懂得靈活變通，教育也是如此，不可以劃分成孤立的學科。「適應力最好（和最快）的人，終將獲勝。」問題是，皮尤研究中心訪問一千四百零八位專家，包括科技界、教育界和商業界的領袖，這些人不認為教育體系已經準備好了。什麼樣的學校教育，才可以幫助孩子適應未來的變化？

巴里．楚達科夫（Barry Chudakov）是顧問公司Sertain Research和StreamFuzion創辦人暨經營者，堅信：「未來勞動市場最重要的技能，將是理解、管理及操控數據的能力。」將來每個在技術領域工作的人，「都必須成為『定量分析師』，或者有定量分析師的技術水準。」我甚至認為，不管做什麼工作，無論在什麼經濟領域，**每個人**都要學會理解、管理及操控數據。這一點，學校確實在努力落實。

對楚達科夫來說，未來還有第二項必備的技能，而且比第一項更重要，「從數據中看見意義和價值，同時看出問題、限制或機會。」我們越來越看重社交和情境技能，而不僅僅技術技能。說得簡單一點，真正最關鍵的技能，將是看穿事實、數據、經驗和策略方向的迷霧，為產品與服務設想解決方案。在一個數據為王的世界，設計思考或視覺思維將發揮關鍵影響力。所謂的設計，就是用大家容易理解的方式，描述問題、議題或挑戰，同時兼顧大局和細節，而不只是發現規律，因為這光憑人工智慧就能做到，人類必須超越人工智慧，洞悉規律背後的含義。

小學教育改革，最大的困難是什麼？第一章就曾說過，現代的學校教育在十九世紀興起，目的在培養聽話的工人，而非懂得批判性思考的大軍。紐約市立大學（City University of New York）新聞研究所教授傑夫・賈維斯（Jeff Jarvis）認為：「學校的存在是為了找出唯一正解，而不是創意解決方案。」他附和歷史學家湯普森對於「時間、紀律與工業資本主義」的分析，「學校奉行過時的注意力經濟，於是學生付出大量的時間，讓學校認證自己的知識。」對他來說，如果要解決問題，學校必須轉向「以能力為基礎的教育，清楚告知學生必須具備什麼能力，並允許學生透過各種途徑來達成。」因此他認為，與考試和測驗相比，讓學生製作個人作品集更能衡量進步程度。

現在把抽象層次拉到最高，現代教育最大的問題，就是培養的孩子恐怕無法適應未來的經濟和科技。媒體心理研究中心（Media Psychology Research Center）主任帕梅拉・拉特利奇（Pamela Rutledge）表示：「那些受傳統教育的人，只學會混淆職業和個人認同（如長大想成為怎樣的人），卻沒有學會批判性思考，以及靈活的技能與態度，來適應瞬息萬變的世界。」在她看來，義務教育「重視的學習模式，只顧及供給面（學校想教什麼），卻罔顧需求面（學生的需要），所以教不出積極主動的自主學習者」。小學教育充斥著慣性、官僚主義及根深柢固的利益，過去數十年裡，被多數國家列為義務教育，卻很難想像這個十九世紀末被稱為學校的發明，如何在二十一世紀繼續發揮貢獻。亞利桑那州立大學（Arizona State University）教授伊麗莎白・吉（Elisabeth Gee）認為：「我們不用再像第二次工業革命時期，培養大量的工人，但是我們需要貨真價實的教育（不以職業為中心），讓大家有機會追求多元職涯發展和終身學習。」唯有這麼做，才有可能擺脫人生序列模型。

功能性文盲

小學生應該培養幾種能力，包括適應、學習、歸零和重新學習，這樣孩子無論是上高中或中途輟學，仍有辦法從事創意寫作，自行快速閱讀並理解複雜內容，還有處理數字，進行抽象推理。未來是批判性思考者的天下，那些人能夠處理新資訊，並融入自己的世界觀。只可惜我們距離這些目標還很遙遠，在英國和美國，每七個成年人中就有一個缺乏語言基本讀寫和數學能力，稱為**功能性文盲**（functional illiteracy），其中一些人是因為學習障礙，但有缺陷的教育體制也應該負一些責任。

美國CBS新聞台（CBS News）曾報導功能性文盲：「華特．朗（Walter Long）今年五十九歲，住在匹茲堡外的小鎮，在那裡長大。他為縣政府水務局效力，有一份穩定的工作，住在一間漂亮的房子，育有四子，還有一個愛他的妻子。」他的內心藏著一個天大的祕密，其實他不會閱讀。「他假裝自己做得很好，直到有一天晚上，他假裝為四歲女兒喬安娜（Joanna）讀故事書。」這個年齡的孩子天真爛漫，卻隱藏著不可思議的感知能力，能夠察覺不對勁的事物。「女兒抬頭看著我說：『媽媽讀給我的故事，不是這樣的。』」朗還記得，當時他心想：「向一個四歲的孩子坦白自己缺乏閱讀能力，還是挺難的。」

二〇〇三年，美國國家教育統計中心進行一項研究，結果發現三千兩百萬名美國成年人缺乏閱讀能力。最近的調查顯示，比較二〇一二年至二〇一四年與二〇一七年，竟然發覺讀寫和數理能力的平均分數退步了。數理能力方面，女性落後男性，但是女性的讀寫能力稍微領先。非裔美國人的數理能力，落後白人和西班牙裔美國人。西班牙裔美國人的讀寫和數理能力突飛猛進，其他群體倒是退步了。總而言之，這個問題如此普遍，不僅影響社會邊緣人，也波及有穩定工作的人。這促使福特和摩托羅拉（Motorola）兩大企業，制定補救計畫，輔導內部員工的閱讀能力。

經濟合作暨發展組織執行成人能力國際評估計畫（Program for the International Assessment of Adult Competencies），其中有一部分就是統整各國數據。果不其然，與貧困國家相比，較為富裕國家的文盲人口較少。然而，美國識字率輸給大部分的歐洲國家、日本和南韓，數理能力也遠遠落後，甚至低於經濟合作暨發展組織各國平均水準。在美國，不是每個人都可以享受優質的教育機會，以致美國和其他科技先進國家相比，評分如此之低。

語言在教育中扮演的角色

英語是全球商業界、科學界和科技界的共通語言，如果小學生的母語不是英語，學校要幫助這些學生精通英語。以英語作為第二語言，能對答如流的人並不多，只占全球七分之一的人口。在北歐，這個比例高達七〇%，但是如果換成南歐、拉丁美洲、中東、亞洲和非洲，只剩下五%或一〇%，裡面肯定有些人閱讀無礙，唯獨口語表達不流利，可是這些數字仍然透露，全球有超過一半的人口無法閱讀英語網站的內容，而英文網站卻超過半數。

學習第二語言可以拓展蒐集資訊的管道，也可以多和人互動，甚至豐富思維。已故的加拿大政治科學家和社會學家西摩・馬丁・利普塞特（Seymour Martin Lipset）說過：「只認識一個國家，等於不認識任何國家。」不理解其他文化，該如何理解自己的文化？很多年前，我在《高等教育紀事報》（*The Chronicle of Higher Education*）寫了一篇文章，探討即使母語是英語，全球通行，仍然應該學習其他語言。大家都誤解語言在教育中扮演的角色，語言除了是工具，幫助我們達成目標，例如在特定國家居住、工作或學習，也是進入另一個文化的管道、另一個觀看世界的窗口。多掌握一種語言，學生會提升解決問題的能力，發揮找問題的能力，有更多搜尋和處理資訊的方法，從而發現以前從未想過的問題與觀點。就我的觀察，如果學生接觸過兩種以上語言和文化，思考會更有創意，尤其是處理一些沒有明確解決方案，看似很複雜的問題時。

學語言的人會接觸其他文化和制度，所以解決問題時，除了有自己的視角外，也習慣採納別人的價值與標準，看見不同的意見和衝突。此外，學習其他語言，也會培養包容心和相互理解。因此，學習不同的語言，不只是為了在其他環境生活，這還是一個強大的管道，讓我們有能力欣賞並尊重多元的世界。

關於語言學習，大家還有一個迷思，誤以為全球化是在拉抬英語，貶低大多數語言的市場價值，畢竟英語是商業、科學及科技的通用語言。如果按照這個邏輯，一旦學生掌握英語口說和書寫，最好把時間與精力投入其他學科。大型跨國公司召開重要會議時，確實會使用英語，但是我至今仍遇到不少案例，如果是身在德國、日本、中國、瑞典或巴西的公司，最好還是說當地的語言，否則無法理解決策的精妙之處，也會影響升遷。大多數跨國企業講究英語熟練度，可是在國際上追求事業成功，光是熟悉英語還不夠，如果無限上綱英語的市場價值，恐怕會誤導英語母語人士，誤以為學習新語言和其他學科會互斥，兩者無法兼顧。

國際商場不斷在進化，大學卻與現實脫節。一些大學和研究所商業課程，標榜國際教育，偶爾有短期學習之旅，卻只有極少數的標準商業科目，會結合語言深入學習。研究生不用深入學習一門外語和文化，只要出國一、兩週，到某個國家與商業領導者會面。我們開始自欺欺人，以為全球商管教育徒有短期學習之旅就夠了，直接省略嚴格的語言教育。

事實上，全心投入一個高標準的活動，無論是學習一門語言或演奏一種樂器，都可以給學生更大的動力去學習其他更多科目。學語言的人絕對不會因為難度太高而氣餒，反而會沉浸在語言學習的紀律裡獲益良多。我擔任劍橋大學（University of Cambridge）賈吉商學院院長之前，有將近三十年的時間，都在大學和研究所講授社會學與管理課程，我發現那些不只會說英語的人往往表現更好。

如果再繼續貶低其他語言的重要性，學生就沒有機會成為更優秀的世界公民，學習一些必要的心態和工具，來理解並解決複雜的問題。學習一門語言，可以鍛鍊頭腦，豐富靈魂。基本上，學生會變得更謙卑，不再認為自己的文化是絕對的，更願意包容其他觀點，避免用同一套方法來解決全球問題。

高中和大學有什麼問題？

「假設你的帳戶有一百美元，年利率二％。如果任由這筆錢變大，五年後，你猜帳戶裡會有多少錢？」這是一個關於複利的標準問題，經常用來評估金融素養。選項有三個：A.超過一百零二美元；B.剛好一百零二美元；C.低於一百零二美元。正確答案是A.，因為這筆錢會存放五年。

現在思考另一個問題：「假設年利率是一％，通貨膨脹率二％。一年後，這個帳戶的錢能夠買多少東西？」選項有三個：A.比今天更多；B.和今天一樣；C.比今天更少。C.是正確答案。最後，我們試試是非題。「購買企業股票的報酬，比投資共同基金更穩定。」答案是否。

結果美國只有四三％的大學畢業生，以及六四％的碩博士畢業生，能答對全部三個問題，雖然遠高於國中畢業生一三％、高中畢業生一九％，但還是差強人意。接受十七年的教育，美國仍有一堆大學畢業生搞不懂複利、實質利率和多元投資組合，可見教育體系出了大問題。只有五分之一的高中畢業生可以答出正確答案，也是全國的悲劇。我們怎麼能期望人民做出明智的財務決策，為退休做好儲蓄，避免債台高築呢？換成在德國、荷蘭和瑞士，答對的人幾乎是美國的兩倍，但是仍有三分之一的大學畢業生，以及將近一半的高中畢業生，無法全部答對。而且性別差距越來越大；在這四個國家中，女性落後於男性，差距介於八％至二三％。不過，我的華頓商學院同事奧莉薇雅．蜜雪兒（Olivia Mitchell）意外發現，經過上述測試，基本金融素養不足的人反而更善於管理個人財務，例如儲蓄足夠的退休金。

這些令人憂心的情況，大多和潛在經濟不平等有關。美國具備金融素養的人比例低於歐洲，因為美國受教育的機會不平等。歐洲的初等和中等教育體系，大多隸屬全國層級（有的是地方層級），可以從國家獲得穩定與集中的資金；而美國的學校則是隸屬地方層級，資金來自房地產稅收，有一些郡市較窮，教育品質當然比不上富裕的郡市。美國的私校又加劇了不平等。至於歐洲的大學，雖然沒有哈佛大學或耶魯大學（Yale University）之類的名校，但是平均品質卻比美國大學來得好。

倫斯勒理工學院（Rensselaer Polytechnic Institute）電腦科學系教授吉姆．漢德勒（Jim Hendler）認為，大學要從旁協助學生，加強小學到高中的基礎教育。大學「應該把學生培育成終身學習者，在這個瞬息萬變的資訊世界裡，提供更多的線上學習和實體訓練等，不斷提升技能。」雖然線上學習正在興起，但是大多數專家仍強調「大學經歷」的好處與必要性。Acumen資料分析師法蘭克．埃拉夫斯基（Frank Elavsky）指出，「人際互動經驗和文科」會變得更重要，「人與人實際的緊密接觸，可以激發由衷的慈悲心、同理心、示弱的勇氣及社交情緒智商。」維也納應用科學大學（University of Applied Sciences）行銷教授猶大．羅絲曼（Uta Russmann）也認為，大規模的線上課程無法培養複雜的社交技能，更何況大學也缺乏設備。她甚至認為，未來有越來越多的技能必須從工作中學習，而非透過教育和訓練。

數位革命的浪潮來襲，大學將重新洗牌。麻省理工學院電腦科學系教授大衛．卡格爾（David Karger）認為：「不管線上教學系統有多麼先進，目前四年制的大學模式，仍會有相當長的時間位居主流。」他認為那些最具知名度的大學，將是線上教育的大贏家，會成為新知識的主要來源；相反地，知名度較低的大學必須調整價值主張，重新評估自身的教育服務。他預測未來大學會縮編教師員額，聘請更多的助教或導師來協助學生線上學習。

如果人生序列模型可以更彈性一點，鼓勵民眾在不同人生階段學習，小學、中學和大學的教育品質與影響力，搞不好會有所提升。無論學生或學校都有第二次或第三次機會，調整自己的做法，糾正過去的錯誤，說不定會更好。這就是下一章的主題。

第五章

一生擁有多重職業的新趨勢

◇◆◇

「人生在世，不是要尋找自己，而是要創造自己。」

——蕭伯納（George Bernard Shaw，一八五六—一九五〇）

安妮塔．威廉絲（Anita Williams）畢業後，在一家軟體開發公司工作，一做就是十五年。公司提拔她擔任團隊負責人，但是她很清楚，以往自己為客戶提供的服務都可以交給人工智慧處理。她經過自我反思，發覺這是可以預見的結果。過去二十年，世界各地的教育機構培養無數軟體工程師，光是在印度，就接近一千萬人，每年還會有三十萬應屆畢業生。於是，威廉絲決定報名幾堂線上室內設計課程，雖然拿不到學位，卻可以向市政府申請設計師執照。她打著如意算盤：當時的人工智慧還無法模仿人類的創造力和美感。然而，時間又過了二十年，機器學習、圖形識別及虛擬實境的科技日新月異，一般人想要設計自家的廚房，網路上有太多工具，有一些線上工具甚至會幫忙申請建築許可證，訂購所有材料和專業人力。如今威廉絲快要六十歲了，決定全力以赴，發揮創造的才能，成為藝術家。她一直想要攻讀美術學位，現在孩子上大學，她也有豐厚的積蓄，也就有更多自由去追求自己的興趣。她在家裡設置工作室，在網路上銷售她的藝術作品。

威廉絲的故事是我虛構的，但有可能實現，在現實生活中，確實有人這樣轉行。艾莉莎・M（Alisa M.）長年幫助前夫經營餐廳，後來轉戰電腦程式設計。「朋友叫我留意SAP（德國的資訊科技大公司）……當時是二〇〇三年，我已經四十五歲了。」她學過程式設計，但這是日新月異的領域，她以前接受的訓練早已過時，不得不回去上課。貝爾納・雷馬庫斯（Bernard Remakus）博士當內科醫生之前，擔任數十年的老師和高中運動教練，也說道：「沒錯，這是做得到的……。我退休幾年後，就開始考慮轉行，到處找靈感。問問你的讀者，不妨想想看，從現在的職務退休後可以做什麼？我的年紀較大，很清楚自己的動機……年紀一大把，再來攻讀醫學院，感覺有很多優勢。」

當年他們做出這些決定，轉行還不是很普遍，唯獨在二〇〇八年金融危機期間，金融工作短缺，轉行的人多一些。英國Careershifters轉行教練納塔夏・史丹尼（Natasha Stanley）認為：「單一的職涯路徑，一輩子做相同的工作，當然會繼續存在，但未來更可能的是，一生中至少會轉行一次。」科技變革的速度太快，正在顛覆整個行業和產業，我們可能每隔二十年左右，就要開啟新的工作或專業。由於這些變遷，跨世代學習的可能性大增，我們不得不思考，如何管理多世代職場的勞動力，人人具備不同的技能與優勢，還有不同的價值觀和態度。如果團隊負責人只有二十幾歲，該如何領導嬰兒潮世代的員工？一個 α 世代待在職場上，身邊的同事不是X世代，就是嬰兒潮世代，是否會格格不入？

預期壽命×健康壽命×科技=多重事業

連連看，就會預見未來。一生中擁有多重職業的新趨勢，其實是由三大趨勢匯集而成。首先，我們的預期壽命延長了。每天有一萬兩千名美國人慶祝六十歲生日，平均還可以再活二十三年。在一些歐洲和亞洲國家，這個數字甚至更高，例如日本與香港是二十七年；澳洲、法國、西班牙和瑞士是二十六年；新加坡、南韓、加拿大、以色列、希臘、冰島、瑞典、愛爾蘭、葡萄牙、馬爾他、挪威、芬蘭及巴拿馬則是二十五年。如果壽命再繼續延長，大多數人的退休金都不夠用。其次，我們保持健康的時間也延長了，這在第二章就曾探討。我們在六十歲以後，還有很多年的時間可以繼續工作，積極過生活，稱為「健康壽命」。第四章也討論過，由於科技日新月異，學校教我們的東西會比以前更快過時。

這些趨勢全部匯集在一起，有越來越多人到了四十幾歲，就覺得自己的知識基礎在勞動市場上不再具有競爭力，決定重返學校。大家不要誤會我的意思，我說的不是入住學校宿舍，參加兄弟會或姐妹會，而是透過數位平台來學習新事物，這還比較有可能。學習完畢後，再回到工作崗位。但是到了六十歲，人們會突然驚覺往後的人生，平均大約還有二十五年，卻沒有足夠的積蓄來應付漫長的退休生活，只好再度回歸學習模式，找一些全職或兼職的工作。

許多人不僅換了工作，還換了事業、專業或行業，每一次返校學習都是在重新塑造自我。伊利諾大學春田分校（University of Illinois Springfield）負責線上學習的副校長雷伊・施羅德（Ray Schroeder）表示：「現今進入職場的人，一生中將轉行四、五次（不只是換工作）。為了轉行，必須重新學習、訓練和接受教育。」

如今科技日新月異，很多勞工都跟不上，大家忙著自我精進，以免在個人的專業或產業落後。新科技紛紛出籠，例如機器人、人工智慧及區塊鏈（blockchain）等，在特定職業的工作機會越來越少了。我們常聽到，如果再繼續自動化，專業度低、重複性高的工作有可能被取代。區塊鏈帶動合約數位化，恐怕會有大批白領上班族和經理人失業，而中階管理階層的職責，則包括掌握供應商的供貨情況、評估員工的表現、確保合約條款順利履行，以及擔保任務完成。然而，科技創業家安德魯・查平（Andrew Chapin）坦言，「智慧合約（smart contract）的效率太高了，這是人類無法企及的，尤其在品質驗證方面。」

我在華頓商學院的同事吳琳（Lynn Wu）發現：「我們總是擔心機器人會取代勞工，但是情況正好相反，長時間下來，那些採用機器人的公司反而會僱用更多的勞工。」她參考為期二十年的研究，結果發現失業問題最嚴重的，主要集中在經理到主管階層。她解釋道：「企業不用另外僱用一位經理，確保勞工會按時上班，檢查勞工的表現，因為機器人就能做到，機器人準確記錄勞工的工作情況，為企業省下代理成本（agency costs），還不會捏造數字。」

目前只有少數人回歸校園，轉換行業，但是這個趨勢正在加速。二〇一八年，《富比士》（*Forbes*）上刊登一篇名為「五十歲後重返大學：新常態？」的文章。根據調查資料指出，二十三歲至五十五歲沒有大學學歷的美國成年人，有六〇%曾考慮回去就讀大學。大家絕對想不到，根據美國教育部的數據，在攻讀大學學位的人中，成年人竟然超過半數，因為早年沒有機會接受高等教育。等到年紀大了，再回去讀大學或重返大學校園，主要是擔心「新科技會搶走飯碗，自己會趕不上時代」，為了追趕年輕的同事，以及追求人生新的挑戰。中國六十歲以上的人口，總共有兩億三千萬人，其中四分之一正在領取政府補助就讀大學。根據新華社報導，「劉文芝起了大早，做早餐，送孫子上學後」，就去山東省德城區的老年大學上課，全中國有六萬個類似的學習機構。她正在學習「弦樂器、電子琴、京劇和剪紙」。六十三歲的楊瑞軍，以前務農，跟劉文芝一樣，都是村裡第一批重返大學的人，現在則是一位歌唱老師。

二〇一七年，《金融時報》（*Financial Times*）刊登一篇報導，標題是「一生規劃五種事業：工作不穩定，最好要懂得轉型」，作者是海倫．巴雷特（Helen Barrett），當時她正好待在《金融時報》，負責工作與職涯的主題，反思自己的經歷。她強調：「轉行這件事，困難、孤獨、可怕、成本高。我心知肚明，在廣告業打滾十年後，硬要在三十多歲，轉行做新聞工作，不僅要從零開始（一位編輯提醒我，『妳是有史以來最年長的實習生』），薪水還少了一半。我花了四年才迎頭趕上。」她隨後分享一位五十多歲女性的故事，對方即將取得律師資格，這是她的第四份事業，之前當過教授、博物館館長及創業家的導師。她的動機是什麼？「追求新的挑戰，她是一個永不停歇的自我精進者。」

現在這個時代，二十多歲的成功創業家可以創造市值十億美元以上的「獨角獸」公司，但是我們來回顧一下，人到了四十歲，其實也可以憑藉獨創性和創造力，實現很多事。知名時尚設計師王薇薇，十九歲參加美國花式滑冰錦標賽，成為《運動畫刊》(*Sports Illustrated*) 的封面人物，但是那個領域競爭太激烈，她未能功成名就，於是決定專注學業。大學畢業後，她成為*Vogue*雜誌最年輕的編輯，然後在拉夫·勞倫（Ralph Lauren）的品牌工作一段時間。四十歲時，她決定成為獨立婚紗設計師，而後就是大家知道的歷史。

線上教學的解方

然而終身學習和轉行，說來容易，做來難，這兩件事都牽涉到關鍵的世代因素。除了教育機構（從小學到大學），企業和政府也責無旁貸，必須進行大改革。教育界對年齡的劃分十分嚴格，我在華頓商學院教過在職專班，也曾在賓州大學教過「非常規學生」（也就是高中畢業後，無法立即上大學的人），從中領悟到，這個社會應該隨時歡迎大家回學校唸書或重返校園。美國有許多高中也正在推行成人教育和持續教育，這隱含莫大的機會：在多世代的教育體系，展開跨世代的學習。然而，賓州大學的學士課程卻把終身學習者與年輕大學生加以區隔，錯過跨世代學習的大好機會，反觀哥倫比亞大學早就有覺悟，讓專業研究學院的三、四十歲學生，和哥倫比亞大學的大學生一起上課。學校或大學實現多元融合，大家都知道好處多多，可見向他人學習是多麼有意義的事。從現在起，教育界設計課堂和課程時，應該考慮世代的多元性，讓不同的世代一起學習，發揮各自獨特的經驗與技能，彌補其他同學的不足。

多虧了數位學習，轉行變得更容易。例如，漢娜・克羅斯（Hannah Cross）從倫敦大學學院（University College London）畢業，取得藝術史學士學位，隨即投入職場，曾在幾家重要機構工作，包括泰德美術館（Tate Gallery）和位於英國首都的當代藝術學院（Institute of Contemporary Arts）。後來她決定轉行，成為程式設計人員。花了三個月專心上課，最後在新創公司找到新工作。剛起步確實不容易，同事一下子就搞定程式碼，她卻要奮戰很久，所幸堅持到底，終於在新工作發光發熱。瑪莎・錢伯斯（Martha Chambers）以前是文科老師，也上過類似課程，找到英國電視台ITV的工作，擔任初級JavaScript軟體工程師。她說：「我上的那門課很厲害，即使我不會花很多時間探索數位裝置，也能輕鬆進入那個領域。」她現在的頂頭上司也曾轉行，之前擔任社工。

科技製造問題，導致我們的知識過時，但是科技也會解決問題，幫助我們終身學習和轉行。勞工參加創新的線上課程，一邊更新知識，一邊兼顧家庭，例如混合全日制／兼讀制的學程（low-residency degree programs），一部分的時間在校園學習，另外一部分則是線上學習，讓各種年齡層的人適應瞬息萬變的就業市場。羅斯－豪曼理工學院（Rose-Hulman Institute of Technology）電腦科學系副教授麥克·沃洛夫斯基（Michael Wollowski）表示，未來教育和訓練的機會，絕對會大幅增加，還會有一些課程，讓大家照著自己的節奏學習或半工半讀。麻省理工學院電腦科學教授卡格爾批評線上課程，充其量只是「經過美化的傳統教課書，並沒有真正活化網路科技」，但他仍看好線上教育的前景。

顧問公司Sertain Research和StreamFuzion的創辦人暨經營者楚達科夫認為，在未來，學校和職場密不可分，「兩者會完全交織在一起，涵蓋學習、實現、接觸、實踐，然後融入學生自己的生活。」他和我一樣堅決認為：「為了打破隔閡，我們創造出來的數位學習空間，必須媲美實體教室，成為學習『場所』，除了模擬、遊戲及數位簡報外，再輔以實際的體驗——未來的學習和再訓練，可望走出書本，進入現實世界。」未來研究所（Institute for the Future）研究人員理查·阿德勒（Richard Adler）料想，這些科技會營造跨領域的獨特學習體驗。施羅德進一步認為：「微軟（Microsoft）運用HoloLens研發出來的全像投影技術，未來會繼續發展和普及，應用在三D即時擴增實境（Augmented Reality, AR）。」大家無不期許這些工具，能實現更逼真的互動和參與。陶妮·斯利斯基（Tawny

Schlieski）既是英特爾（Intel）研究主任，也是非營利組織Oregon Story Board主席，她認為擴增實境和虛擬實境等新技術，可以讓學生沉浸其中，為學習過程創造更多的體驗與互動。

線上學習的潛力與侷限

教育界的科技革命，不只會改變知識傳遞的方式，也可以鼓勵自主學習。巴西聖保羅大學（University of São Paulo）傳播系名譽教授弗雷德里克．李托（Fredric Litto）表示：「任何一個工作領域都有網路課程可以上，不僅有系統，也用心經營，有些是傳統『上課模式』，有些讓學生自主學習，有需要的話，也可以當面實際操作。」查爾斯頓學院（College of Charleston）讀寫教育學助理教授伊恩．歐布萊恩（Ian O'Byrne）認為，科技實現個性化的數位學習。「有越來越多頂級付費內容，營造一個線上空間，實現一對一的學習和互動，導師會提供指導與寶貴建議。數位版的學徒制，指日可待。」他認為，最令人期待的莫過於線上教學結合區塊鏈，這等於有一本數位登記簿，一來勞工可以張貼自己的技能與學經歷，二來方便企業和其他組織搜尋人才。「非傳統的證書與數位學習證明，可以把各種來源的學習成果，按照時間詳細記錄下來。」他預計隨著區塊鏈科技興起，學習者可以拼湊自己想要的課程內容，創造屬於自己的獨特學習旅程。

學生自主學習顯然有侷限，科技從旁輔助的效果有多好，仍有待持續觀察。穆倫堡學院

（Muhlenberg College）教授貝斯・柯爾佐－杜查特（Beth Corzo-Duchardt）認為：「自主學習是一個重要的變數，攸關教學與學習之間的化學變化。」研究顯示，有自主學習能力的學生學習成果往往較好，但是其中大多數人不僅有良好的教育基礎，也有支持學習的家庭環境。這群人得天獨厚，養成許多必要的技能，包括自主學習和批判性思考。

線上教育成本低、品質高，可望改善教育不平等。麻省理工學院媒體實驗室研究人員巴瑞圖敦・瑟斯頓（Baratunde Thurston）認為：「為什麼要背負十萬美元債務，上四年的大學？你明明可以報名更專門的課程，上完課後還會有更高的收入潛力。」紐約市立大學克新聞學教授賈維斯指出：「為了實現真正的教育創新，我們必須降低老師教學的邊際成本，一直降到零……但是我認為，我們永遠不會達到；就連大規模開放式網路課程（ＭＯＯＣ）也無法做到。」可是他預測科技會帶來「經濟變革」，顛覆授業和認證的方式。未來學家馬塞爾・布林加（Marcel Bullinga）認為：「未來是廉價的，未來的教育也是廉價的。」他相信只要科技持續進步，教育會更普及，成本也更低廉。他說：「我已經看到一千美元的大學教育廣告，當然是透過ＡＰＰ上課。零售業走過的轉型之路，學校和大學也會走過一遍，從類比／真人優先變成數位／行動／ＡＩ優先。」在未來，線上教育的證書會比傳統證書更搶手。

然而，線上教育還是有侷限。內華達大學拉斯維加斯分校（University of Nevada, Las Vegas）社會學家西蒙・戈特斯查克（Simon Gottschalk）表示：「在一些新的工作領域，我們要寫程式、分析大數據、高效管理資源、抽象邏輯思考、快速應變、具備跨資訊系統思考能力等，但是在其他領域，又有不同的要求，可能是服從、靈活應變、高效管理客戶／簡單服務／機器、維持秩序和安全、應付緊急情況等。」他認為面對面學習，適合培養社交技能。因此，和同儕一起線上學習，雖然可以克服一些限制，但是絕非萬靈丹。昆士蘭科技大學（Queensland University of Technology）互動視覺設計教授馬庫斯・福斯（Marcus Foth）指出：「我預測未來的大規模開放式網路課程，還可以再細緻一點，讓同儕互助學習，兼顧線上和實體。」加州大學洛杉磯分校電腦科學家麥可・戴爾（Michael Dyer）觀察到，「人際互動的技能，最難傳授，例如有一些醫療技能，就需要與患者互動。」但是他認為，虛擬實境和人工智慧等新科技，可以提升線上學習的效率、規模及樂趣。

就連文科老師也開始看見線上教育的潛力，但還是有一些侷限。美利堅大學（American University）語言學教授娜奧米・巴倫（Naomi Baron）認為：「高等教育的成本高，於是大家期望教育更普及一點，更何況線上課程也確實越來越精緻。」因此未來的線上課程，會越來越有吸引力。對她來說，問題是要區分學習經驗，有一些適合在線上進行，另外有一些則需要當面傳授。

持平而論，線上學習兼具便利性、新鮮感、即時性，而且經濟實惠，未來在職場和職涯，將發揮關鍵作用。珍妮絲・拉瓊斯（Janice Lachance）現任美國商業改進局（Better Business Bureau）市場信託研究所（Institute for Marketplace Trust）代理主席暨執行長，她看好線上教育，認為適用於許多學習需求。「無論學習應變技能，或是追求事業永續發展，都少不了線上學習。」她認為，現在不管是什麼年紀，都不可以停止學習。在她看來，線上學習提供大家無限的機會，追求事業發展或「避免自己落後」。

隨著需求增加、課程區隔及科技革新，線上學習絕對會迅速成長。二〇二二年五月，我首度在元宇宙開設線上課程，原本以為這只是花俏的數位互動模式，單純只是一種熱潮，無法超越既有平台實現的價值。我曾以為元宇宙只會顛覆遊戲、購物及醫療，但是不包括教育。我錯了，一旦學會善用，元宇宙就會開啟無限的新可能，讓學生沉浸在前所未有的學習體驗，我已經成為元宇宙的忠實粉絲。

不只專家或創業家這麼說，就連卡車駕駛與作家詹姆斯．辛頓（James Hinton）也表示：「愛達荷州薩蒙（Salmon）之類的偏遠地區，藥劑師不用再辭去工作，舉家搬遷，就可以取得藥學博士學位。」線上教育為偏遠地區的居民開啟新視野。他認為農村居民是線上教育最大的受惠者，年輕人不用外移到大城市，「真是令人期待的發展。」

他說的一點也沒錯。

招募資格與職業認證的變革

根據美國勞工統計局的數據，介於十八歲到五十歲的美國人平均做過十二份工作；換句話說，平均每二．七年會換一次工作；如果是歐洲和日本，這個數字是每十年換一次工作。在未來，這個指標可能從換工作變成轉行，每個人一生中會追求兩、三個不同的事業。這不僅改變我們對事業的看法，也改變公司招募新人的方式。二十幾歲的年輕人必須為人生規劃好幾次轉行，而不是把一輩子耗在一個產業。企業也要適應這種新情勢，主管與人力資源部門招募新人時，新人不一定只有二十多歲，因為四十幾歲、五十幾歲或六十幾歲的人也可能決定轉行，進入全新產業，只要他們學會必要的技能，就和高中或大學應屆畢業生一樣，有資格參加甄選。

企業、政府及教育機構都必須改革，才能在多代的背景下發揮終身學習的最大潛力。無論員工的年紀多大，雇主都必須鼓勵員工重返學校，專心學習，因為員工有可能在校園裡，學習到年輕一代的觀點和能力。此外，社會也要提供資金，尤其是勞工重返校園時，可能會沒有收入。例如，邁克（Mike）在電信公司工作三十年，直到六十歲出頭才取得大學學位，他的公司與位於佛蒙特州伯靈頓（Burlington）的尚普蘭學院（Champlain College）聯手，一起合作線上教育，鼓勵員工多學習新技能，例如網路安全。

聖保羅大學教授李托指出：「我們正處於過渡期，雇主逐漸放下對遠距學習者的成見，甚至還偏好這樣的『畢業生』，因為這些人回到職場上，更加主動積極、有紀律、懂得團隊合作等。」阿斯彭研究所（Aspen Institute）傳播與社會計畫執行主任暨副主席查理．費爾斯通（Charlie Firestone）樂見其成，認為：「在未來，技能和能力認證越來越重要，這清楚展示個人的成就，例如數位徽章

（digital badge）。」TableRock Media研究部門主任山姆・潘奈特（Sam Punnett）也抱持相同的看法，「我推測未來的雇主，會接受新的認證體系……雖然傳統的證書仍有價值，但是雇主會重視求職者『適應學習』的能力。」內華達大學社會學家戈特斯查克也有同感，雖然雇主仍偏好四年制大學畢業生，但是完成線上學習的人，適合做的工作越來越多，能力還比較好。「無論如何，久而久之，傳統畢業生的優勢會消失。」

瑪麗・柴可（Mary Chayko）是羅格斯大學（Rutgers University）傳播與資訊系教授，她提供有力的論據，證明未來的企業將接受線上學習的證書。她表示：「從多元管道受訓的求職者，會受到雇主的青睞，包括傳統和非傳統的教育、實體及數位的學習，因為多元學習者靈活應變，可以應付瞬息萬變的情勢。」換句話說，線上課程與證書越來越普及，並不代表傳統教育會終結，兩者都有存在的空間，每一位雇主都想充分善用，畢竟教育體制和勞動力市場正不斷變化。拉瓊斯認為：「當今的職場需要什麼人才，雇主不一定清楚，因此求職者在特定領域取得證書，有可能就是入門磚。」因此，如果雇主願意採納線上課程的證書，未來線上教育的選擇必定會增加，品質也會越來越好，並且有更多獨特的課程。目前只是開始，未來還會有長期的轉型和發展。

或許未來追求多重職涯的人，最大的絆腳石就是政府。在某些產業，當民眾轉行時會礙於勞動法規，來不及取得認證，而錯失經濟機會。此外，雖然零工經濟崛起，卻面對勞工組織和政府的敵意。政府的公務員體系極度官僚，一層又一層的階級與等級，似乎與科技經濟趨勢背道而馳。

幾乎在每個國家，政府都是最大的雇主。德國資訊科技巨頭SAP聯手英國政府研究所（Institute for Government），在二〇二〇年發布調查報告，指出科技徹底改變政府的行政方式，包括政府內部的營運，以及面對民眾的服務。世界各國的公務員體系，在過去一百年經歷許多改革，卻仍沿襲直線升遷路徑，按照資歷給薪的原則（兩者都不符合二十一世紀人口、經濟及科技的現實）。勤業眾信（Deloitte）認為：「除了科技巨變外，新世代對公共服務的期望也改變了，加上政府各部門的業務變動，有可能挑戰傳統的『公共服務』觀念，以致終身僱用制沒落，轉變為更彈性的職涯模式。」人生序列模型即將終結，未來的公務員體制將會更加開放、彈性與流動——勞動力可以在政府內外穿梭。如果國家官僚體系太僵化，政府部門會難以適應新趨勢，因為全新的環境需要不同的技能，而政府留不住人才，也吸引不到人才。

多世代職場的潛在好處

政府和企業等組織開始期待未來，例如數位教育崛起、轉行的人增加，以及隨著預期壽命與健康壽命延長，即使過了退休年齡，仍想繼續工作，因此有許多世代共享工作的舞台。科技會助長這個趨勢，一來讓年紀大一點的人可以在家工作；二來讓民眾線上學習，累積新知，延長工作的年齡。北卡羅萊納大學（University of North Carolina）凱南－弗拉格勒商學院的基普．凱利（Kip

Kelly）寫道：「如今的勞動市場，越來越需要提升世代的多元性。」他針對這個主題進行文獻回顧。在工作場所中，不同年齡層的人一起在職場工作，無疑會引發人力資源和人才管理的問題。多世代的工作環境，既是機遇，也是挑戰，唯有克服挑戰，才能善用每個世代的人才。

凱利參考無數的研究，發現這幾個世代的世界觀不一樣。偉大世代、沉默世代，以及在二戰期間長大的人，「生活在強大的核心家庭，從小父母對他們的教養，特別有紀律又嚴格。」這些人還曾經歷經濟大蕭條。嬰兒潮世代「懂得工作倫理，但是他們和沉默世代不一樣，不認為工作是一種榮幸，反而只是為了獲得身分、財富及聲望。他們對雇主極為忠誠，以服務和目標為導向，好勝心強，擅長團隊合作。」因此研究證實，嬰兒潮世代「心目中的好上司，必須願意取得共識，平等對待下屬」。X世代在青少年時期及長大成年後，體驗過民權運動、水門事件、能源危機、愛滋病流行，以及柏林圍牆倒塌的餘波。X世代的母親多為職業婦女，因此「大多數X世代早就學會獨立，以及在變化中成長。X世代個性獨立、堅韌、靈活和適應性強。」所以他們心目中理想的員工，也必須「直率、真實，並崇尚『自由的』管理風格。」

有趣的是，一份二〇一三年安永（Ernst & YoEung）研究發現，嬰兒潮世代及千禧世代，都喜歡和X世代共事，因為X世代有追求成功的動力，又渴望團隊合作。至於千禧世代，小時候曾經歷九一一事件，以及美國國內的恐怖主義，首度見證氣候危機的明顯影響。千禧世代的一大特色，就是對科技十分熟練，渴望透過社群媒體來接觸與交流資訊，因此比前面的世代更期待水平的關係和資訊流動。他們「完全拒絕傳統由上而下，強調階級的溝通方式」，所以是職場上最多元的世代，涵蓋多元的種族、族群、國籍及性傾向，也是教育程度最高的世代，至少從學歷證書來看。根據這項研究，千禧世代心目中理想的主管，必須採取水平式管理風格，他們也信任導師和教練，既有目標意識又注重合作。目前只能推測到Z世代，在職場上會有什麼表現。Z世代比起千禧世代，無論是科技熟練度、多元性及學歷證書都更加突出。

研究發現，世代之間確實有很多差異，可是大家到了職場上，價值觀、態度和行為不必然相左。其中一些世代差異屬於刻板印象，導致我們都忘了每個世代的內部隱含有莫大的異質性。另外有一些世代差異，主要和年齡有關，而不是大環境所致，第九章會有深入探討。多世代職場有很多的好處，其中一個好處是留住經驗老道的員工，以免「人才外流」，再來是吸引每一個年齡層的勞工，盡量擴大求職者，以及憑藉世代多樣性，打造更有創意的勞動力。

然而在第一章就提到，就連支持多世代職場的人也可以看見潛在的衝突。根據一項研究，代間誤解和衝突占每週工時的一二%，還有一個最有趣的發現是，不同世代的員工互相指責時總是老調重彈，可見問題出在刻板印象與溝通不良，以致彼此誤解。凱利樂觀以對，認為：「透過理解和溝通，會縮小世代差距，引導員工關注共同的價值觀和期望。」

有越來越多的雇主重視社交技能（參見第四章），可望克服代間衝突。馬來西亞林國榮創意科技大學的兩位教授，凱洛琳・諾尼奧・恩喬羅格（Caroline Ngonyo Njoroge）和拉沙德・亞茲達尼法（Rashad Yazdanifard）都認為：「企業的管理高層必須具備社交智商和情緒智商，把世代差異的挑戰轉化為正向力量。」他們質疑傳統的觀念，認為世代之間確實有差異，但是工作的動機和行為卻不一定有差別。此外，不同世代的員工其實有著共同的價值觀和擔憂。無論哪一個世代都在追求工作穩定和自我實現，關鍵是管理階層必須善用社交智商和情緒智商，「主動影響員工的行為，導向正面的結果，例如對工作滿意、積極工作的態度、自我效能，以及領導潛力與變革管理。」

巴克內爾大學（Bucknell University）的阮艾迪（Eddy Ng），以及克蘭菲爾德大學（Cranfield University）的艾瑪・佩里（Emma Parry），回顧到目前為止的研究，結果發現現行的人力資源政策和實踐，都是由嬰兒潮世代制定，所以適用於嬰兒潮世代，但是「企業組織有兩件事要做：一是努力吸引和留住千禧世代；二是延長嬰兒潮世代的職涯。」他們回顧一百多項研究，發覺大多數的研究人員，傻傻分不清年齡、時期和世代的影響。講得更直白一點，大多數研究並無法證明，世代差異的影響力凌駕年齡與歷史時期，第九章探討後世代行銷，還會重提這件事。

更複雜的是，各國的世代發展不同步。例如，美國嬰兒潮世代出生於一九五〇年代，但是南歐和印度就不同了，每位婦女生育的數量到了一九六〇年代初期才達到顛峰，中國甚至要等到一九六〇年代後期，撒哈拉沙漠以南非洲又更晚了，落在一九七〇年代晚期，只可惜目前的研究主要是關於北美及西歐。於是，阮艾迪和佩里得到一個結論，我們不可以聽信「大眾媒體的軼事與刻板印象」，應該多做一些優質的跨世代職場研究。

和過去相比，職場有了很大的改變，第一次有這麼多的世代一起工作、這麼多婦女在外就業、這麼多三十歲與四十歲員工膝下無子、這麼多六十歲以上的人繼續工作，以及這麼強烈的轉變，例如從傳統邁向現代、重視自我表達，還有大量的科技革新。我們必須串連這些趨勢，說得簡單一點，如果要研究多世代職場，就必須考慮當前的人口、文化及科技變革的影響。持平而論，這些研究人員確實有把科技變革納入考量，但是頂多只能說Z世代比千禧世代更熟悉科技、千禧世代又比X世代更熟悉科技，以此類推，但這些都只是表象。因此，我們還要深入挖掘，才能明白人生序列模型沒落後，會如何顛覆組織和勞動市場，以及這對多世代職場的意義，而不是從社會心理學取經，直接套用問卷、量表、實驗和其他研究工具，因為這是全新的現象，不適合傳統的方法與測量。大家都是在解決問題，而不是消除問題，無論是研究人員或是閱讀研究報告的經理人都有這個盲點。

顛覆傳統組織的多世代員工

本書一開始就說，BMW之類有遠見的企業正在化解世代間的差異、誤解和衝突，主動展開企業重整，讓不同年紀的人可以一起工作。二〇一三年，金融服務巨頭哈特福德集團（The Hartford）推出反向導師制，由千禧世代指導其他世代的員工該如何使用數位科技，尤其是企業裡的高階主管。經過配對的導師和學生，經常見面，找機會互相學習，一方負責提供科技的建議，另一方則提供商場與職涯建言。全球貨運和電子商務公司必能寶（Pitney Bowes），人力資源與全球人才管理副總裁布莉姬特・范丹恩・霍特（Brigitte Van Den Houte），建立混齡的跨功能團隊，總共有十五個成員，不管什麼年齡和資歷，對決策都有同等的影響力。在她看來，以前的工作方式不再適用。至於密西根州文件櫃製造商Steelcase，資深員工和新進員工組成互利的團體。事實上，根據皮尤研究中心的紀錄，世代認同越來越沒落，尤其是到了千禧世代，只有四〇%自認是千禧世代，反觀嬰兒潮世代則高達七九%。

勤業眾信之類的顧問公司，開始推廣「多世代職場」（Multigenerational Workforce）的概念，但是大多數企業仍沿用年齡和世代管理內部員工。艾莉卡・佛里尼（Erica Volini）、傑夫・史瓦茲（Jeff Schwartz）及大衛・梅隆（David Mallon）等顧問，向客戶進行簡報時，紛紛表示：「有前瞻性的組織正在改變行事風格，深入了解員工的態度和價值觀，同時善用科技來分析勞工的需求與期望，得出更貼切的分析結果。企業有機會針對個人屬性，設計並執行更精準的勞動力策略和計畫。」這可以幫員工尋找工作的意義，如此一來，員工對工作的滿意度更高，覺得自己在為更大的目標努力，而不只是在工作。

換句話說，企業應該放下職場上的世代差異和刻板印象，接納**不老世代**的概念，這是連續創業家佩爾在二〇一六年提出的新名詞。「這群人包含各種年齡、種族和類型，而且永遠活躍，超越刻板印象，彼此互相連結，也與周圍的世界建立關係……不受世代制約。」基於這個概念，勤業眾信的顧問群認為：「隨著科技和組織快速變革，現在的勞工在職涯中必須多次改造自我。」至於應該由誰擔任主管或經理，文化期待也正在改變。如今大部分的經濟體，都是靠著非常年輕的人創業。勤業眾信的顧問群也認為，這些新趨勢改變了企業，以致實習生已經六十歲，經理卻只有二十幾歲。

傳統的組織按照年齡分級，現在完全被顛覆了，可見有關人力資源、人才及職涯管理的傳統假設，也會逐漸過時。按照人生序列模型，職涯是線性過程，從較低的職位、聲望、責任和薪水，一路向上。勤業眾信的全球人力資本趨勢（Global Human Capital Trends）報告指出，員工不再像過去那樣，認為年紀（或世代）和升遷有關。我在華頓商學院的同事彼得・卡佩利（Peter Cappelli）曾說：「對雇主來說，變化太大了，整個權威都逆轉。突然間，二十歲至三十歲的年輕人竟然跟父母和祖父母一起工作，而且這些老人家可能是下屬或同事，而不是上司。」

果不其然，科技公司似乎走在最前線。協助線上交易平台Notarize資深人力資源經理黛安娜・普雷齊奧西（Diana Preziosi）表示：「我們公司的人力，年齡從二十多歲到五十多歲不等，這是大家一起建立的團隊。真正的價值在於不同觀點的整合，全面考慮公司內所有的團隊，而非從某個狹隘的視角出發，貿然決定什麼對團隊最好。」擴增實境公司Project Archer執行長喬登・威斯曼（Jordan Weisman）認為：「雖然我們在設計『未來』，卻常從過往的相關經驗汲取靈感。年長一點的團隊成員可能會引用《傑森一家》（*The Jetsons*）的參考資料，年輕人則可能透過抖音的韓流樂團影片，和大家介紹一些奇妙的東西。無論哪一個年齡層，學習都很普遍。文化經驗與時代經驗相互結合，成果令人驚嘆。」位於洛杉磯的數位行銷代理商GR0，人才招募專家喬登．芬伯格（Jordan Feinberg）回憶道：「我們嘗試在公司內部，甚至在部門內部，成立工作小組或小團隊，營造更開放和合作的環境，讓各個世代建立對彼此的信任感。」例如，GR0旗下的搜索引擎最佳化（Search Engine Optimization, SEO）部門，就劃分成幾個小組，每一個小組都包含好幾個世代。

年齡和世代不再是有意義的分類標準，大企業適應這種新趨勢，不一定會輸給小公司，例如BMW、哈特福德集團和必能寶，都是很好的例子。琳賽．波拉克（Lindsey Pollak）在二〇一九年的著作《職場混音：如何在多世代工作場所中領導和成功》（*The Remix: How to Lead and Succeed in the Multigenerational Workplace*），正是參考各種大型成熟公司的經驗，包括AT&T、奇異（General Electric, GE）、紐約梅隆銀行（BNY Mellon）及雅詩蘭黛（Estée Lauder），逐步引導大家面對新的人口現況。她呼籲主管和員工「認清一項事實：如果再繼續停滯僵化，無論哪一個世代都生存不了了。」為了實現組織效力與職涯目標，要有適應力、靈活性、開放的心態，不隨便接受舊有的假設。「我們何其有幸生在這個時代，比以前有更多的機會、選擇和多樣性，雖然經常令人害怕與困惑，但不也令人興奮嗎？」

如果人生序列模型快解體，未來似乎充滿希望。這個變革太大了，會帶來很多正面的影響，多世代職場只是其中之一。除此之外，還有退休制度逐漸沒落，所有年齡層將擁有更多的選擇；傳統的遺產繼承制也會瓦解，進而改善經濟不平等；女權運動復興，世界變得更美好；消費者市場不再按照年齡劃分；甚至有一個後世代社會，接著繼續閱讀以下的章節。

第六章 重新想像退休

◇◆◇

「在我退休之前，有一件事情，我一直想做……就是退休！」

——葛魯喬．馬克思（Groucho Marx，一八九〇－一九七七）

唐．以斯拉（Don Ezra）是作家暨部落客，曾擔任退休金部門高層，他說：「我跟很多人聊過退休計畫，現在邀請一些人出來分享。」他決定採訪民眾，探討一般人的退休計畫，以及準備退休的感受。其中一位受訪者表示：「我不到四十歲，對我來說，那還是遙遠的未來，但我必須坦承已經開始擔心了。我想早一點退休。這是自由——不必每天去某個地方，不必對任何人負責——我可以去健身房、辦事情，隨便做什麼事都好。」他繼續興高采烈的解釋：「工作有樂趣，不過對我來說，工作只是達成目標的手段，我應該無法為了工作而工作。」他把工作視為達成目標的手段，這種想法很普遍，因為我們不曾認真思考如何賦予每份工作意義。這樣看待工作，有一個副作用，我們會誤把退休當志向，甚至視為一種解脫。

第二個受訪者回答：「我和丈夫剛過四十歲！希望不久就可以退休。雖然我們彼此相愛，但是仍然需要社交，所以我們在一起的時間不可以太長，因為還要和其他人相處！」就算身邊有深愛的另一半，大家考慮退休的優缺點時，還是會擔心與社交脫節。「我們希望和孩子及孩子選擇的伴侶保持良好關係，但這不是我們可以控制的。」老人家退休，年輕夫婦其實會感到壓力，因為年輕人想擁有獨立的生活。「我們退休後會做什麼呢？我們會避寒——可能會找另一個家庭去度假（例如我兄弟一家人）。做義工。我丈夫當體育教練。我去教會，還有安寧病房，因為身邊有一個朋友剛好住過安寧病房，還有做一些慈善的募款。」退休人員往往會強調，極度渴望多代同堂的關係，「當然還有做祖父母囉！拜託！讓我們寵壞孫子吧！我是認真的，如果孩子需要幫手，一起撫養孫兒，我們就會幫忙。」如果孫子沒有太晚出生，應該會實現。

如果有太多計畫和天倫之樂有關，恐怕有難度。另一位受訪者補充道：「我們要住在哪裡？現在的房子太大了。和孫子住近一點嗎？但是未來兒子也有可能搬家。因此，我們暫時決定先回到自己的家鄉（我們家族的發源地），但是和子孫的關係就必須重新經營了。」

「我是托妮（Toni），我們是幾年前退休的。托比（Toby）也退休幾年了。我以前是老師，比他早退休，後來我們搬到M（介於小鎮和農村社區之間），就這樣！」托妮對於人生輕描淡寫，隨遇而安。「小叔開玩笑說，以後我們早上醒來，沒有什麼事情要做，一天結束後，還真的什麼事也沒做！」為了打發時間，覺得自己有用，他們到處做志工。托比說：「我們開車接送老人，讀書給老人聽，幫忙辦活動。如果真的想找事做，待辦事項會永無止境。」托妮接著說：「而且還有孫子！我們一直很喜歡探望孫子，托比退休後，我們跟孫子的關係會更好。我們去探望孫子，孩子的父母很開心，因為我們相處得很好，讓他們兩人可以安心工作。我們會照顧孫子，接他們上學，接他們放學，沒錯，真的很忙啊！」

以斯拉繼續追問：「還有別的事嗎？」托妮越講越興奮，「其實還有很多呢！現在我們的社交生活，擴展到教會、讀書會和當地其他社交團體。我們讀了很多書，愛上以前的老音樂，我們甚至去跳舞。大致說起來，還真是忙碌。但是我說過，沒有什麼特別的，無法作為別人的榜樣，因為每個人的需求不同。」他們退休後的新生活，也不是一開始就成形。「這需要一點時間。我們居住的社區凝聚力很強，起初我們有點像外人，但是教會和讀書會幫了我們大忙，當然還有我們的孫子，還有他們學校的活動。我們跟其他家長和祖父母，都是透過孫子認識的。」

退休對健康、財富的影響與諸多恐懼

現代社會把退休吹捧得太高，以致我們想到退休的決定，以及卸下全職工作後的人生，總會感到不安。退休理財規劃師艾瑞克・布羅特曼（Eric Brotman）表示：「我認為要盡量避免退休。退休（通常）無法轉圜……這對你的健康有害……對你的財富也有害。」退休也不是毫無轉圜的餘地（至少有一部分可以），也沒有任何證據表明退休對健康或財富有害，但是布羅特曼這番話確實講到重點。大家把退休看得太重要了，全世界有許多國家甚至把退休奉為《憲法》保障的權利。現在就來看看退休的好處和成本。

退休有各種後果，其中退休對健康的影響在學術界備受爭議。人生中，遭遇任何轉變都會給人壓力，因為身體和心理需要時間調適。退休可能導致社交孤立與缺乏活動，兩者都可能會衝擊身心健康。退休缺錢花用，可能會讓人更焦慮。但是大部分研究證實，退休對健康狀況並沒有影響，即使有影響，也只是輕微的正面影響。藍領和白領勞工之間相差無幾，唯一的例外是社經地位低的族群，退休後反而更健康。參考到目前為止的研究，得出一個結論：「無論是提早退休或繼續工作，和死亡率都沒有關聯」。「與繼續工作相比，按時退休的死亡風險更高」，但是如果有考慮退休前的健康狀況，死亡風險就沒有特別高了。總之，退休的決定和時機，對於健康狀態與最終死亡率，似乎沒有系統性影響。

至於退休對財富的影響，也有類似的情況。退休之後，財富累積的過程顯然會趨緩，甚至發生逆轉，因為退休之後，必須動用儲蓄和退休金來支付生活費用。如果過於樂觀，低估退休後的開銷，高估投資的報酬率，就會有危險。此外，還會發生一些意外，例如突如其來的醫療費用或家庭緊急情況。但是在我看來，人生序列模型徒增太多壓力，一是逼迫勞工儲蓄，二是人口結構改變，退休金體制入不敷出，政府卻要苦苦兌現承諾。

根據二〇二一年全美退休調查（Transamerica Retirement Survey），美國各個世代最擔心的退休問題，正是存款不夠用（四二％）；其次是健康狀況下滑，需要長照服務；再來則是未來的社會保障有可能刪減或取消。令人震驚的是，存款不夠用的擔憂不僅困擾著嬰兒潮世代和X世代，就連千禧世代距離退休還有數十年，存款不夠用竟然和健康狀況下滑，並列最頭痛的退休問題。Z世代的年紀更小，最擔心退休後無法滿足家庭的基本需求，第二個擔憂依然是存款不夠用。因此，退休後的財務壓力很可怕，就連最年輕的勞動世代也深受其擾。這種擔憂不是快要退休才開始，而是從成年之後越來越煩惱，這甚至凌駕其他問題，例如認知能力下降、無法獨立生活、孤獨感、住房費用高昂及失業等。值得注意的是，在年輕的勞動者中，只有很小一部分的人不擔心退休，分別占Z世代的六％與千禧世代的八％。

退休後，不一定會好好享受時間。根據美國勞工統計局的數據，六十五歲以上沒工作的美國人，雖然有更多休閒時間，但大多數只是增加看電視的時間（從每天二．九小時增加到四．六小時），而非大幅增加閱讀或社交的時間，可見退休以後，主要的休閒活動並非旅行或運動，後果不堪設想。

英國倫敦大學學院的研究團隊，分析英國老化縱貫性研究（English Longitudinal Study of

Ageing, ELSA）針對三千六百六十二位五十歲以上成年人的資料。「分析結果顯示，每天花三．五小時以上看電視，在為期六年的研究裡，關於詞彙和語言的記憶力，平均下降八％至一〇％。」少看一點電視的人，退化幅度只有一半。「電視是一種獨特的文化活動，一方面結合強烈、多變、碎片化的感官刺激；另一方面，觀眾本身是被動的。」人們可以活動的時間有限，看電視卻是「警覺—被動」的狀態，對人體會有不良影響，再加上排擠對認知有益的活動，例如閱讀、遊戲、參觀博物館、和親朋好友交流或旅行。

老年人待在螢幕前的時間，不只是看電視，還包括使用智慧型手機、平板電腦及電腦。二〇一九年，皮尤研究中心報告指出，過去十年裡，美國六十歲以上的人待在螢幕前的時間增加，社交和閱讀的時間卻減少。大家總以為千禧世代和Z世代花很多時間使用電子裝置，但尼爾森（Nielsen）調查發現，現在美國老年人每天待在螢幕前的時間差不多是十小時，比三十五歲至四十九歲的人多出一二％，比十八歲至三十四歲的人則多出三三％。

無線經銷商Consumer Cellular集中在五十歲以上的高齡市場，執行長約翰．馬里克（John Marick）表示：「重點是區分優質和劣質的螢幕使用時間，如果只是把科技當成心理安慰劑、轉移注意力的工具，或是單純因為無聊而使用，就可能有害。」美國退休者協會坦承有這個問題，不過卻認為老年人使用螢幕仍有正面影響，包括觀看TED演講、閱讀報紙、觀看大自然的紀錄片、為孫子錄製故事，以及透過網路參觀世界各地。說不定數位裝置還可以支持彈性工作，打破傳統對退休的認知。

僵化的退休想像、人們對退休的恐懼，以及退休不那麼美好的一面，都在提醒社會轉變策略，質疑人生序列模型，因為這樣的人生安排，從出社會的那一刻，就為我們製造很多焦慮。有什麼替代方案嗎？政府和企業會幫忙嗎？科技能拯救我們嗎？

網購、玩手遊、上線上課的銀髮世代

新一代美國祖父母的形象變成這樣：「今天我上網工作、玩樂、購物和瀏覽網站。」二〇三〇年之前，六十歲以上的零工工作者與網購者將超過三十歲以下的人。因為後世代社會來臨，六十歲以上的人數將遠遠超過三十歲以下的人數，更何況科技會改變每個人的生活方式，無論你的年紀有多大。劇作家蕭伯納說過：「我們不會因為年老而停止玩耍，而是會因為停止玩耍而變老。」早在疫情爆發前，六十歲以上的人就有相當大的比例善用新科技，去玩耍、學習、工作和購物，讓生活過得更舒適、更有效率。雖然網路服務不平等的現象依然存在，但是之前在居家隔離期間，大家不得不保持社交距離，以致那些最頑固的人只好開始使用數位平台，而且許多人從中發現好處與樂趣。我們正處於歷史性的一刻，在這個時代裡，年紀並不會限制我們去擁抱新的做事風格和享受生活。

我們活躍的壽命越來越長了，於是有更多人重新思考退休。二〇一五年的電影《高年級實習生》

(*The Intern*)很妙，演出了這種情況。勞勃．狄尼諾（Robert De Niro）飾演七十歲的鰥夫班，不滿退休生活太無聊，忍無可忍。「我要如何度過餘生呢？你說吧！打高爾夫球、看書、看電影、玩桌遊。學瑜伽、學烹飪、買了一些植物、報名中文課程。相信我，我都試過了。」最後，他加入位於布魯克林區的一家線上時尚新創公司，這是吸納高齡人才的新計畫，由安．海瑟薇（Anne Hathaway）飾演的創辦人暨執行長茱兒負責。電影的結局是，班成為茱兒最親近的顧問和知己，變得更加幸福。

許多需要勞力和體力的工作，當然不可能無限期做下去。例如，飛行員法定退休年齡是六十五歲，美國國會在二〇〇九年延後到七十歲。從農業、礦業、營造、製造、警務到消防等職業，都屬於重度體力勞動，甚至有危險性。儘管如此，高齡勞工也不一定要退休，如果雇主願意讓他們轉調到不那麼耗費體力的崗位，或是回學校進修。其餘一些職業，例如教學和腦力的工作，並沒有嚴格的年齡限制。約翰．厄普代克（John Updike）觀察到，「自由作家的年紀大了，反而過得更輕鬆。」像我自己擔任教授，通常也沒有工作年限。

在歐洲大部分的地區，強制退休年齡在六十歲至六十七歲之間擺盪，但是大多數人仍可繼續工作，對經濟有所貢獻。有人批評這是年齡歧視，但是法院都說沒有這個問題，大部分的政府也擔心，一旦取消年齡限制，失業問題恐怕會惡化。更糟糕的是，奧地利、保加利亞、克羅埃西亞、捷克、義大利、立陶宛、波蘭、羅馬尼亞及斯洛維尼亞，女性的強制退休年齡竟然比男性低五歲，但是歐洲女性的平均壽命其實比男性**長了**七年左右！

中國的情況更棘手，公務員的退休年齡為男性六十歲、女性五十五歲，藍領女性工人則是五十歲。因此，中國平均的退休年齡是五十四歲，比世界上最富裕的國家低了大約十歲。隨著壽命延長和生育率下滑，即使中國放棄一胎化政策，仍然需要提高退休年齡，否則將會陷入困境。事實上，中國政府陷入一個無解的困境。如果中國提高退休年齡，恐怕會適得其反，因為在中國，有很多年輕夫婦仰賴退休的父母幫忙照料孩子。有一份研究發現，父母退休後，年輕夫婦生孩子的機率提高六〇%以上，可見中國政策制定者有多麼兩難。

分化的全球退休趨勢

政府不隨便修改強制退休年齡，但是民眾實際上決定在幾歲退休早已迅速改變。一九九〇年代末之前，歐美男性**實際的**平均退休年齡一直在下降，因為有優渥的退休金，加上有一些夕陽產業鼓勵員工提早退休。二十一世紀初，情況開始明顯改變，貧富不均加劇、個人儲蓄減少，還有二〇〇八年全球金融危機，造成人們不得不延後退休。二〇一八年，美國男性和女性的平均退休年齡，比起二〇〇〇年分別延後三．一歲與二．八歲（參見表六．一）。至於在歐盟地區，歐洲東部和南部會員國（包括法國在內），實際退休年齡並未明顯提升，但是中部與北部的趨勢卻接近美國。英國的趨勢與法國相近，但是有別於德國。加拿大女性的退休年齡比男性提高得更快。但是全球提高最

女性				2000年至2018年的變化	
1970	1980	2000	2018	男	女
67.9	66.3	63.7	66.5	3.1	2.8
65.8	62.9	59.7	62.4	2.5	2.7
68.8	63.9	58.6	60.8	1.8	2.2
64.2	60.9	60.3	63.6	3.0	3.3
61.8	61.9	58.4	61.5	2.9	3.1
72.2	65.1	59.2	60.6	1.2	1.4
69.0	66.6	61.8	61.3	0.5	−0.5
66.6	64.0	62.4	65.4	2.7	3.0
65.7	62.6	60.9	63.6	2.2	2.7
66.3	63.9	60.8	64.0	2.8	3.2
65.2	60.0	59.6	64.3	3.3	4.7
69.0	63.8	59.9	66.4	5.5	6.5
73.6	73.3	62.8	63.3	−0.1	0.5
..	78.7	69.6	66.5	−3.2	−3.1
65.9	67.0	67.4	66.7	0.1	−0.7
..	..	64.1	66.0	3.1	1.9
57.4	64.8	57.0	64.9	4.7	7.9
68.4	66.6	66.2	69.1	0.7	2.9
63.1	64.4	65.8	72.3	5.3	6.5
..	..	59.0		..	..
..	..	70.6	62.3	−2.2	−8.3

表六・一　平均實際退休年齡

	男性			
	1970	1980	2000	2018
美國	68.4	66.4	64.8	67.9
歐盟：27國	68.4	65.1	61.5	64.0
法國	67.9	63.6	59.0	60.8
德國	66.5	63.1	60.0	64.0
義大利	64.9	61.9	60.4	63.3
波蘭	73.6	68.0	61.6	62.8
西班牙	69.4	64.8	61.6	62.1
瑞典	67.9	65.3	63.7	66.4
英國	67.7	66.0	62.5	64.7
加拿大	66.0	65.1	62.7	65.5
澳洲	67.4	64.1	62.0	65.3
紐西蘭	69.6	66.3	64.3	69.8
巴西	72.1	69.7	66.7	66.6
墨西哥	..	78.6	74.5	71.3
智利	70.8	69.2	69.9	70.0
以色列	..	..	66.3	69.4
土耳其	68.6	68.3	61.6	66.3
日本	72.8	71.0	70.1	70.8
南韓	65.7	68.4	67.0	72.3
中國	..	..	66.5	
印度	..	..	72.0	69.8

資料來源：經濟合作暨發展組織。

快的地區，其實是澳洲、紐西蘭、富裕的東亞國家（如南韓），以及中東部分地區（如土耳其）。許多新興市場國家的趨勢正好相反，墨西哥和印度的平均實際退休年齡正持續下降，巴西與智利則維持穩定。表六．一不包含中國的數據，中國的實際退休年齡也正在下降。

因此，全球正在分化。雖然各國的預期壽命和健康壽命都延長了，但是長期下來，已開發國家的退休年齡較晚，新興市場國家則大多較早。這種趨勢和經濟表現幾乎沒有關聯，原因出在一九七〇年代至一九八〇年代發生的事，自從二十一世紀以來，造成兩股看似不同的趨勢。一方面，在歐洲、美國、加拿大、澳洲、紐西蘭等地，平均實際退休年齡迅速下降，逐漸和新興市場趨於一致；另一方面，一些新興市場國家也正與已開發國家趨於一致。唯獨有兩個例外，分別是日本與南韓，實際退休年齡從未驟降，目前還在提高。

如果人們已經決定延後退休，社會何不把握良機，保證人們可以依照個人的意願或需求來工作呢？第二章就曾探討，尤其是表二．一的內容，即使延後退休，人們仍有多餘的健康壽命。一般人過了六十五歲，男性大約有十年的健康壽命，女性還有十二年。因此，如果過了平均退休年齡**還繼續**工作，仍可享受幾年健康的退休生活。延後退休這件事，對社會和經濟都有好處，能化解世代之間的衝突，以免為了誰來支付退休金與醫療費用而爭執不休。此外，既然實際退休年齡不斷提高，也可以趁機解決孤獨的問題，重組勞動力市場，為經濟注入活力，創造世代間合作的機會。

哪一個年齡層對淨就業成長的貢獻最大？

二〇二一年，聖路易聯邦準備銀行調查報告指出：「截至二〇二〇年十二月，總共二十年的時間，美國總就業人數增加一千一百七十六萬七千人，相當於成長八・五%。六十歲以上人口就貢獻了一千一百八十七萬九千人，相當於一〇一%。相反地，在過去二十年，十六歲至五十九歲的就業人口其實呈現衰退，減少了十一萬兩千人。」美國十六歲至五十九歲的人口，明明是六十歲以上人口的二・四倍，但後者的就業成長速度卻是前者的八倍之多，此外，年輕就業人口減少，卻有更多六十歲以上的人口持續工作，或是退休後找到新工作。「人口老化，加上不同年齡層的就業率分歧，導致過去二十年來，就業成長偏向高齡勞工。」於是，聖路易聯邦準備銀行斷言，有兩個趨勢正持續發生：一是六十歲以上就業人口增加；二是六十歲以上人口的就業比率也在增加。

為什麼會有這種就業成長趨勢？因為大家對生活、工作和年齡有新的看法。首先，大家換了一個心態來看待老化這件事。美國退休者協會是全美最大的退休倡導組織，執行長喬・安・詹金斯（Jo Ann Jenkins）認為：「以前總覺得人生的顛峰在中途，退休後逐漸走下坡，但是現在大家改變想法，就算年紀大了，仍會持續成長。」只不過現行退休制度有問題，老年人只好依賴社會保障、雇主的退休金，以及個人儲蓄或資產，並沒有能力把握人生最後二十年。「未來我們會看到一批全新的勞動力，經驗豐富，成就斐然，而不是一群只會依賴社會福利的退休人士。未來的高齡消費市場，也會有爆炸性成長，支撐著經濟成長，而不會徒增高昂的社會福利成本。未來需要扶養的依賴人口不會持續增加，因為多代同堂的社區越來越多，各有各的新優勢。」因此詹金斯強調，教育、工作和退休之間的界限將趨於模糊。「以前大家退休，主要是想擺脫工作的束縛，但是隨著老年延後，導致中年延長，現在的人反倒希望有繼續工作的自由。」

許多人卻覺得，年過六十要找工作並不容易。馬里蘭大學的凱薩琳·亞伯拉罕（Katharine Abraham）和W·E·艾普強就業研究所（W. E. Upjohn Institute for Employment Research）的蘇珊·豪斯曼（Susan Houseman）指出：「雇主的歧視，不利於高齡勞工就業。」二〇一七年，美國退休者協會調查顯示，有六一％超過四十五歲的勞工親自經歷或曾目睹年齡歧視。研究人員展開實驗研究，確認年齡歧視的嚴重程度，發送一模一樣的履歷，只改變求職者的年齡。有一項研究指出，三十五歲至四十五歲年齡組的面試率，比五十歲至六十二歲的年齡組高出四〇％，無論是什麼工作與產業，不管對技能水準或教育條件有什麼要求，都隱含著這種年齡歧視。

所以，我們有哪些新機會可以克服人生序列模型，打破對退休年齡的成見？

三分之一的美國人退而不休

正式退休的美國人，有將近三分之一仍繼續工作賺錢，在歐洲以外的其他國家，也是類似的比例。雪莉・蘇麗文（Sherry Sullivan）和艾克蘭・艾爾・雅瑞斯（Akram Al Ariss），針對退休後繼續工作的人，展開大規模的文獻回顧研究，結果發現退休後繼續工作的主因，其實是經濟因素。此外，教育程度較高的族群，退休後繼續工作的比例也較高。有些產業人力短缺，即使年紀大了，也容易找到兼職或全職工作。「教育程度較高的退休人士，特別容易找到有薪水的工作，或是一邊做有薪的工作，一邊當無薪的志工。」

心理因素也會有影響。「如果認為工作會滿足社交……和個人……需求，退休後更有可能繼續工作賺錢。」退休後選擇做慈善或創業，心理因素也是原因。「如果認為工作會實現世代傳承（例如把知識傳授給他人，對社會有貢獻），更可能從事看護或志工活動，不拿薪水。」其他研究人員發現，有些退休人士重視個人獨立和成就，偏好當自營作業者；另外有一些人，選擇受僱於人，可能是要貢獻社會，或者找一些事情做，活絡身體和心靈。

心理學研究證實，退休後繼續工作，不只是因為財務失算或規劃不善（例如退休後突然驚覺，退休金和儲蓄可能不夠用），而是有更複雜的因素，例如不工作以後，生活頓失重心，亂成一團。根據基於美國健康與退休研究（U.S. Health and Retirement Study），退休後繼續工作的人有超過八〇％是出於自己的期望。哈佛醫學院（Harvard Medical School）經濟學家妮可・梅斯塔斯（Nicole Maestas）認為：「退休後繼續工作的人，大多在退休以前就有這樣的打算。唯獨少數一群人，原本決定不工作，後來卻重返職場，但追根究柢，經濟困難通常不是主因。」她因此推測，這些人是等到真正離開勞動力市場，才考慮回去繼續工作的。「如果要說有什麼衝擊，導致這些人回去工作，大概是退休這件事並沒有想像中那麼美好。」退休後決定繼續工作，終究是因為「工作的期望尚未實現」，而非「休閒的期望尚未滿足」。換句話說，那些繼續工作的退休人士並非不滿意退休後的休閒生活，而是討厭不工作的空虛。

根據梅斯塔斯的估算，大約四〇%的退休人士和五三%提早退休的人，終究會重返工作崗位。不過，退休後和退休前的工作狀況，無法相提並論。退休後做的工作，薪資顯然較低，雇主普遍不提供醫療保健福利。退休人士會刻意避開耗費體力的工作，往往會離開製造業，偏好服務業的工作機會。

值得注意的是，退休後繼續工作的人各有不同的歷程。有些人從全職工作退休後，直接轉做兼職，另外有些人從全職工作退休後，有一段時間完全沒工作，後來才重返職場，從事一些勞動。如果是後者，完全顛覆了人生序列模型，等於在人生各個階段來回穿梭。梅斯塔斯研究發現，原則上，退休後更容易找到工作的人偏好部分退休；相反地，有些人退休後不容易找工作，或者需要先學習新技能，只好完全退休。在未來，我們可能會期望退休人士利用閒暇的時間，重返全職學習模式，探索新的職業，追求另一個符合他們需求和偏好的職業。梅斯塔斯發現，「退休後先休息一陣子的人，比起一退休就直接轉做兼職的人，更有機會轉行。」這有什麼含義呢？在年齡層的最頂端，人生序列模型正在沒落，取而代之的是更複雜的模式。先從工作到退休，再從退休到學習，最後從學習到重返工作崗位。

AI將消除高齡劣勢

科技對人類的工作有什麼影響？南安普敦大學（University of Southampton）老年學家珍・法金漢（Jane Falkingham）認為，耗費體力的工作會逐漸交給機器或機器人來做。她說：「這正在改變工作的性質，有助於延長工作年限。」

有些人在職場提倡多元包容，相信科技可以消除高齡的劣勢，並發揮多世代職場的潛力。麗莎・麥可斯（Lisa Michaels）是自由作家，同時也是編輯和行銷顧問，認為「工作團隊中的老員工有很多珍貴的價值，看待事情的角度有別於年輕人，也可以擔任新世代的導師。」在她看來，人工智慧軟體簡單好用，將幫助六十多歲的人適應職場的科技變遷，以免在重複性任務犯錯，也就有更多的餘裕，專心處理最擅長的事。「智慧機器可以幫老員工代勞，完成重複性任務，老員工就可以挪出更多的時間，執行更需要創造力、更有意義的任務。」她甚至提議利用物聯網（Internet of Things, IoT），串連所有的裝置和感測器，「讓新人直接向老員工學習，如果老員工剛好身兼導師，就算不在場，也可以透過物聯網提供指導，訓練年輕員工。」她甚至提到一個特殊情況，「如果老員工訓練的新人出問題，能夠即時介入，掌控情況。」她還建議做好資料分析，追蹤不同的工作風格和觀點，對多世代職場的影響。

最誘人的機會其實潛藏在遠距科技，方便老年人在家辦公和學習。退休最大的優點就是擺脫固定的時程表，例如上下班通勤，如果這樣的話，遠距工作的模式讓六十歲以上的人能夠實現快樂的彈性工作，企業與經濟體也能夠善用老年人的經驗。同理可證，退休人士也可以透過遠距學習，銜接退休後的新工作，方便換工作和轉行。

美國退休者協會認為，拜遠距工作所賜，高齡勞工將有大好的機會。企業正試圖混合遠距工作和實體工作，這種混合工作模式「在未來幾個月和幾年，預計為無數的高齡勞工，創造莫大優勢。」人們之所以期待提早退休，主要是討厭每週固定工作五天，每天固定工作八小時，再加上通勤，因而感到壓力和疲憊。

遠距工作的缺點，似乎是缺乏社交，卻化解上班最大的痛點。早在疫情爆發前，彈性的工作選擇就逐漸受到歡迎。二〇一九年，彈性工作平台FlexJobs調查報告顯示，高達七五％勞工希望工作更有彈性，因為考慮到工作與生活的平衡（七五％）、家庭（四五％）、節省時間（四二％）和通勤壓力（四一％）。泛美退休研究中心（Transamerica Center for Retirement Studies）執行長暨總裁凱瑟琳．柯林森（Catherine Collinson）表示：「遠距工作有可能節省驚人的時間，我個人最期待的是，因為不用通勤，省下來的時間可以投資自己的健康、就業能力及退休計畫。」明尼蘇達大學（University of Minnesota）社會學教授菲利斯．莫恩（Phyllis Moen）發現，當員工可以選擇彈性工作，「壓力會減輕，會更有活力，對自己的工作更滿意。」此外，過勞的情況會減少，更不容易辭職或退休。

事實證明，老年人可能最適合遠距工作。克里斯・法瑞爾（Chris Farrell）的著作《意義和薪資：為下半輩子尋找意義、金錢和幸福》（*Purpose and a Paycheck: Finding Meaning, Money, and Happiness in the Second Half of Life*），提到老年人在過去數十年，內化某一套工作倫理，後來遇上疫情，開始學會數位科技。居家辦公專家（Work At Home Vintage Experts, WAHVE）創辦人莎朗・伊梅克（Sharon Emek）表示：「我們的（企業）客戶說，老員工懂得工作倫理，工作經驗又豐富，所以讓老員工遠距工作，彈性安排工作，公司比較安心。」

零工經濟對老年人的影響

二〇二一年，英國國家統計局（Office for National Statistics）公布，遠距工作的勞工通常會晚一點退休。勞動經濟學家強納森・博伊斯（Jonathan Boys），任職於英國特許人事與發展協會（Chartered Institute of Personnel and Development），認為「在家工作的選項越多，越能滿足高齡勞工的偏好和需求，這可以延長工作壽命，而且在疫情期間經過大規模實驗，證明在家工作確實有益。」事實上，疫情爆發前，五十歲以上的員工就已經在追求工作彈性，包括在家裡遠距工作。

除了傳統的工作模式外，現在還有遠距工作這個替代選擇，零工經濟（以科技為基礎的自由工作者）也迅速成長，尤其是共享應用程式（例如Uber、Airbnb），以及數位工作平台崛起，導致勞動市場的經濟活動人口和非經濟活動人口，不再像之前那麼截然二分，新增一連串的混合類別，可能是兼職或自由工作者。根據蓋洛普（Gallup）和統計數據網（Statista）估計，美國有高達三分之一的勞工把零工經濟當成主要或次要的職業，零工經濟擴張的速度甚至是美國勞動力的三倍。在英國，每七人中就有一人靠零工經濟賺錢，但是英國仍有超過半數的人從事傳統工作。另一份研究則估計，每十個英國勞工就有一人，每週至少完成一次平台仲介的工作。

零工經濟興起，老年人的生活可能徹底改變，一來老年人有社交的機會；二來可以保留休閒時間，賺一點小錢。最近伊萊恩・波費爾特（Elaine Pofeldt）在《富比士》的文章報導，提到「自由工作者付款平台超級錢包（Hyperwallet）進行一項研究，調查兩千名女性零工工作者，其中有一二%的人年齡介於五十一歲至七十歲之間。」超級錢包金融網絡主管丁麥可（Michael Ting）表示，老年人經驗豐富，如果做全職工作，薪資要求較高，企業不願買單，但是如果老年人當自由工作者，企業就願意合作。

重點是在零工經濟中，老年人有可能成為最勤勉的一群人。臨時工招募平台Wonolo發現，嬰兒潮世代打了最多零工、賺最多錢，評分也最高。Wonolo策略與財務副總裁碧翠絲・彭（Beatrice Pang）指出：「談到零工工作者，大家總會聯想到千禧世代，但是其實零工工作者比大家想像得多元，我們旗下的零工工作者，年齡就從十八歲到超過八十歲。」以Wonolo舊金山灣區的業務為例，嬰兒潮世代的平均月收入高達一千零三美元、X世代賺了九百四十九美元、千禧世代賺了七百七十七美元，而Z世代則只有六百一十六美元。

彭繼續補充道：「嬰兒潮世代也會做一些最耗費體力的臨時工，大家總以為他們會選擇行政和客服這類不耗費體力的工作，但是其實他們做了很多體力工作，像是物流倉儲與一般勞工。」難道只有受過高等教育、收入較高的知識工作者，才能善用零工經濟嗎？這是沒有根據的觀念。然而，退休以後的職場，真的是公平競爭嗎？還是說退休的經歷和結果，也有深刻的不平等？

退休生活的不平等

富有與不富有的對比，早已是二十一世紀的普遍問題。不幸的是，不平等貫穿各個年齡層，在退休時達到顛峰。最終，人生序列模型造就三種人：一是能夠享受退休生活的人；二是退休後仍要奮力謀生的人；三是負擔不起退休生活的人。所得不均造成更大的財富懸殊，因此在退休問題上，大家有截然不同的下場。別忘了，美國大約有八〇%的淨值掌握在六十歲以上的人手中；世界上大多數國家，這個比例介於五〇%至六〇%之間。如此驚人的財富集中度，可見財富並未平均分配，以致有二〇%至三〇%的老年人擁有超過九〇%的累積財富。

低收入、低教育程度、沒有穩定工作的人，繳納的社會保險稅不夠高，退休後拿到的退休金當然比較少，無法過著舒適的退休生活。其中大多數的人，雇主並未提供退休金計畫，也沒有足夠的儲蓄。單身女性（尤其是單親媽媽）和少數種族的財力有限，情況更不穩定，因為這些人不太可能買房，因此失去累積資產的機會。非裔美國人和拉丁裔美國人的退休財富，平均不到主流白人的一半。根據麻州大學波士頓分校（University of Massachusetts, Boston）的老年指數（Elder Index），這兩個群體退休後，收入不足以支付基本生活開銷的可能性幾乎是兩倍。

疫情只是拉大這些差距。二〇二一年底，布雷特・阿倫茲（Brett Arends）在財經網站MarketWatch寫道：「那些擁有好工作、昂貴房屋和大量儲蓄的人，可以過得更好。他們退休後，可以繼續工作，不再需要通勤。他們的房屋淨值暴增。他們的房貸成本大幅下降。他們的退休帳戶不斷增值。」從二〇二二年底開始，物價和利率齊漲，以致有房屋的人比租屋者更具優勢，因為實體資產至少能抗通膨，提供部分保護，反觀租屋者承擔不起房貸，只好繼續租屋，忍受不斷提高的房租。在走向退休的途中，命運就開始兩極化，到了退休那一刻，兩極化恐怕會更明顯。我們探討退休人員的前景，或是探討退休經驗，不得不事先說清楚，現在是在探討有錢人還是窮人。人生序列模型有一個前提，假設每個人最終會擁有足夠的退休金，結果就連這個不切實際的承諾也實現不了。一個多世代社會，要如何解決這個問題？

後世代社會的退休前景

自從退休變成人生其中一個階段，至今過了一百多年，體制內的緊張、摩擦和裂痕越來越明顯。預期壽命延長，導致國家社會保障制度瀕臨破產，許多研究清楚地告訴大家，退休人士正承受著孤獨和無聊，甚至有健康的風險。此外，不是每個人都可以好好退休，這個問題很明顯，也很普遍。退休這件事需要重新想像，而不只是修正。

長期下來，我們必須重新安排整個人生週期，而不僅僅是人生最後二、三十年。這就是這麼多的國家和政治家，始終無法根本解決問題的原因，因為只看問題的結尾是不夠的。為了重新安排人生，我們要適應更彈性的架構，終身參與學習、工作和休閒。

不再按照年齡劃分學習、工作和休閒，而是允許在人生各個階段，選擇自己期望的活動組合，這樣的社會才能幫助大家實現財務安全、滿足及平等。任何年紀的人只要有心學習新手藝或新技能，何不提供獎學金或補助？何不允許男男女女在不同的時間點進出勞動市場，以便養家糊口、更新知識或暫時休假？企業講究可預測性，所以需要員工的承諾，但是只要善用零工經濟，就可以為企業和員工創造彈性，更有效率地滿足人力需求。

以前那一套管理勞工和員工的方法，仍有許多企業的人力資源部門在實踐，並且獲得工會及其他特殊利益團體支持，在未來，舊模式仍會繼續存在，但是新的工作安排模式也會並存，允許大家在學習和工作之間不斷切換，同時享受休閒的時間。重點並不是強迫每個人採納新的生活模式，因為對有些人來說，這種生活可能難以捉摸或是不穩定，所以要讓大家自由選擇，一邊是傳統的僱傭關係；另一邊則是全新的、創新的、靈活的，以科技為基礎的僱傭形式。就連屆齡退休的人，只要有心就業也可以成為全職員工。

現在有越來越多的老年人，退休後仍繼續工作，渴望持續貢獻社會、參與社會、保持活躍，但是大家聯想到彈性的制度（退休不再是最終的目的地），仍然充滿懷疑，奮力抵抗，甚至滿懷敵意。一個真正的後世代社會，不該強迫每個世代履行一系列的功能角色，停留在遊樂場、學校、職場、電視前的沙發上，所有的束縛都需要打破。

有太多破壞代間和諧的爭端，都是關於退休、國家退休金，以及對年輕的勞工課稅來補助醫療保健。另一個引發不滿的來源，莫過於人們去世後，世代與世代之間的財富轉移。現代人生活和工作的時間延長，遺產會受到什麼影響？在未來的世界裡，繼承遺產的時機是否會改變？年輕一點的退休人士（大約六、七十歲），從年長一點的退休人士（八、九十歲）繼承財產嗎？這對貧富不均會有什麼影響？在後世代社會裡，這些變化是助力還是阻力？接下來會探討這些問題。

第七章
等到一百歲才繼承遺產

◇◆◇

「波斯納普先生很富有，極為自負。他本來就繼承一筆不小的遺產，後來娶了有錢人家的女兒，又帶來豐厚的遺產，最後他在海上保險業登峰造極，對自己非常滿意。」

——狄更斯（一八一二—一八七〇），《我們共同的朋友》（*Our Mutual Friend*）

布魯克·亞斯特（Brooke Astor）是一位傳奇的慈善家，也是社交名媛，享壽一零五歲。她在二〇〇七年去世時，價值超過一億美元的遺產引發激烈的爭奪戰。她在第一段婚姻生下的獨子湯尼·馬歇爾（Tony Marshall）和孫子菲利普·克萊恩·馬歇爾（Philip Cryan Marshall），因為繼承問題發生爭執，孫子竟然指控父親利用祖母脆弱的精神狀態。這堪稱紐約家族訴訟史上最轟動的審判，二〇〇九年法院判決湯尼犯下兩項嚴重的竊盜罪，必須服刑一至三年，當年他已經八十九歲，由於健康狀況不佳，服刑八週，隔年就去世了。

《巴倫週刊》（*Barron's*）專門探討財富和個人財務，艾美．菲爾德曼（Amy Feldman）寫道：「長壽會破壞遺產規劃。」後世代社會來臨，衝擊到傳統的繼承模式。以前父母親過世時，孩子差不多四、五十歲，但如今的常態是六、七十歲。未來數十年，還有可能增加到八、九十歲。花旗私人銀行（Citi Private Bank）全球財富顧問服務主管亞當．馮．波布里茲（Adam von Poblitz）指出：「大家還沒有想到這一點，恐怕會造成許多問題。」

未來走向後世代社會，將改變無數美國人、歐洲人和亞洲人的生活，因為這些地區在最近幾十年，財富累積的速度很快。美國壽險巨頭萬通（MassMutual）的官網上，有一篇二〇二〇年的文章標題寫著「為什麼千禧世代不該依賴遺產？」不久前，專家預測嬰兒潮世代將向子女和孫子進行「大規模財富轉移」，其中一些高達數兆美元，主要是因為在年齡的最頂端，財富有高度集中的現象。記住，美國六十歲以上的人擁有八〇％的資產淨值。

歐洲的財富也朝著年齡的頂端集中，法國政府憂心不已。英國有一項研究發現，「世代之間的財富差距正在逐漸擴大。一九八〇年代出生的人，三十歲擁有房子的比例大約是四〇％，反觀一九七〇年代出生的人，比例則差不多是六〇％。至於一九五〇和一九六〇年代出生的人，遠遠超過六〇％。」那是多麼可觀的差距。

再看遠一點，壽命延長以後，不僅會延後遺產繼承，退休金還有可能會提早花光，以致遺產縮水。根據美國聯邦準備理事會的數據，美國的平均遺產為七十萬七千美元，有一些鉅額遺產拉高平均值，否則大部分遺產都是小數目。實際上，中位數只有六萬九千美元，可見美國半數的遺產都低於這個數字。一般美國人不會繼承大筆的遺產，尤其是弱勢的少數族裔。這個金額實在不多，因為護理之家單人房的每年費用，在二〇一九年首度突破十萬美元。如果千禧世代想要繼承父母的財產，不妨考慮第三章提議的多代同堂。安娜麗・倫納德（Annalee Leonard）住在佛羅里達州彭薩科拉（Pensacola），擔任投資顧問公司主管，坦言：「現在大多數客戶都說，他們的目標是照顧自己。如果最後沒有留下什麼錢，也只能接受。」

雖然預期壽命延長，會導致遺產縮水，但是也要考慮到生育率下降，繼承遺產的人數減少了。這兩股相反的力量，是否會取得平衡？目前不得而知。老年人的壽命更長，過著更活躍的生活方式，對於代間之間的財富轉移，到底會有什麼影響？年輕的一代是否要更努力，才能擁有自己的房子？如果遺產逐漸縮水，而且要等到年紀大一點才能繼承，貧富不均會不會停止惡化？還是由於財富繼續累積，加上生育率下滑，繼承者的人數變少，貧富不均反而會更嚴重？再加上女性的壽命平均比男性多了五歲，她們又會受到什麼影響？

一切都從巴比倫開始

古老的狩獵採集社會和現代的社會截然不同，根據人類學家的紀錄，個人財物（如器皿或武器）不太會留給後代，這些工具（甚至是小屋）會直接摧毀，以免逝者的靈魂在人間徘徊。從石器時代開始，人們定居下來，於是有埋葬死者及其物品的習俗。這種做法在古埃及和中美洲普遍實行。至於在其他文化裡，尤其是北美，死者的隨身物品會分給親戚或朋友。

現代習慣的繼承形式，大約是在五千至六千年前，誕生於古猶太和巴比倫的傳統。從此以後，各種文化都有繼承制度，通常會獨厚某些後代，分成父系或母系，優先選擇第一個孩子（長子繼承制）或最後一個孩子（幼子繼承制），或是讓每個孩子平分。

十九世紀下半葉，國家義務教育和退休金制度出現，核心家庭變成法律認可的實體，有著穩固的定位（參見第三章），出現各種繼承規則，基於人生序列模型，強化家庭完整性和財務穩定性。大多數父母有兩個以上的孩子，社會有多麼的不平等，遺產制就會如實呈現。但是即使子女繼承父母的遺產，也不保證生活水準可以媲美父母。更何況各國會提高財產稅和遺產稅，以增加國庫收入，縮小財富差距。

對遺產的期待越高，失望越大

快轉到現在，安默普萊斯金融（Ameriprise Financial）財務建議策略副總裁瑪西．柯克樂（Marcy Keckler）指出：「財產規劃和遺產的話題，本來就會令人激動，經常讓人不自在，但是一家人坐下來面對問題，可以化解很多不確定因素和緊張。」定期討論金錢，似乎會改善遺產規劃，而大家對遺產的看法也會更務實。根據投資公司嘉信理財（Charles Schwab）的分析，「一般年輕人預期在六十歲退休，卻要等到六十七歲才有資格享受社會保障福利，更何況有超過半數的人（五三％）以為父母會留下遺產，但是實際上只有二一％的人，真正繼承某種形式的遺產。」對未來的財務過度樂觀，恐怕會減少儲蓄，背負更多債務。

英國一般成年人大約期待繼承十三萬兩千英鎊的遺產，但是根據政府的統計，父母實際留下的遺產平均只有三萬英鎊。年齡介於十八歲至三十四歲的人更樂觀，估計會拿到十五萬一千英鎊的遺產。許多千禧世代打算運用遺產購屋，卻只有七％的人真正實現。顧問公司查爾斯士丹利（Charles Stanley）的約翰．波提歐斯（John Porteous）表示：「現代人的壽命比以前更長，如果還想靠遺產來買房，恐怕有危險，因為你繼承的遺產，一來比預期更少，二來比你預期得更晚拿到。事實上，大多數人都是靠儲蓄和投資才買得起房子。」

在已開發國家，大家對遺產總是過度樂觀。蓋爾．強納森（Gail Johnson）在《環球郵報》（*The*

Globe and Mail）寫道：「把希望寄託在中樂透，這樣做出來的財務規劃還真是可怕。近半數加拿大人在展望未來的財務時，都是期待意外之財。」高達四四％的加拿大人期待繼承遺產；超過五分之四的加拿大人，由於生活成本高、過度消費和沉重債務，未能實現財務目標。多倫多的財務策劃師夏儂・李・西蒙斯（Shannon Lee Simmons）提到，「從父母獲得金錢的年輕人，尤其是千禧世代，經常遭受批評，說他們『被寵壞』、『為所欲為』或『懶惰』等，但是我遇過一些繼承遺產的年輕人，大多深感內疚。」加拿大財務規劃師表示，只有父母在做財務規劃，而子女做出來的個人財務決策卻不太明智。另一位多倫多的財務規劃師卡洛・帕拉左（Carlo Palazzo）說道：「父母通常會主動詢問，如何安排贈與？何時該贈與？又該贈與多少？贈與後可以怎麼做？因此，主要是父母站出來替子女做規劃。」父母甚至會指導孩子，遺產應該用來支付房屋的頭期款。

位於澳洲墨爾本的斯威本社會研究所（Swinburne Institute for Social Research），研究人員瑪麗・湯林森（Mary Tomlinson）寫道：「長期下來，社會普遍認為，把財富留給子女是一件好事，但是直到最近，大家才開始期待繼承遺產。」全球最先進的國家，如澳洲，大約有一半的住宅都掌握在嬰兒潮世代手中，許多市場的房地產價格飆升，預期遺產也相應增加，加上年輕一代買不起房，背負一堆債務，於是更希望從父母繼承足夠的遺產。至於澳洲的鄰國紐西蘭，一些財務顧問標新立異，主張「人生太短暫，享樂趁早」、「有高達五〇％的機會，孩子會浪費你留下來的遺產」，以及「你的子女不會記得『那些物質遺產』」。位於奧克蘭的直達里程碑公司（Milestone Direct

Limited）執行長約瑟夫・達比（Joseph Darby）得出一個結論：「快點花光自己的遺產，以免律師成為唯一的贏家。」

俄亥俄州立大學教授傑伊・札戈爾斯基（Jay Zagorsky）甚至斷言，美國嬰兒潮世代拿到遺產後，「大約一半的金額會存起來，另外一半會花掉，或是投資失利。」此外，特別富有的繼承人儲蓄率高達六五％，而樂透得主的儲蓄率平均卻只有一五％，形成強烈對比。一般繼承人的儲蓄率比樂透的得主來得高，這是有道理的，畢竟在獲得遺產這筆意外之財前，早已做了一些規劃。

日本與中國對待父母遺產的態度

說到對遺產的期待，有一個趣味的觀點，就是日本自古以來一直奉行代間契約（intergenerational contract），孩子有繼承父母遺產的法律權利，但代價是必須照顧父母。水村美苗在二〇一七年出版的暢銷小說《母親的遺產》，就正視了這個問題。書中的虛構人物平山水樹，是一位法語老師兼譯者，直接追問母親：「媽，妳到底什麼時候會死？」她只能自己照顧自己，不能指望姊妹或不忠的丈夫。作者水村美苗說過：「日本婦女的壽命，每年都在延長，她們就像幽靈一樣留連人間。」「水樹想像著日本各地城鄉的女人，臉上露出疲憊的神態，暗自期盼自己的母親死去。這些女性不僅想要擺脫照顧年邁母親的束縛，也不想再繼續近距離目睹老年的殘酷。」這本小說的結局挺正面的，平山水樹的老母親去世了，她利用母親留下的遺產，開啟新生活，人生重新啟動。

自從一九七〇年代以來，因為法律、經濟和人口的原因，日本傳統代間契約發生變化。子女要照顧父母的法律義務在一九七〇年代廢除（但是這種社會期待依然存在），戰後的經濟長期繁榮，加上儲蓄率高，導致財富迅速累積，繼承人的數量卻減少了。布里斯托大學（University of Bristol）教授伊豆原實莎寫道：「年輕的一代似乎繼承更多的財富，可能是因為父母那一代，普遍擁有自己的房子，還有生育率下滑。」由於這些趨勢，日本人在人生的最後幾年，「絕大多數人都是生活在大家庭，大約有半數老年人都是和成年的子女同住。」一九九〇年代，日本財富持續累積，市場提供老年人更多的選擇，例如入住長照中心，不用再依賴子女照顧，但是後來經濟成長停滯，這樣的榮景隨之結束，不得不重新考慮養兒防老。

相較之下，中國自二十一世紀以來，不只是財富累積的速度加快，生育率下滑的速度也變快了，這兩股趨勢至少會持續二十年。《上海書評》特約編輯盛韵寫道：「我出生在一九八〇年，中國剛開始實施一胎化政策：我沒有兄弟姊妹，我的同儕也是如此，我們就像海報和卡通中那些胖乎乎（被寵壞的）嬰兒，被父母和祖父母捧在手掌心。」像盛韵這樣的「小皇帝」，受到很多關愛，看似被寵壞了，但是其實承受著學業壓力。「成長的過程不太有趣，但也沒有什麼好抱怨的。」和他同齡的人大多是家中第一個上大學的人，他們那一代的人找得到好工作，但就是買不起大公寓或大房子，存不了什麼錢。「我們這一代累積的財富，可能沒有上一代那麼多，但我們是物質主義者和享樂主義者。為了讓自己開心，不惜揮霍金錢，大概是一種對壓力的反彈。」

然而，盛韵的描述只說對一半，等到他們繼承父母的遺產，就是另外一種光景了。ABC電視台亞太新聞室（Asia Pacific Newsroom）製作人克利斯蒂娜・周（Christina Zhou），小時候在中國出生，和父母一起移民到澳洲，她認為「一胎化政策也造成財富雙倍效應，這些財富是在中國的經濟成長期間創造的，或者由父母累積而來，最終由獨生子女繼承，有一些父母本身也是獨生子女，他們子女結婚的對象，父母也都是獨生子女。因此，下一代終究會繼承來自雙方家庭的所有財富。」

各國的歷史傳統不同，經濟和人口的趨勢也會交叉影響，因此說到繼承，我們應該有什麼期待？現在這個時代，我們還能寄望遺產，獲得一筆意外之財嗎？來看看數字吧！

遺產加乘效應

研究數據顯示，遺產的金額確實越來越大，尤其是在中國。我們已經提到兩個主因：首先是財富累積，這是我們時代的主要趨勢，如果加入通膨調整後，計算出人均財富，就可以確認遺產是否增加；其次是生育率下降，如果每個世代的出生率都比前一代來得低，繼承人的數量就會減少，每個兄弟姊妹平均繼承的遺產會變多。

表七・一是歷史上首創的研究，首度估計未來二、三十年內，遺產與財富和生育趨勢加乘的結

=	C	×	D	=	E
	整合遺產乘數		預期壽命因子		調整後的遺產乘數
	23.5		0.5		11.7
	9.6		0.7		6.7
	13.3		0.5		6.6
	9.9		0.5		4.9
	8.2		0.6		4.9
	6.0		0.8		4.8
	5.1		0.8		4.1
	5.0		0.8		4.0
	5.3		0.8		4.2
	6.1		0.6		3.7
	4.4		0.8		3.5
	7.1		0.5		3.6
	3.8		0.8		3.0
	4.9		0.6		3.0
	3.4		0.8		2.7
	3.3		0.8		2.6
	3.6		0.7		2.5

表七・一　特定國家的遺產乘數

	A	×	B
國家	財富與遺產的乘數		生育率與遺產的乘數
中國	6.9		3.4
越南	3.2		3.0
南韓	2.6		5.1
印度	3.4		2.9
泰國	1.9		4.3
加拿大	2.4		2.5
立陶宛	3.4		1.5
瑞典	4.2		1.2
波蘭	2.4		2.2
墨西哥	1.7		3.6
紐西蘭	2.1		2.1
土耳其	2.1		3.4
澳洲	2.0		1.9
巴西	1.3		3.8
美國	1.8		1.9
俄羅斯	2.2		1.5
南非	1.3		2.8

=	C	×	D	=	E
	整合遺產乘數		預期壽命因子		調整後的遺產乘數
	2.9		0.8		2.3
	4.6		0.5		2.3
	2.9		0.8		2.3
	2.7		0.8		2.2
	3.1		0.6		1.8
	2.2		0.8		1.8
	2.2		0.8		1.8
	2.3		0.8		1.8
	2.2		0.8		1.7
	1.5		0.7		1.1

資料來源：聯合國人口司與世界不平等資料庫（World Inequality Database）。

- 生育率與遺產的乘數＝運用中等出生率（medium variant），以1950年至1965年總生育率對比2020年至2040年總生育率。
- 財富與遺產的乘數＝加入通膨調整，以2021年人均財富對比1995年人均財富。
- 整合遺產乘數＝生育率與遺產的乘數×財富與遺產的乘數。
- 預期壽命因子＝1950年至1955年預期壽命對比2035年至2040年預期壽命。
- 調整後的遺產乘數＝整合遺產乘數×預期壽命因子。

表七・一　特定國家的遺產乘數（續）

	A	×	B
國家	財富與遺產的乘數		生育率與遺產的乘數
西班牙	1.6		1.8
埃及	2.0		2.3
法國	1.9		1.5
羅馬尼亞	1.7		1.6
奈及利亞	2.2		1.4
英國	1.6		1.4
德國	1.6		1.4
阿根廷	1.5		1.5
義大利	1.2		1.8
日本	0.9		1.7

果。A欄是財富與遺產的乘數，可以看出一九九五年至二〇二〇年的人均財富成長多少，新興市場快速經濟成長（中國、印度、越南），所以領先全球。然而，像瑞典這些已開發市場，表現也相當好。相形之下，南歐、拉丁美洲、美國，尤其是日本，在人均財富的成長並沒有太大的漲幅。B欄是生育率與遺產的乘數，如果生育率已經下降，或是未來會下降，這個乘數就會高一點，每一代繼承人平均分得的財產就會增加。生育率下降最嚴重的國家，包括南韓、泰國、巴西、墨西哥、中國和土耳其，因此乘數最大，但是大部分歐洲國家與日本，乘數都很低，因為這些國家的生育率早就低迷很久了。

C欄是整合遺產乘數，大致看來，未來每位繼承人都會比今天獲得更多的財富。中國和南韓特別突出，因為有大的財富**和**生育乘數。其次，則是印度和越南。相反地，日本的繼承人時運不濟，因為日本自從一九九〇年代以來財富萎縮，而且生育率早就下滑，所以日本的整合遺產乘數最低。

C欄計算出來的數值，可能會有誤導之嫌，所以還要考慮第三個因子，也就是預期壽命。如果父母活得更長，在退休期間可能花掉更多的儲蓄，留給孩子的遺產就會變少。D欄是一九五〇年代到二〇三〇年代出生的人，預期壽命可能會有的變化。預期壽命因子小，壽命延長的幅度就越大，如果有這個跡象的話，人均遺產金額恐怕會縮水。因此，把C欄和D欄相乘，調整後的遺產乘數同時兼顧到財富、生育率及預期壽命的變化。中國、越南、南韓、印度、泰國和加拿大的繼承人，顯然很幸運；至於美國及大多數歐洲國家的繼承人，情況稍微改善，但是不至於改變生活；日本的繼承人則最不幸。基本上，美國人繼承的金額變多了，但是繼承的時間往後延。第一資本（Capital One）關於這個主題研究論文的共同作者林肯・普魯斯（Lincoln Plews）指出：「以前繼承的遺產，主要會用在中年轉行，或是中年開銷（如養育孩子），但現在的遺產是用來解決五十多歲的問題——存退休金。」

遺產太重要了，甚至滲透到流行文化中，例如韓劇《燦爛的遺產》、《繼承者》、《偉大的遺產》和《百年的遺產》，都是極受歡迎的電視劇，南韓很關注世代之間的互動，韓劇經常探討家庭的考驗與難關。南韓在歷史上曾經採取孤立政策，有隱士王國之稱。南韓有兩項驚人的發展，震驚世界：一是南韓只用兩代人的時間就從第三世界過渡到第一世界；二是南韓生育率下降的幅度在全球排名第一，一九五〇年代末，每位南韓女性生育六・三個嬰兒，一路下滑至二〇二二年不到〇・九個嬰兒。財富創造和累積的速度快，再加上繼承人變少，即使父母的壽命延長，退休期間要花費更多的儲蓄，南韓創造的世代財富轉移依然相當可觀。

遺產、不平等和稅收

三星（Samsung）家族發表聲明：「繳納所有稅款，是我們的公民責任和義務。」三星不僅擁有全球最大的科技公司，甚至在南韓各個經濟領域都擁有子公司，遍及汽車、家電、服飾，再到建設、保險和醫療保健。二〇二一年四月，三星因李健熙（三星集團創辦人之子）過世，衍生大約一百一十億美元的遺產稅，成為全球新聞頭條。李健熙最大的成就，莫過於發展三星電子（Samsung Electronics）成為全球最大的智慧型手機製造商，超越蘋果和華為。三星家族曾涉及多項爭議，例如逃漏稅、可疑的企業策略、政治賄賂醜聞。死者留下的遺產，有一半都要拿來繳稅，金額如此龐大，外界不禁擔憂，三星家族是否還有能力掌控這家悠久歷史的公司及其他子公司。三星家族提議部分遺產稅，透過捐贈價值數十億的藝術品和大量資源做慈善。

首爾全職媽媽朴順美說：「這筆金額太大了，像我這樣的普通人不可能理解。董事長繳納那麼多的稅金，還捐贈給社會做公益，這是好事一樁。」南韓社會的財富和特權吸引全球關注，但絕對不只是三星的稅收問題。二〇一九年的電影《寄生上流》贏得四座奧斯卡獎項，包括最佳影片和最佳導演，堪稱二十一世紀迄今最好的電影，不僅充滿諷諭，也扣人心弦。《寄生上流》探討的主題，正是南韓日益嚴重的不平等，但諷刺的是，這部電影只花了一千五百五十萬美元，就在全球賺進兩億五千八百萬美元，有些人還因此飛黃騰達。

在世界上，並不是所有國家都會針對代代相傳的財富課稅，南韓的遺產稅率為五〇%，有一些特殊情況甚至更高。美國聯邦政府和各州地方政府也針對遺產課稅，但反對者批評這是「死人稅」。根據經濟合作暨發展組織的研究，奧地利在一七五九年率先課徵遺產稅，法國和其他幾個歐洲國家在一七九〇年代跟進，英國在一八九四年，美國在一九一六年，日本和南韓則是在一九五〇年。雖然遺產稅引發熱議，但是遺產稅或贈與稅的稅收，在全球任何一個國家都沒有超過總財政收入的一．五%。既然在全球許多國家，遺產的金額持續成長，社會不平等日益嚴重，徵收遺產稅來打擊不平等，豈不是很合理？但是會不會有意想不到的後果？

在過去數十年，歐洲和美國因為政治和平、經濟成長及稅率低，遺產占總財富的比例自一九八〇年代以來持續攀升。法國經濟學家湯瑪斯．皮凱提（Thomas Piketty）在二〇一三年出版暢銷書《二十一世紀資本論》（*Capital in the Twenty-First Century*），做了幾項研究都證實這項趨勢。長期下來，人們繼承的資本占財富累積的比例變高了，而且財富成長的速度又超過收入成長，不平等的問題就會更嚴重，導致經濟、社會和政治的緊張。

然而，米凱爾．埃林德（Mikael Elinder）和丹尼爾．瓦爾登斯壯（Daniel Waldenström），仔細研究瑞典的十六萬八千筆遺產與遺贈，結果發現遺產會降低貧富不均。原因很簡單，他們寫道：「即使有錢人會繼承更多的遺產，但是遺產占他們財富的比例，可能遠低於不富裕繼承者。部分原因是，繼承者不會繼承債務，所以遺產繼承之後，繼承者之間的遺產分配會比繼承者之間的財富分配更平均。」值得深思的是，遺產並不會加劇不平等，遺產稅才會，**除非**遺產稅的稅收會轉移到社會上的弱勢經濟族群。

然而如果在未來幾年，只有少數人會繼承大筆的遺產，為什麼可以改善整個社會的財富分配？這似乎有違直覺。新聞評論網站Vox資深編輯梅雷迪絲．哈格蒂（Meredith Haggerty）寫道：「《富比士》預告，經過『很多年後』，遺產將達到三十兆美元；PNC也預測，二〇六一年遺產將達到五十九兆美元；CNBC也提到二十五年內，遺產將達到六十八兆美元；《紐約時報》確認各種估計值，認為未來十年，遺產將達到十五兆美元左右。」一些估計指出，前一%的人口將繼承三分之一的財富，更何況這些人已經就讀一流學校，還有一流大學，更有機會找到高薪職業。即使這樣，紐約大學（New York University, NYU）教授愛德華．沃夫（Edward Wolff）撰寫《美國人繼承的財富》（*Inherited Wealth in America*），仍然認為遺產會促進社會平等，和瑞典學者的觀點相互呼應。換句話說，世代間的財富轉移，對中低收入的人口特別重要，但畢竟美國不是瑞典，只有五分之一的家庭能得到遺產。然而，哈格蒂認為：「這筆財富轉移大約是兩萬至三萬美元，雖然金額不大，但至少可以讓少數人穩定財務，並且支持那些逐漸沒落的中產階級。」第一資本也分析這個主題，得出類似的論點，估計在未來數十年，美國人收到的遺產，主要是中產階級和低收入家庭受惠。

千禧世代財富累積的情況，遠遠不如前面幾個世代，但是如果可以獲得「大筆財富轉移」，就有機會迎頭趕上。聖路易聯邦準備銀行資料顯示，「年紀大一點的千禧世代，家庭經濟狀況比預期還糟，更窮三四%左右」，主因是房屋持有率較低。在美國千禧世代中，只有不到半數人擁有房屋。高達半數的千禧世代，並沒有因為近期房價上漲，累積半點財富。年輕一代買股票的比率不高，也沒有因為股票上漲而累積財富。若以階級區分，受過高等教育的千禧世代比勞工階級過得更好，但是如果還要負擔高額學貸就另當別論。

一切還沒有定論，但有一件事卻很清楚。在千禧世代中，並不是每個人都可以獲得大筆遺產（有些人甚至一點都拿不到）。這就是皮凱提呼籲政府，在每個人二十五歲時，直接發放一筆金額為十二萬歐元「遺產」的原因。他接受訪問時，特別向大家解釋：「財產不平等，導致人生機會極度不平等。有些人一輩子都在付房租，有些人卻一輩子都在收租；有些人可以開公司，或者繼承家族企業，有些人卻沒有能力開公司，因為他們從一開始就缺乏資本。」遺產稅的批評者提出完全相反的論點，表明遺產稅會損害家族企業、創業及創造就業機會，因此爭議還在持續。

再婚會打破遺產的分配

隨著壽命延長，已婚人士更有可能離婚或喪偶。這個趨勢本身不一定會影響遺產分配，但是只要再婚，影響非同小可，極其複雜。美國大約有二一%的婚姻，雙方都結過婚，可能是離婚或喪偶，另外有二〇%的婚姻，其中一方結過婚，尤其是五十五歲以上人口再婚的比例更高。格雷琴・利文斯頓（Gretchen Livingston）為皮尤研究中心做一項研究，指出：「二〇一三年，十八歲至二十四歲結過婚的成年人（這個群體有點小），只有二九%再婚；五十五歲至六十四歲的人口，則有六七%。」至於三十五歲以下的人口，再婚的可能性大幅下降，從一九六〇年的七二%降至二〇一三年的四二%。「因此有人推測，壽命延長後，老年人的離婚率會增加，因為還有很多年可以活，所以希望在餘生實現自我。同樣地，這個因素也會導致老年人的再婚率提高。」

此外，以前離婚男性再婚的比例是離婚女性的兩倍，但是如今性別的差異少了一半以上，主要因為白人女性的緣故。換句話說，在以前的世界，人們過了六十歲可能會喪偶，但是在現在的世界可能會離婚和再婚。

遺產會受到三大趨勢影響：壽命延長、老年累積的財富，以及選擇再婚。CNBC電視台個人財務記者莎拉・歐布萊恩（Sarah O'Brien）指出：「再婚時的年紀越大，帶入婚姻的資產越有可能是退休儲蓄、人壽保險、券商帳戶、房地產等。」前提是人們選擇再婚的話。律師暨作家琳娜・吉倫（Lina Guillen，和作者沒有親屬關係）則表示：「老年人保持單身，有一個常見原因就是希望把財產留給孩子。孩子期待未來會繼承遺產，但是如果老年人有新的配偶，情況會變得很複雜。」

來看安納斯塔修（Anastasios）的例子，他在二〇一八年接受譚米・拉・戈斯（Tammy La Gorce）的訪問，寫成一篇高齡再婚的新聞，刊登在《紐約時報》上。男方八十四歲，女方七十七歲，交換了結婚誓言。女方的小女兒追問：「如果妳去世了，誰會得到妳的房子？」對男方來說，何必為了這種疑慮而堅持不再婚？他回憶道：「在大家的眼裡，我們就是夫妻，於是發現我們之所以不結婚，只是為了滿足（她的）女兒。」為了避免這些問題，許多再婚的年長夫妻簽署婚前協議和遺囑，確保子女會如願繼承遺產。這篇報導還訪問另一位新婚男子，他說：「我們一開始就告訴孩子，我們做的事很值得高興，但還是要和孩子講清楚，他們的遺產不會受到影響。」

最具爭議性的再婚遺產問題，莫過於西班牙的阿爾巴女公爵（Duchess of Alba）。二〇一一年，她已經八十五歲仍決定再婚。再婚的對象比她年輕二十四歲，是公務員與商人阿方索・狄茲（Alfonso Díez），她在之前很多年一直表示不會再婚。當時她頂著許多貴族頭銜，例如七個公爵、一個法國伯爵、二十個侯爵、二十二個英國伯爵、一個子爵頭銜及一個勛爵，因此她的貴族順位甚至超越伊莉莎白二世（Elizabeth II）女王。此外，她也是溫斯頓・邱吉爾（Winston Churchill）的遠房親戚。於是，這對新婚夫婦簽署協議，確保阿爾巴女公爵的子女可以繼承遺產。然而，她在二〇一四年去世後，雙方仍為了爭奪遺產吵得不可開交，結果狄茲只獲得一百萬歐元現金，以及一些具有情感價值的物品，因此不包括宮殿、珠寶及藝術品。

在後世代社會，平均預期壽命延長，高齡再婚越來越普遍，財富累積的速度也在加快，雖然大家的遺產金額可能遠遠不及阿爾巴女公爵，但是難免仍會因為遺產爭奪搞得烏煙瘴氣。

女性在財產和遺產中的角色

在巴克萊銀行（Barclays）財富報告中，第一句話就寫道：「現在的女性更富有了。根據波士頓顧問集團（Boston Consulting Group, BCG）的資料指出，女性掌握全球三二％的財富。」最近麥肯錫（McKinsey）的文章標題正是「美國財富下一波的成長動能，就在女性身上」。加拿大皇家銀行

（Royal Bank of Canada, RBC）財富管理也說明：「女性正在改寫財富、捐贈和遺產規劃的定義。」這些都是近期的研究標題，可見這個時代有一個大趨勢，就是女性累積財富的速度比男性更快。在世界上許多地方，女性受教育的機會變多了（因此有更好的工作機會）。雖然在升遷和薪資的層面仍面臨性別歧視，但是女性的經濟地位大致上有了改善。然而，這不代表所有女性都在變有錢；有幾個類別的女性，人生中仍然遭遇重大的困難和挫折，例如小媽媽、單親媽媽、離婚女性，以及高中以下學歷的女性。

女性累積財富的速度比男性快，還有另外一個原因。有些國家的女性比男性活得久，往往可以從配偶或另一半身上繼承遺產。全球六十歲以上女男比例剛好是一．三比一、七十歲以上是一．六比一，八十歲以上則是二．三比一。人口老化的地區，例如東亞、歐洲和美洲，女男比的數字更懸殊（參見表七．一），例如俄羅斯、立陶宛、南韓、南非、土耳其、阿根廷及日本等國，八十歲以上的女男比甚至超過三比一。這有很多原因，例如從四十歲開始，男性死亡率偏高，或是南韓之類的國家，女性的壽命特別長。相較之下，印度和奈及利亞，八十歲以上的女男比只有一．三比一。至於許多富裕國家，例如加拿大、瑞典、美國、英國、澳洲及紐西蘭，六十歲以上的女男比相對低了一點，但是到了八十歲以上暴增至二比一；法國、義大利、德國、西班牙的女男比，則有一點失衡。總體來說，高齡女性占的比例較高，女性至少在餘生更有機會從另一半繼承遺產，擁有更大的財富。

婦女的財產權和繼承權，隨著時空而改變。在某些國家，女性不可以擅自處理金錢，一切要經過丈夫、兄弟或父母的同意，直到最近（距今四十年前）才放寬。世界上有一些地方，女性無法和男性一樣享有同等的經濟權利與契約權利，但並非所有的文化和文明都是如此，例如古埃及就很值得效法。芝加哥大學教授珍妮・強森（Janet Johnson）寫道：「自從有紀錄以來，埃及早在古王國時期，女性（無論未婚、已婚、離婚或喪偶）的正式法律地位，幾乎與男性相同。女性可以用自己的名字取得、擁有並處置財產（包括不動產和動產），也可以用自己的名字簽署契約。」至於聖經時代（西元前幾千年至西元初數十年），根據猶太法律，兒子擁有優先繼承權，如果沒有兒子，女兒享有完全繼承權。雖然古代印度教與古希臘的婦女，財產權和繼承權受到較多限制，但是在羅馬，凡是擁有自由身分的女性可享有經濟權利。伊斯蘭社會有別於刻板印象，保障婦女的財產權和繼承權，但是兒子仍享有優先繼承權。

女性在中世紀本來可以擁有和繼承財產（按照盎格魯薩克遜與北歐的法律和傳統），只可惜走到最後，女性喪失最基本的經濟權利，除了寡婦以外。只有歐洲與北美少數幾個例外，婦女要直到法國大革命後，才享有和男性平等的繼承權，但是後來恢復君主制，再度沒收女性的繼承權，空歡喜一場。一八五〇年，冰島號稱是當代第一個在法律保障平等繼承權的國家，一九二二年美國和英國才跟進。至於同工同酬，還要再等到一九六〇年代。事實上，性別歧視尚未完全終結，大家仍須努力。根據世界銀行（World Bank）指出，截至二〇二一年為止，全球仍有四十一個國家的女性並未享有和男性平等的財產權與繼承權，這些國家主要位於非洲、中東及亞洲。在其他一百四十九個國家，已保障女性的平等權利，值得探討的是女性累積財富的速度有多快？女性可能會留下來多少財富？

跨代遺產繼承

根據消費者財務調查（Survey of Consumer Finances）指出，美國女性擁有的資產占家庭總資產的三分之一，預計到了二〇三〇年，女性擁有的資產可能超越男性。提及理財，與男性相比，女性更傾向尋求專業建議，更擔心活太久，資產不夠用。女性更關注健康和福祉等實際生活目標，投資時也善於避險。然而英國調查卻顯示，雖然女性做金融決策時習慣尋求建議，卻沒有做遺產規劃的習慣，這會提高遺產稅率。富達國際（Fidelity International）政策與發展諮詢主管唐恩．米林（Dawn Mealing）指出：「那些需要支付遺產稅的人中，女性的淨資產比男性多了十三億英鎊，但是幾乎有半數的女性不做財務規劃，所以這筆財富不一定可以按照個人的意願轉贈。」這似乎令人憂心，未來的女性會面臨越來越重大的遺產決策，因為有更多女性「要同時關照自己的意願，還有另一半的意願。」

後世代社會來臨，我們必須好好思考一下，女性累積財富的模式會如何改變遺產繼承的現況。女性更在乎的是提供別人支持，尤其是在教育、福祉和醫療層面，也傾向購買綜合保險。既然女性有這些偏好，高齡女性立遺囑時，會不會略過生活安定的子女，贈與可能更有需要的孫子？

St. James's Place（SJP）財富管理顧問塔尼達・賈米爾（Tanita Jamil）觀察到，「老一輩去世時，子女會繼承遺產，但是由於老年人的壽命越來越長，可以活到八十歲，甚至九十歲，近年來已出現『三明治世代』（sandwich generation），這個世代的女性剛好是家裡的照顧者，過得格外辛苦。」這些人不僅要撫養小孩，還得照顧年邁的父母。以英國為例，超過六〇%的三明治世代是女性。根據英國國家統計局的資料指出，繼承遺產的平均年齡介於五十五歲至六十四歲之間。如果遺產到手的時間點，都快要退休了，誰會更需要這筆錢，是子女還是孫子女？二〇一五年至二〇一九年，英國孫子女大約繼承一百九十億英鎊遺產，子女則繼承兩百三十億英鎊。此外，五十歲以後才繼承遺產的人，過半數會選擇讓給子女和孫子女。如果女性占有的財富不斷增加，特別是六十歲以上的女性，可能加劇這個趨勢。

不過，女性的經濟和財富前景變好，就過得更好嗎？不見得。事實上，所有年齡的女性都承擔大量的照顧責任，而她們得到的回報不成比例。女性傾向把更多的時間、收入及財富，投注在家人的教育和健康上，她們在職場上依然備受歧視。換句話說，財富的累積與公平和福祉不一定相關。畢竟在生活的許多層面，女性仍是弱勢。如果我們改造人生序列模型，能否改善女性的生活？這就是下一章的主題。

第八章 女性改變的關鍵

◇◆◇

「解放自己是一回事，能不能擁抱自由的自己，又是另一回事。」

——托妮．莫里森（Toni Morrison，一九三一—二〇一九）

加拿大記者卡莉．佛頓（Carley Fortune）寫道：「當我評估自己的職涯，覺得有餘裕休息一整年，才開始考慮生小孩。」她是女性時尚網站Refinery29的執行編輯，曾在加拿大最大的報社工作。「對我來說，工作就是一切。我的自豪與創意出口，主要來自工作。它賦予我個人認同，帶給我一些最珍貴的人際關係。我不想為了孩子放棄這一切。我請產假時，不希望被冷落，我不想失去更大、更好（和薪水更高）的機會。」她過去經常換工作，導致情況變得更糟，每次為了讓新主管留下好印象，和工作無關的生活大小事一律停擺。「我從來沒想過可以暫時離開工作，直到有一天，我終於做到了。」

為什麼要讓女性面對這種困境？為什麼要逼迫女性在生小孩和事業之間做抉擇？難道沒有更好的方式來安排生活與職涯嗎？女性在勞動市場中，能不能受到公平對待？後世代社會幫得上忙嗎？

有許多女性在勞動市場與升遷，面臨壓力和不公平待遇，都是因為社會期待女性兼顧工作與家庭。早在一九七八年，《華盛頓郵報》（*Washington Post*）專欄作家理查・柯恩（Richard Cohen）撰寫一篇知名的評論文章，自創**生物時鐘**（biological clock）一詞，描述職業婦女處於生育年齡，會面臨的考驗和困境。「複合女性（包含不同人生時期的女性）來吃午餐，她走進餐廳，很漂亮。深色頭髮，中等身材，穿著得體。現在她正在脫下外套。身材不錯。」這段開場白真是大男人主義，說完後，文章轉向問題的核心。「當她的年齡介於二十七歲至三十五歲之間，感覺真好。」他接著寫道：「我猜你應該會好奇，所以提前告訴你，她剛交了一個男友。」她的心情有點沮喪，於是他上前關心。對方問道：「你不會和別人說吧？」猶豫片刻後才說出心裡的話，「我想要一個小孩。」無論有沒有結婚，「我總是感覺時鐘在滴答作響。我必須做出決定。一旦做了決定，就沒有轉圜的餘地。」這兩個對話的人面臨截然不同的人生賭注，因為人生中有很多事，根本不勞男人費心，「比如生物時鐘的滴答聲。」

莫伊拉・韋格爾（Moira Weigel）在東北大學（Northeastern University）開設傳播課程，認為生物時鐘的意象反而會強化性別歧視。一九七〇年代末，第二次女權運動結束後，避孕藥和墮胎合法化，「許多關於生物時鐘的報導……全部集中在個人」，而非機構與社會，她寫道：「媒體美化職業婦女，稱讚這些人從事高壓職業，並且照顧小孩，卻警告那些延後生子的女性，威脅她們總有一天會後悔。」她還表示，社會經常預設女性要成為母親，因此大家幾乎不曾考慮，女性還有不當母親的可能性。

妨礙女性做出真心決定的生物時鐘之說

顯然如果有越來越多女性追求事業，就會和人生序列模型直接衝突。生物時鐘把人生說死了，還隱含著雙重標準，把養家糊口的責任幾乎都丟給女性，從而鞏固父權觀念，一旦女性沒有挪出生小孩的時間，或只是延後生小孩，就會感到內疚。男性的生物時鐘倒是缺乏討論，因為大家誤以為男性永遠會有生育力，可是接受生育治療的夫婦中，有一半個案是男性有問題。韋格爾做出一個結論：「生物時鐘的作用，就是順水推舟（看似無可奈何），把這個世界傳宗接代的重擔幾乎都丟給女性。這有道德和實質的意涵：如果不好好規劃人生，注定會感到絕望與孤獨。」

生物時鐘的說法，可能會妨礙女性做自己真心想要的決定，成為自己真正想要成為的人。生物時鐘和人生序列模型完美重疊，依照人生序列模型，如果想要出人頭地，就得先用功唸書和努力工作。按照玩耍－學習－工作－退休的順序進行，內建精確與僵化的計時器，但這是一百年前的產物，專為男性打造。當時，只有少數男性有機會接受高等教育，出外從事優渥的工作，退休後就可以領退休金（女性只能等到當寡婦的那一天）。這個模型可以運作數十年，只是因為大多數女性缺乏教育機會，社會也不鼓勵女性出外工作。當越來越多的女性能有一份專業，發展自己的事業時，大家才發覺人生序列模型有多麼突兀，根本違背女性的期望和實際狀況。

一九六〇年代，女性長期爭取公平與平等，打了一場關鍵的個人權利戰。如今還要廢除人生序列模型，這是另一場重要的戰役，真希望我們可以達成。歷史上，人生序列模型一向對男性有利，因為男性成家，不用中斷事業，反觀許多女性卻必須奮力一搏，因為玩耍－學習－工作－退休的順序，和女性的渴望與偏好互相衝突。女性在三、四十歲，正值在企業或政府部門晉升的時機，卻也是許多職業婦女想養育孩子的時候。更糟的是，在一個不平等的世界裡，職業婦女承擔不成比例的家務，男性卻可以專注事業，女性為了出人頭地，卻要苦苦掙扎，甚至有一些女性別無選擇，只好暫時放下工作，專心照顧孩子。新冠肺炎大流行期間，學校被迫關閉，高達兩百五十萬名美國女性辭職，在家處理家務，協助孩子在家遠距學習。

二〇〇一年，紐卡索大學（Newcastle University）商學院的莎朗．馬文（Sharon Mavin）寫道：「傳統的工作模式，包括受教育、從事全職工作和退休，都是男性的典型工作生涯，現代女性並沒有一種固定的工作模式。」她進一步指出：「只要男性的職涯模式繼續存在，女性必定會為了負擔家庭責任，自願放慢事業發展的步伐，以致女性在升遷的過程中始終居於劣勢。」就是這麼簡單，也這麼嚴重。

人口統計學家派翠克・石塚（Patrick Ishizuka）和凱莉・繆齊克（Kelly Musick）展開深入的縱貫性研究，發現在美國，「女性生小孩之前從事的職業，如果每週工時在四十小時以上，而且工時越長，加班費越高，女性在生產後，就業機會恐怕更低。」因為這些職業最沒有彈性，尤其是在企業或專業服務公司（如顧問、審計等）裡，擔任中高階主管，「到場」和維持人脈兩件事，關乎個人績效、升遷及薪酬。雖然仍有一些職業為職業婦女預留一些彈性，但是傳統的（男性）職涯發展模式，要求職涯不可以中斷，然後會在預定的時間點升遷。隨著企業重組、科技變遷和遠距工作興起，未來可能創造各種不同的職涯發展路徑，儘管有一些彈性工作的機會，但是女性能否和男性一樣從彈性工作中獲益就很難說，稍後會再探討。女性在家庭生活裡不斷犧牲，承受高度的壓力，不得不中斷職涯，放棄升遷和拼事業的機會。這個體系對男性比對女性更有利，太不公平了。

延後生子的現象

如果女性無法兼顧事業和家庭，最明顯的後果大概是人口結構改變。兩者的關係很密切，現在的女性更容易受教育和找工作，所以決定晚一點生小孩、少生一點小孩。在大多數已開發國家，自一九七〇年以來，母親生第一個孩子的平均年齡延後三歲至五歲，如今南韓、義大利、西班牙、日本及荷蘭，家裡第一個孩子出生時，母親的年齡落在三十歲出頭；如果在歐洲其他地區，這個數字也超過二十九歲，美國則是二十七歲（參見表八．一）。

然而，這些數字只是平均值，掩蓋了天大的差異，不同教育程度及居住地區的女性有著天壤之別。那些住在美國大城市，特別是沿海城市的高學歷女性，平均生育年齡是三十五歲左右；而那些高中以下學歷，居住在農村的女性，平均生育年齡可能是二十歲。這是兩個截然不同的世界。路易斯安那州立大學（Louisiana State University）社會學家海瑟．拉克金（Heather Rackin）指出：「社經地位較低的人，生小孩的機會成本較低，更何況當了母親之後，還有諸多的好處，例如滿足情感需求、在社群獲得地位，並且證明自己長大了。」

高中以上學歷的女性，會選擇晚一點生小孩，其實有許多原因。根據現有的研究指出，包括「有效避孕方法越來越普及、女性更容易受教育和參與勞動市場、女性的價值觀改變、性別平等、伴侶關係改變、住房條件、經濟不穩定，以及不友善的家庭政策」。重點是這些因素會互相強化，由於文化變遷，女性獲得教育權和工作權，導致避孕的接受度與使用率提高，生活方式改變，促成非傳統的居住安排。由此可見，趨勢本來就在，經濟不穩定和生活成本提高，只是在旁邊助長趨勢。本章稍後會分析有哪些政策可以改善情況，現在先來探討兼顧工作與家庭的女性受到什麼影響。

表八．一　女性生第一個小孩的平均年齡

國家	1990年	2000年	2010年	2020年
南韓	..	27.7	30.1	32.3
義大利	26.9	..	..	31.4
西班牙	26.8	29.1	29.8	31.2
日本	27.0	28.0	29.9	30.7
荷蘭	..	28.6	29.1	30.2
德國	..	..	28.9	29.9
丹麥	26.4	27.8	..	29.8
瑞典	26.3	27.9	28.9	29.7
英國	25.5	26.5	27.7	29.1
法國	..	27.8	..	28.9
波蘭	..	24.5	26.5	27.9
以色列	..	25.7	27.2	27.7
美國	24.2	24.9	25.4	27.1
羅馬尼亞	..	23.6	25.5	27.1
加拿大	25.9	27.1	28.4	..

資料來源：經濟合作暨發展組織家庭資料庫。

每一個選擇都是壓力

位於倫敦的普賴瑞心理保健中心（Priory Wellbeing Centre）醫師茱蒂絲・莫琳（Judith Mohring）說道：「媽媽們想必深有體會，如果要親自照顧小孩，又要應付忙碌的工作，絕對會蠟燭兩頭燒。然而不只是母親，很多女性因為無法達到理想的女性形象，感覺力不從心。女性在其他許多領域都要一較高下，不只是外貌、友誼的品質，還有工作表現。」這些都是壓力與過勞的溫床。「有時候會覺得自己什麼都做不好，因而質疑、貶低和批評自我。」

從時間壓力來看，能把問題看得更清楚。女性白天要工作，晚上回到家，還有「晚班」的工作。女性做家事的時間，平均是男性的兩倍，但是女性在職場面臨的壓力也比男性大。一份加拿大綜合性研究得出一個結論：女性的工作壓力比男性更大，因為女性員工經常聽命於人，再加上大材小用、升遷的機會低。這三個層面加起來，形成莫大的壓力。

疫情期間，女性拚命兼顧工作與家庭。對女性來說，遠距工作就是一把雙面刃。孩子在家學習，家長就必須陪伴孩子，協助線上教學。史丹佛大學（Stanford University）社會學家瑪莉安娜・庫柏（Marianne Cooper）認為，這簡直是「一場完美風暴」。麥肯錫和挺身而進組織（Lean In）展開調查，結果發現，每四位女性就有一位正考慮放慢職涯發展，甚至退出勞動力市場。職業婦女的壓力加倍了，一名女性受訪者表示：「我擔心因為照顧小孩，工作表現會受到質疑。如果我暫時離開虛擬介面，而錯過一通電話，公司會不會質疑我跑去哪裡了？所以我必須隨時待命，立刻回信。如果不這麼做，大家就會質疑我的工作表現。」研究發現，疫情期間，女性居家辦公比男性更容易被打斷。雪上加霜的是，二〇二〇年七月，Qualtrics和theBoardlist聯手進行調查，結果發現，在疫情期間，大家普遍遠距工作時，男性升遷的速度竟然是女性的三倍。

真正的問題當然不是疫情，而是家務沒有公平分配。非營利組織Women's Budget Group主任瑪麗－安·史帝文森（Mary-Ann Stephenson）說道：「與其鼓勵女性回到辦公室，還不如追問男性和女性之間，為什麼沒有公平分擔無薪的勞動（如家事）。」無論有沒有疫情，為人父母這件事，對女性和男性的工作有截然不同的影響。如果把這個差異量化，絕對令人震驚。

當爸爸有賞，當媽媽受罰

愛莉森（化名）接受《紐約》（*New York*）雜誌訪問：「當我宣布懷孕的好消息時，公司就擱置我的升遷申請。公司賦予我更多的工作與責任，卻讓我延後升遷加薪。」孩子都還沒有出生，問題就發生了。「自從我懷孕，公司就沒有派我去開會，或者代表公司出席活動。我猜問題是出在男性主管，他們不習慣讓懷孕女性代表公司的門面。」有孩子的女性員工，不得不努力證明自己有多勤奮。「此外，我還發現一個問題，主管會密切監控有孩子的女性員工，確認有沒有曠職或遲到，所以我總是小心翼翼，盡量早一點到公司，晚一點下班。」因此，我們可以說：「大家看待母職的方式，確實有問題。」

明亮地平線（Bright Horizons）每年公布現代家庭指數（Modern Family Index），有高達三分之二的美國人認為，母親找工作比父親更不容易，以致工作機會落入不適任的人手中。社會學家蜜雪兒．布德格（Michelle Budig）研究發現，每生一個小孩，女性的薪資就**減少**四％，男性反而平均**增加**六％，這其實和升遷速度有關，讓人震驚（但或許不令人意外）。她觀察到，「雇主認為，男性當了爸爸，工作會更穩定，而且努力，因為有一家子要養，不太可能臨時請假，可是對媽媽的看法卻完全相反。」我們按照年齡來做職涯和升遷的規劃，反映了父權偏見。這樣的偏見深植於人生序列模型與核心家庭概念。

普林斯頓大學的三位經濟學家，參考丹麥的薪資和職涯數據，撇開年齡、經歷、教育程度等因素，最後得到一個結論：「所得不均，大多是小孩造成的。生小孩之後，長期下來，大約導致二〇％的性別收入差距，主要受到勞動參與率、工時、工資率影響。」事實上，女性生小孩以後，大多會改變工作模式，但是男性比較不會，即使有，也只是小幅調整。

歐洲有一些地區的情況大不相同，那些國家的退休金制度不一樣，會補償就業中斷的勞工，於是當媽媽這件事不用再「受懲罰」，反而會「獲得獎勵」，但是僅限東歐和北歐地區，否則在歐洲其他地方，當媽媽仍是一種懲罰。德國曼海姆大學（University of Mannheim）研究人員卡嘉．莫林

（Katja Möhring）做出結論：「如果退休金的福利可以讓全國人民享有，確保個人收入不受工作經歷影響，母親的退休金就不會大打折扣。」只可惜在半數的歐洲國家，兩性的退休金差距竟然高達三〇％至五〇％，包括五大經濟體在內（德國、法國、英國、義大利和西班牙），而其他大部分的國家則落在一〇％至三〇％。

兩性的月薪差距（已考慮到工時與工作特性），以巴西、印尼、墨西哥、葡萄牙和南韓最明顯，兩性的時薪差距也是這五個國家最嚴重。這一項研究涵蓋三十八個經濟合作暨發展組織會員國，即使已考慮工時和工作特性，女性賺到的薪資仍比男性少，而且絕大多數是「無法解釋」的兩性薪資差距（因為性別歧視）。兩性的薪資差距，還會隨著年齡拉大，尤其是女性生小孩以後。然而研究發現，有小孩的女性一旦到了五十歲，和沒小孩的女性之間，薪資差距大致上會縮小。瓊・卡恩（Joan Kahn）和同事得出一個結論：「母親的身分會『犧牲』女性的職涯。女性生了小孩，勞動參與會降低，但是唯獨在女性年輕時影響最深，等到四、五十歲影響就減輕了，似乎又可以在職場上東山再起。」但是如果女性生了三個以上的小孩，薪資就永無回歸之日。因此終究有一天，有小孩的女性會和沒有小孩的女性平起平坐，但是與男性的差距卻不會縮小。女性會重返職場，大多是因為缺錢，還有一些人想給女兒好榜樣，否則會內疚。一位全職媽媽接受《大西洋》雜誌訪問時表示：「我很想重回職場，因為覺得如果自己不工作，女兒會失望。」這也是另一種壓力源。

女性平衡工作與家庭的爭議

莎麗（化名）說：「大型律師事務所提供女性兩條軌道：一是不成家；二是成家了，找年輕人來家裡幫忙。平常工時超長，幾乎見不到家人。還有另一種情況是工作和家庭兩頭燒，你會拿到爛一點的案子，變成兼職，而兼職就是你的薪資會大幅減少，但是實際工作時間並沒有等比例減少，和付出的努力不成正比。」另一個問題是，一旦你脫離媽咪軌道會發生什麼事。莎麗回想道：「我休完產假回來，大家只是表面上支持，但是我必須很努力，才能回歸以前的工作量。」

非營利組織Catalyst主席菲莉西．舒華茲（Felice Schwartz），在一九八九年首次提出媽咪軌道（mommy track）一詞，從此熱議不斷。她在《哈佛商業評論》（*Harvard Business Review*）刊登的文章經常被討論，文章的第一句話就說：「聘請女性主管的成本高於男性，這句話很刺耳，部分因為這是事實，但主要是因為這個話題太敏感了。」她列舉「事實」證據，提到一些女性休了產假，就沒有重返職場，還有一些女性因為其他因素，決定暫停工作。她呼籲企業放棄以男性為中心的職涯觀念，以免有才華的女性人力資本白白浪費。她還區分兩種女性：一是「把事業擺在第一位」；二是「兼顧家庭與事業」，她建議針對前者，「消除女性爬到更高職位的人為障礙」，也提議針對後者（她認為是大多數），提供「合理但較低」的升遷機會和薪資，以換取「工作彈性」，並建議企業「進行成本效益評估，確認投資高效能的女性，可以有多少回報……如果女性對貴公司的價值，大於招募、訓練和發展的成本（我相信絕對是如此），你就會想盡方法留住女性員工。」於是，所謂的**媽咪軌道**從此誕生，大家爭論不休。

舒華茲的基本論點大受支持者讚揚，因為務實又實用，但是反對者卻怒火中燒，質疑她貶抑女性，造成女性升遷慢、薪資低。科羅拉多州民主黨議員派翠西雅．施羅德（Patricia Schroeder）抗議道：「真可悲，她是在灌輸大家，在我們的國家裡，如果是女性，不是擁有家庭，就是擁有事業，別想兩者兼顧。商界人士聽了，當然稱心如意，因為他們不敢說的話，現在有女人替他們開口了。」舒華茲堅持己見，大力反駁道：「現在這個時期，女性確實承擔大部分的育兒責任。」顧問公司Work/Family Directions總裁法蘭．羅傑斯（Fran Rodgers）則認為，舒華茲的骨子裡，希望「女性融入既有的文化，而非企圖改變文化。」更何況舒華茲把女性分為兩類，卻忽略男性之間的多樣性，真是可怕的想法。杜邦（DuPont）與非營利組織Catalyst董事長理查．赫克（Richard Heckert）一語道破，「在舒華茲的眼裡，家庭似乎還是女性的問題，唯一的解決之道就是僱用不生小孩的女性。」

過了三十年，一些企業重新採納媽咪軌道，成效似乎不錯。二〇一五年，沃達豐（Vodafone）宣布提供十六週帶薪育嬰假，或者在六個月內，每週工作三十小時支領全薪。IBM也允許員工在五年內縮短工時，薪資再按照比例調整。經濟學家指出，彈性工作有一個問題，即使向兩性開放，雇主仍會接收到信號，得知有哪些員工不願意為了工作績效和事業犧牲一切。這個「信號遊戲」是有問題的，可能影響升遷與加薪，更糟糕的是會不經意形成隱性的偏見。值得注意的是，目前並沒有證據表明，女性休育嬰假之後，工作就會比較馬虎，或是把工作擺在末位。原則上，只要法律規定雙親**都必須**申請育嬰假，這個信號就會失去影響力，只不過和那些沒有孩子的員工相比，這群人依然很顯眼。在全球大多數的國家，女性申請育嬰假都可以拿到薪水（美國是例外）。但是全球只有不到半數的國家，允許男性請育嬰假拿薪水。母親請育嬰假的比率確實高於父親，也難怪經濟學家會建議，提供雙親充足的經濟誘因，鼓勵男性和女性都善用育嬰假。

媽咪軌道、產假、育嬰假，或是其他彈性的工作措施，都隱含一個根本問題，雖然可以降低女性的生育年齡，幫助女性回歸勞動市場，但終究只是解決問題，而非消除問題。知識經濟當道，對教育程度的要求提高，完成學業時，都快要三十歲了，往後還需要好幾年才能在專業領域闖出一片天，獲得升遷，爬上企業階梯，找到自己的定位。這正是人生序列模型為大家製造的問題，無論男性或女性都希望早一點成家，但是為了追求事業夢想，只好延後成家的計畫。在正常情況下，按照人生序列模型過日子，一般人就已經備感壓力，那些十幾歲生下小孩，或是獨力撫養孩子的單親媽媽，肯定更辛苦。

小媽媽和單親媽媽，真的沒必要受這些苦

史黛西（Stassi）回憶道：「我成為全校的話題，那是我一生中**最難堪的時刻**。我走在走廊上，被眾人指指點點，大家竊竊私語：『就是這個女孩，她懷了雙胞胎。』我還聽到別人說：『她的人生完了。』」她堅持不懈，完成高中學業，錄取研究型大學，準備攻讀社工學位，可是她還沒有撐到開學，孩子就在八月出生，因此只好就讀社區學院。她讀到一半就輟學了，然後靠著社會福利維生，用這筆錢支付托兒費用，就讀職業學校，有一些同學與講師和她一樣也是小媽媽。

這是我所謂的**脫軌**，人生序列模型沒有提供其他替代選擇（就算有也很少），所以才會有這麼可怕的故事。玩耍－學習－工作－退休的順序，無法套用到小媽媽身上。依照目前的教育體制和勞動市場結構，青春期懷孕的後果非同小可。自從一九九〇年代初，美國青少女的活產數下滑一半以上，但是每年仍有大約十六萬名十五歲至十九歲的女性生小孩，這個數字在富裕國家中名列前茅。大約有三％的非裔美國人、美國印第安人、夏威夷原住民及拉丁裔女性成為小媽媽；而在非西班牙裔白人女性中，這個比率則是一％。真正的問題不在於生小孩，因為這件事有可能豐富人生經歷，問題是有高達半數的小媽媽無法完成高中學業，相對於其他女性則有九成可以取得高中學歷。更糟糕的是，根據美國疾病管制和預防中心（Centers for Disease Control and Prevention）的說法，小媽媽養育的孩子，「學業成績可能較低，更容易在高中輟學，健康問題也較多，青春期更容易違規入

監，更容易步上母親的後塵，成為小媽媽，長大後容易失業。」

有一些小媽媽，確實能出人頭地。愛莉卡・艾爾費羅（Erica Alfaro）在十五歲懷孕，遭到男友拋棄。她和母親一起在番茄園工作，輟學後在家自學。她求學的時間比一般人更久，但是努力不懈，甚至有心考取大學。當她從加州大學聖馬可斯分校（California State University, San Marcos）取得心理學學位時，已經二十七歲了。她高舉著標語，寫著「我們做到了，路易西托（Luisito）！區區的二%」，她提到自己的兒子，還有一項驚人事實：只有區區二%的小媽媽，可以在三十歲前完成大學學業。這意味著幾乎所有的小媽媽，平白放棄八五%的薪資優勢（在美國勞動市場上，與高中畢業生相比，大學畢業生的薪資平均多出八五%）。

小媽媽的大學畢業率這麼低，一個富裕和科技進步的社會怎麼能坐視不管？如果希望小媽媽在知識經濟出人頭地，就需要更有彈性的人生模式，讓她們完成高中學業，如果有意願的話，可以晚幾年再和其他年輕人（那些一路順利求學，沒有被打亂、延遲或干擾的人）一起接受高等教育。小媽媽在不同的時機點，用不同的節奏來把握人生中的機會。只可惜人生序列模型拒絕這種人生，這就是機會不平等的例子。

美國小媽媽的比例已經下降六〇%以上，但是開發中國家依然很高。聯合國兒童基金會研究指出：「全球估計有一五%的年輕女性，在十八歲前生小孩，這可能會『破壞』原本健康的成年發展，對她們未來的教育、生計和健康造成負面影響。」更可怕的是，農村地區的青少女，小媽媽的比例甚至高達三〇％至四〇％。至於在開發中國家，「許多懷孕的女孩不得不放棄學業，這可能衝擊未來受教育和就業的前景與機會。」其他更嚴重的後果，包括「在家中和社區的地位下降，遭到汙名化，被家人、同儕及另一半排斥和暴力對待，以及早婚與被逼婚。」此外，對身體健康也不好，例如「生產性廔管、子癇症、子宮內膜炎和全身感染。」開發中國家的青少女懷孕率已經開始下降，但是速度沒有已開發國家快。

貧窮經常是青少女懷孕的導火線。一位烏干達的小媽媽說：「有時候，妳會急著用錢，但是父母給不起，於是有一個男孩出現，幫妳付清。他希望妳有所回報，妳又沒有工作，如果不是用性交換，還可以拿什麼回報？」一位十七歲的迦納少女回憶道：「我上學必須支付一筆考試費用……我需要錢，然後這個男孩對我有興趣。他幫忙我不只一次，後來我就懷孕了。」在撒哈拉以南非洲地區，教師和學校行政人員呼籲盡量讓女孩免費上學，教她們一些實用的技能，例如珠寶製作或記帳，這樣女孩就會更獨立。此外，針對兩性關係提供合理明確的建議也很重要。

全世界小媽媽的比例，開發中國家排名第一，但是單親家庭兒童的比例，倒是美國拔得頭籌，而且這些孩子通常和母親同住。美國單親媽媽組成八百萬個家庭，有將近三分之一生活貧困，全年找不到工作，而且糧食安全堪憂。大約半數的美國單親媽媽從未結過婚，將近三分之一已經離婚，其餘兩成的單親媽媽，不是分居，就是喪偶。單親媽媽與條件相似的男性相比，薪資差距懸殊，如果是非裔或拉丁裔的單親媽媽，薪資更是少得可憐。二〇一九年，單親媽媽組成的家庭，收入中位數為四萬八千美元，相對於已婚夫婦則是十萬兩千美元（相當於兩倍以上）。單親媽媽用一半的收入支付房租，然後用三分之一的收入照顧小孩，收入所剩無幾，負擔不起教育費用，也不太可能買房。換句話說，單親媽媽並沒有沿著傳統的線性路徑，先完成教育，再追求升遷，並且累積足夠的房屋資產和退休儲蓄，所以她們的人生特別淒慘。她們只是錯過幾班列車，就幾乎沒有機會（或根本沒機會）迎頭趕上。

擺脫人生序列模型，讓女性解脫

我們安排育兒和事業的老方法，製造一堆棘手的問題。生物時鐘的暴政，無論是否鞏固父權，都影響許多女性的決策。此外，為了拼事業，只好延後生子，導致生育率急劇下降，爆發退休金危機。我們不該把矛頭指向女性，反而要指責教育體系、勞動市場及企業晉升階梯，為什麼非得硬性規定年齡不可？此外，女性沒有外出工作，還要因為沒有給孩子「好榜樣」而感到內疚。

但是如果女性繼續工作，或重返工作崗位，工作和家庭兩頭燒，沒有足夠的時間照顧子女，一樣會內疚。婦女不斷因為母親的身分受到懲罰，在職場上遭受性別歧視，還要面對和性騷擾有關的屈辱與創傷（或者更糟的情況）。有些人主張媽咪軌道，雖然有意修補問題，但是除非審慎實施，否則將會拖慢女性的事業發展，還有降低女性的薪資。女性完成學業，就有機會追求事業，只可惜小媽媽缺乏教育的機會，導致工作機會嚴重受限。女性面臨的危險還有家庭暴力，如果女性別無選擇，困在一段關係中，家庭暴力的問題恐怕難以解決，後果不堪設想。

有許多母親也想和大家一樣追求事業，卻因為人生序列模型被拋在後方，或是被放棄了。青少年時期不小心懷孕，因而中途輟學，最後離婚或分居，成為單親媽媽，還有一些女性的人生，只是不按照人生順序過日子，因而居於劣勢，輸給其他女性和大多數男性。玩耍－學習－工作－退休的人生順序，沒有為女性預留空間去兼顧母職和事業。如果女性太早生孩子也會受懲罰，無論是教育和就業機會都落後一大截。人生途中，發生任何失誤（不合時宜的懷孕、分居、離婚，生出罹患重病或有學習困難的孩子），都可能釀成大災難，導致媽媽們在勞動市場落後，升遷速度放慢，甚至完全退出勞動力市場。

晚一點生小孩，少生一點小孩，確實有好處，財務和情緒都會更穩定。由於生育率下降，政府不得不實施一系列政策來扭轉局勢，其中一個常見的政策，莫過於提供生育獎金或家庭津貼，也就是直接給家長現金。然而，學者全面研究這些政策的效果，卻發現模稜兩可的證據，不確定這對生育率是否有正面影響。此外，有一些政策間接刺激生育率，例如稅收抵免、醫療保健、住房政策等，也是如此。與其這樣，還不如讓家長放育嬰假，並且提供托兒服務或補助，這可以鼓勵母親重返勞動力市場，並且降低女性的首次生育年齡。另一個可行的方向，就是朝著彈性工作邁進。

在我看來，光是放棄人生序列模型，不可能解決女性就業和母職的問題，不管這些女性的背景如何（有些是受過高等教育的女性，等到三十多歲才成為母親，有些則是青少年時期就懷孕的女性）。但是現在大家都知道了，與其解決問題，還不如消除問題，否則對許多女性來說，一旦懷孕就要中斷事業、延遲或放棄教育的機會。

一個後世代社會，應該讓不同年齡的人一起追求教育和事業。如果女性可以自由選擇，在何時學習、工作、升遷及生育孩子，女性的處境就可以改善，更有力量超越各種限制，例如身體、現代的生活，以及男性不做家事的問題。我們也可以為小媽媽和單親媽媽，提供一連串的新機會，但前提是資源必須充足，讓她們設計自己的個人化人生序列，在學習與工作之間來回切換。

事實上，女性的壽命平均比男性長（如果是美國和全球，差距大約落在五歲，各國情況不一，從三歲至七歲不等）。因此，放棄人生序列模型對女性的好處顯然更大。如果社會能夠接受多世代職場，不管是五十歲至五十五歲或三十歲至四十歲，升遷的機會都一樣，對女性的好處也比較大，因為女性壽命較長，就有更多的機會追求不同工作和事業。此外，女性比男性更懂得保養身體與心智狀態，如果女性和男性有平等的升遷機會（不只是在三十歲至四十歲，還會持續到五十歲至六十歲），當母親這件事就不會受到那麼多的懲罰。

只不過女性無法靠自己的力量，調整工作、事業和升遷的方式，除非雇主願意配合，或者政府透過法規和勞動法，鼓勵多重職涯發展途徑。為了實現性別平等，也為了讓女性擺脫人生序列模型，我們可能需要第三波婦權運動，這一波將徹底改變教育體系，以及各種工作和職位的勞動分配。

有許多女性成為母親後，拚命維持和扭轉職涯，看了這些人的故事，就會有一點頭緒，知道該如何消除問題。社會學家安德魯·霍斯特勒（Andrew Hostetler）、史蒂芬·斯威特（Stephen Sweet）及菲利斯·莫恩（Phyllis Moen）發現，在職場和家庭承受巨大壓力的女性，更有意願回學校學習，或許是為了更好的經濟前景，或是她們天生的抗壓力特別好。有一份研究涵蓋許多國家，包括美國、英國、牙買加和南非，證實有許多小媽媽生完孩子後，想要繼續完成學業或重返校園，但是礙於經濟壓力，以及缺乏機構和家庭的支持，這些願望難以實現。蘇（Sue）是南非的小媽媽，她表示：「我決定回到學校，是因為領悟到，沒有受教育，我什麼都不是。我希望自己和孩子有一個更好的未來。」她們有人生目標，無奈的是社會期望每個人都依循特定的順序過人生。

一位十五歲的德州小媽媽表示：「我常常在想，如果我只是一個還在上學的少女該有多好。但是另一方面，我覺得人生有很多事值得期待，我不想當一個平凡的少女，想成為一個與眾不同的少女。」如果社會和文化一直逼迫大家，在特定的年齡做「正常」的事（也就是**適齡**），女性只要稍微偏離，沒有一路從玩耍、學習、工作到退休，就無法挽回了。真正的後世代社會，必須強調多重的路徑，不管是青少年、成人、學生、工人和退休人士，都有各種生活的樣貌。

二十世紀初，女性爭取到平等的政治權利。一九六〇年代，女性又爭取到平等的公民和經濟權利，但是光憑這兩項成就，未能消除人生序列模型對女性的壓迫。一個未來理想的世界，男性和女性應該能依照自己的需求，多次暫停工作來撫養孩子或進修，職涯發展並不會因此落後別人。這件事很難，但是為了實現公平，因應預期壽命延長、科技變革和人才短缺，就業環境應該朝著這個方向努力。疫情迫使勞工退出勞動市場（尤其是女性），結果導致勞工短缺，尤其是少數族裔與女性的勞工，缺工特別嚴重，雇主可能會優先聘用這些人。再者，後世代的職涯路徑對企業也有好處，尤其是吸引和留住人才，以及提高市占率的方面，稍後再來探討。

第九章

後世代消費市場

◇◆◇

「行銷是在比什麼？大家比的不是產品，而是消費者的認知。」

——艾・里斯（Al Ries，一九二六－二〇二二）

澳洲行銷專家珍・希爾斯頓（Jane Hillsdon）寫道：「我有三個孩子，都在二〇〇一年之後出生，被歸類為『Z世代』，分別是九歲、十二歲和十四歲，都在使用社群媒體。雖然只差了幾歲，但是使用社群媒體的方式卻大不相同。」看在大家眼裡，希爾斯頓的觀察不過是家長茶餘飯後的話題，沒事就討論孩子的差異，但她的評論隱含一個重點，每個人從童年開始就各自選擇不同道路。她認為：「身為行銷人員，一定要弄清楚每個世代內部的細微差異。如果你以為他們同屬一個世代，對相同的內容有反應，或者接觸相同的媒體管道，你的行銷恐怕會失策。」行銷人員似乎對目標喪失好奇心，只在乎年齡或性別等屬性，這往往會導致刻板印象和偏見。她警告大家：「不要再根據世代，來推測某個世代的一般資訊，你應該找出他們的價值觀，確認他們會使用哪些媒體管道，以及使用的原因。他們最在意什麼？受到誰的影響？什麼事讓他們感到挫折？」

第五章曾展望未來的後世代職場，最後得到一個結論，如果再繼續堅守世代思維，可能會嚴重誤判。我們應該認識每個人的潛力，而不是看他屬於哪一個年齡層，就料想他會有什麼專長。同理，只依據年齡隨便套用刻板印象，在消費市場也是不智之舉，尤其現今大多數人不再接受「老」、「少」的概念，覺得這是偏見、歧視、無稽之談。為了把商品賣給消費者，一定要深入理解他們的需求、慾望和生活方式。

自從行銷學誕生以來，至今大約一百年，行銷人員一直苦思如何善用**市場區隔**（segmentation），瞄準目標客戶。最簡單的市場區隔方式，正是按照地理位置區隔，以前主要是區分鄉村和城市。人口統計特徵也一直是重要的參考，尤其是年齡、性別、教育程度、家庭人口、收入等。此外，還有另一種看似更精密的方法，著重個性特質和生活方式。自從第二次世界大戰期間，大規模使用心理測驗，在企業界大為風行。再過不久，行銷人員開始關注行為，例如購買、使用及品牌忠誠度。接下來，社群媒體和人工智慧崛起，數位行銷革命來臨，行銷人員能透過演算法瞄準目標客群，只可惜仍受到刻板印象和偏見的影響。

以打破世代為主的行銷區隔

上述幾個階段，有一種經常誤導人的危險行銷策略，至今依然存在，就是把世代看得太重要，認為在某個特定時期出生（往往是十年或二十年的區間），對人生和生活方式有長遠的影響。乍看之下，似乎挺合理的，一九五〇年代和二〇二〇年代的紐約郊區青少年確實不一樣，但是真的就該稱他們為嬰兒潮世代與Z世代嗎？嬰兒潮世代的人難道真的擁有共同的經歷，和其他世代有所區別嗎？姑且不論出生背景，人們在各個人生週期難道不會進化，甚至有劇烈的改變嗎？

世代的概念，不只有過時的問題。隨著後世代市場興起，世代的另一個面向也備受爭議。過去數十年，行銷人員往往認為，注意力應該放在二、三十歲的「年輕」消費者，有幾個合理的原因。首先，單就人數來看，如果生育率還很高，平均壽命還很低，年輕人確實是市場的主力。其次，如果教育程度提高，中產階級擴大，收入增加，年輕消費者族群的購買力確實也較高，甚至是最高。再者，年輕人往往是最專業、最具眼光和最挑剔的消費者，追求最新潮與最刺激的體驗，因此新產品和新服務的未來潛力，就是以年輕消費者作為衡量基準，尤其是網路、智慧型手機、社群媒體席捲全球之後。行銷人員幾乎一致認為，品牌必須滿足年輕人的想像力，因為年輕人不僅引領市場，也是「終身價值」（lifetime value）最高的群體，畢竟這群人還有數十年可以繼續消費。

由於人口和科技變遷，這種世界觀正在迅速崩塌。六十歲以上的人群比其他世代的人數更多、儲蓄率更高，並且購買力更強，於是消費的重心正逐步轉向這群人。此外，這些人的生活方式不再像「老」人，因為有更長的時間去享受良好的身心狀態（參見第二章）。以往大多數行銷人員大約花費十年，關注每個世代的消費者，然後再轉向下一代。桑雅・瑪泰科（Sonya Matejko）在《富比士》指出：「這些年來，行銷界熱烈討論該如何打動千禧世代，而現在廣告商正設法觸及更年輕的Z世代。」大家普遍認為，今天的青少年就是明天的趨勢主導者。但是，當真正的後世代市場來臨，會帶來什麼改變？行銷產業會不會掀起革命？

關鍵是大家開始抗拒世代的標籤。單親家庭和多代同堂的家庭越來越普遍，傳統的核心家庭不再是主流；爸爸開始休育嬰假；每一年都有越來越多人回學校進修、充電或轉行。疫情爆發後，每個人不分年齡或教育程度都必須擁抱新科技。線上課程越來越受歡迎，而且方便。此外，退休人士重返職場……因此，瑪泰科提醒大家：「這些世代的變化，為行銷人員帶來考驗。如果同年齡的群體不斷改變，該如何按照年齡制定有效的行銷策略？」行銷人員似乎仍然無法順應時代，於是飽受各種批評，包括刻板印象、偏見及年齡歧視。行銷王國，確實出了大問題。

有關世代的刻板印象與偏見

許多人誤以為千禧世代喜歡揮霍，愛買一些非必需品，但是這種刻板印象從何而來？千禧世代感到納悶，為什麼要被貼上這個標籤？這種老套的說法太普遍了，大家隨便使用，卻鮮少有人知道源頭。簡單來說，這全是因為二〇一七年澳洲電視台某次訪談，隨口說出來的一句話，然後在網路上瞬間爆紅，這個現象充分展現千禧世代的特質。白手起家的億萬富翁提姆．古爾納（Tim Gurner）說道：「當我努力存錢買第一間房子時，絕對不會花十九美元買一份酪梨吐司，或者花四美元買一杯咖啡。」從此大家一直用這句話，批評千禧世代懶散、自我中心、為所欲為和揮霍。

人類天生無法抗拒分類，溫和一點的分類叫做刻板印象，更極端一點就會淪為偏見。二〇一六年，有一場針對千禧世代的行銷研討會，喜劇演員亞當．康諾佛（Adam Conover）辯稱：「世代並不存在，是我們捏造出來的。這整套想法並不科學，以偏概全又愚蠢……大家別再迎合千禧世代，給他們貼上簡化的標籤，而是應該把他們當成『人』看待。」他指責專家、評論家、記者及行銷人員，重複使用相同的口號對待身邊最年輕的世代，永無止盡的循環。

一九六八年《生活》（*Life*）雜誌的封面，痛批嬰兒潮世代養尊處優。八年後，《紐約》雜誌刊登湯姆．沃爾夫（Tom Wolfe）的文章，筆鋒尖銳，探討嬰兒潮世代成年後，開啟怎樣的新時代。他寫道：「我們如今置身於我的十年（Me Decade），美國正經歷史上第三波宗教浪潮，從歷史學家來看，可能會稱為第三波大覺醒（Third Great Awakening）。正如其他浪潮，也是透過麥角二乙胺（LSD）和其他迷幻藥、性解放、舞蹈〔新蘇菲主義（New Sufi）和哈瑞．奎師那（Hare Krishna）唱誦法〕、冥想、極度的興奮（長期的療程），進而達到狂喜。」對沃爾夫來說，一切都歸結到「『我』……沉浸於自我凝視，簡單來說就是相當自戀。」有了這種想法，通常會認為「我只能活這麼一次」，再加上「第二次世界大戰後，美國歷經前所未有的發展：無數普通人耽溺於自我，這是多麼奢侈的享受。」沃爾夫文章的結尾特別出名：「生活的節奏，無非是……我……我……我……我……」。

到了一九八五年，《新聞週刊》（*Newsweek*）的封面故事，質疑X世代究竟是「隨心所欲」、「為興趣而工作」，還是「懶散、長不大或迷失方向」？二〇一三年，《時代》雜誌曾發表一段評論，引發軒然大波，「美國的千禧世代是嬰兒潮世代養出來的孩子，而嬰兒潮世代稱為我世代（Me Generation），現在又多了我我我世代（Me Me Me Generation）」，這完全是一群懶惰、為所欲為、自我中心的物質主義者，長大還和父母同住，喜歡自拍，有數千名追蹤者，卻只有幾個朋友，而且特別喜歡吃酪梨吐司。

第二次世界大戰後，每個世代都被罵過一遍，說他們自私、為所欲為！

人類會有這種心態，大家心知肚明。心理學家史蒂芬．法蘭希奧利（Stéphane Francioli）和麥可．諾斯（Michael North）提供有力的證據，證明年紀較大的世代經常輕視較年輕的世代，批評他們缺乏價值觀、不夠有幹勁又不懂得節儉。不管是年齡或世代的標籤，至今仍充滿誤解和歧視，這就是刻板印象，不公正、毫無事實根據，也沒有實質幫助。這再度提醒我們，不該把世代看得太重，尤其是從事行銷的人，不然就糟糕了。

難以確切劃分的不同世代

首先，不同世代的態度和行為其實難以比較。皮尤研究中心是全世界最優秀的調查研究機構之一，發現研究人員經常搞混年齡、階段和世代的效應。年齡只是個人在生命週期中的位置；**階段效果**（period effect）是對所有世代都有影響的事件；而**世代效應**（cohort effect）則是對某個世代造成特定影響的事件或趨勢。有些研究人員主張：「年齡、階段和世代的效應密不可分。」這個問題本身已經十分複雜，再加上其他變因，把世代分析搞得更混亂，所以實際做分析時變得異常困難。其中有幾個因素特別關鍵，例如歐洲和北美的年輕一代，族裔趨於多元化，現代人習慣晚婚，預期壽命延長。婚姻會改變消費的模式，這個趨勢也會直接影響行銷。一個是晚婚，另一個是壽命延長，基本上這兩個因素，重新定義年齡的概念，以致人生重大事件發生的時間點已經和以前不同了。

世代分析還有一個明顯的問題，就是世代的劃分。美國的嬰兒潮世代，大致在一九四六年至一九六四年出生，但是換成其他國家，生育的高峰可能落在一九六〇年代末至一九七〇年代。至於千禧世代，為什麼就是在一九八一年至一九九七年出生?社會學家史黛西．坎貝爾（Stacy Campbell）、珍．特溫格（Jean Twenge）及威廉．基思．坎貝爾（William Keith Campbell），參考一九七六年至二〇一四年全美每年高中畢業生的資料，結果發現工作價值觀和職場偏好的世代差異，其實會隨著年齡改變，而不是由世代決定。因此，並沒有明確的出生年分可以拿來劃分世代。

例如，「X世代的前段班，比X世代的後段班更重視社交價值；至於X世代的後段班，其實和千禧世代的前段班很相似。」換句話說，沒有什麼突如其來的改變，可以把兩個世代分隔，也沒有什麼結構性的斷裂，可以把他們一分為二。於是，研究人員得出一個結論：「充其量，世代只是社會建構的產物，模稜兩可。」模稜兩可是因為以偏概全、不準確、有騙人的嫌疑。如果行銷人員硬要套用，風險自負。

既然世代的概念和劃分有問題，複雜難解，為什麼無數的企業與組織還要繼續使用？寇特．儒道夫（Cort Rudolph）、瑞秋．勞瓦拉（Rachel Rauvola）及漢納斯．札克（Hannes Zacher）批評：「以世代為基礎的做法，基於不穩固的科學基礎，以致企業及其成員面臨風險，不僅僅浪費金錢、資源和時間，還基於薄弱的證據基礎，宣揚錯誤觀念。」在他們看來，世代的概念或許不完美，但已經成為實用的工具。不只是行銷人員，當初大家看到千禧世代的偏好與行為，不也大為震驚？這些差異不僅和消費有關，也牽涉到工作與休閒。當時找不到更好的解釋，只好創造一個新的世代類別。因此，無論哪一個世代都在做「社會建構」（social construction），當我們面對新事物，不知道如何解釋時，就會開始建構。因此，套用一句社會學家羅伯特．莫頓（Robert Merton）的話：「當人們相信某個情況是真的，它確實會發揮影響。」心理學家也指出：「為了理解周遭事物，民眾傾向建構和接受刻板印象……但是這種方法往往存在缺陷……容易以偏概全。」總之，貿然使用世代的分類相當危險，可能導致偏見，隱含著根本的錯誤和缺陷。

打破年齡歧視的無齡消費者

時尚品牌Bells & Becks創辦人暨執行長塔瑪．米勒（Tamar Miller）回憶道：「我準備前往服飾品牌Everlane的總部開會，順便逛一下Everlane的概念店。我四處看看，尋找適合的服裝，頓時有一種疏離感。當我走進店裡，二十幾歲活潑漂亮的業務助理驚訝地看著我，再來是一堆看不出性別、設計簡約、平凡無奇的服裝，顯然我並不屬於這裡。」二〇一〇年，Everlane在舊金山創立，主要是線上服飾品牌，可見不是過時的老品牌，而是服裝業的創新龍頭。消費品牌（無論是老品牌或新品牌）似乎都對年齡很敏感。愛爾蘭廣告公司Carat Ireland業務總監卡洛琳．奧傑斯（Carolyn Odgers）認為：「除非是為年長者打造的品牌，否則絕對不會想和老人市場有關聯，因為年輕人可以活的時間更長，但是品牌忠誠度較低，如果知道有老年人購買，可能會對整個品牌失去興趣。」

年齡歧視的問題，在行銷界十分普遍。有關年齡的刻板印象及公然的年齡歧視，絕非不經意的副產品，而是市場區隔的核心理念。曾任職位於維吉尼亞州費爾法克斯（Fairfax）ICF Next行銷代理公司的佩蒂．譚普．洛克斯（Patti Temple Rocks）說：「在公關、廣告和行銷的世界，如果有年齡歧視的問題，不僅會釋放有偏見的訊息，對業務也不利。我們這個產業太執著青春了，經常把『年輕』跟創造力和科技能力混為一談，卻認為『年長』等同於科技白痴，與時代脫節，甚至有許多廣告都在暗示，老年人是『一灘死水』。」這段話早已成為專家的共識。法國廣告公關公司Havas創意長維基·麥奎爾（Vicki Maguire）認為：「我們以前的做法，是把新穎、活力、嶄新和變革與青春聯想在一起。坦白說，那是在胡說八道，這個產業就是極度短視，而且自我中心，終究會自食惡果。」這段話有一點誇張，但確實有事實根據。

有一部分問題出在美國從事廣告、公關和行銷的人，有超過五〇%的年紀都在四十歲以下，還有八〇%在五十五歲以下。無論是代理商或企業，都忙著招募精通數位社群媒體的年輕人，這只會讓情況惡化。洛克斯回想，有一次針對更年期藥物產品上市，和客戶一起開會。她說：「我環顧四周，心想『除非這些人曾和媽媽深入交談，否則沒有半個人會知道，進入更年期是什麼感覺。』」根據報導，五十五歲以上的人占了新車買家的一半以上。她說：「大家閉上眼睛，想像一下你最近看到的汽車廣告，它們鎖定的顧客年齡真的是五十五歲以上的族群嗎？」

很少品牌意識到，有一群消費者屬於「不受年齡限制的類別」，也就是不按年齡行事的人，不再符合「老」和「少」的刻板印象，這個族群正在迅速擴大。個人保養和頂級美容產品的公司，率先看出這個族群的購買潛力。喬治安娜·辛普森（Georganna Simpson）在廣告雜誌*Campaign*上寫了一段文字，推崇法國美容集團萊雅（L'Oréal），因為萊雅「希望向全世界證明年齡不是問題，每一個女人在人生中每個階段都是美麗的。萊雅想要挑戰刻板印象，主動塑造我們對年齡的認知，培育出一個人人都擁抱變老的社會。」二〇一九年，萊雅與*Vogue*雜誌英國版合作，推出「年齡不是問題」

（Non-Issue）活動，邀請不受年紀限制的名人，包括珍・芳達、海倫・米蘭（Helen Mirren）、伊莎貝爾・艾珍妮（Isabelle Adjani）及瓦爾・加蘭（Val Garland）。*Vogue*雜誌英國版主編愛德華・恩寧佛（Edward Enninful）寫道：女人「發覺自己因為年齡被美容時尚產業拋棄了，現在我們一起挑戰這個產業。」這個活動在社群媒體上迅速傳播。臉書（Facebook）全球客戶主管吉娜芙拉・卡帕切・加萊奧塔（Ginevra Capece Galeota）說道：「真榮幸可以和這些經典品牌合作。結合傳統媒體與我們的創新技術，透過優質的內容，向大家展現年齡不是問題。」說得好，年齡不該是問題。

在無齡（ageless）趨勢上，雅詩蘭黛一直走在最前線。二〇二一年，甚至為了這個新趨勢，增聘執行董事一職，「根據人口統計／文化情報、識別科技、子類別、產品及執行機會，透過品牌和研發，為無齡消費者創造更大價值。」雅詩蘭黛的目標，就是不再用年齡來決定行銷策略，而且要落實到公司上下及旗下各個品牌。

對各消費年齡層的扭曲看法

只可惜一走出美容業，其他企業卻嚴重落後。數十年來，大部分時尚產業仍刻意忽略年過三十歲的女性。米勒主張：「就我們所知，四十歲以上的女性看到社群媒體上的時尚行銷廣告，都覺得自己遭到忽略。」行銷研究也證實，時尚品牌始終都認為，店裡有「老」人會破壞品牌在「年輕」

消費者心目中的品牌形象。這是多麼可怕的想法。

現代的產品設計和行銷學，誕生於特定的時代，當時每個世代的人數都比上一個世代還多。一九五〇年代的嬰兒潮，改變了美國的社會和商業界，中產階級成為經濟支柱。一切似乎都圍繞著嬰兒潮世代的「年輕」與「中年」消費者打轉，只因為他們的消費能力最強，市占率最大。然而，根據波士頓顧問集團的資料指出，到了二〇三〇年，美國總消費成長約有四〇%將由六十歲以上的人貢獻。如果換成在日本與德國，比率就會更高了，分別是六〇%和七〇%，因為這兩國的年齡分布更不均。既然六十歲以上的人口，有更長的時間可以保持身心健康，行銷和品牌的世界當然要跟著轉型，其中一項變革就是重視無齡消費者。

在第七章已經探討財富集中在高齡人口，所以無齡消費者將會成為未來市場的新寵兒。因此，Everlane和其他服飾零售商，必須歡迎並吸引各個世代的顧客，同時認清一個事實，他們的產品和服務也需要仰賴老年人的消費力。人口的趨勢已經夠清楚了，從日本和中國開始，歐洲與美國也會步上後塵，到了二〇三〇年，消費市場的主力將是六十歲以上的人口。和二〇二二年相比，到了二〇三〇年，中國六十歲以上的人口將增加一億零五百萬人，達到三億七千萬人；印度將增加四千五百萬人；美國將增加一千三百萬人。就連孟加拉和印尼之類的貧窮國家，六十歲以上人口也會增加五〇%，甚至更多。未來企業和品牌的挑戰，不僅要迎合兩、三個世代，而是七、八代不同的需求及偏好。只可惜許多市場行銷人員，對於各年齡層的消費支出仍抱持扭曲的看法。行銷顧問公司 Age of

Majority創辦人傑夫・魏斯（Jeff Weiss），訪問許多行銷顧問，卻發現「行銷人員普遍認為，千禧世代占所有消費支出的三九%，但實際上卻只有一八%。」大多數行銷人員都有這種誤解，如此明顯的錯誤，可見他們深陷於刻板印象和偏見的泥濘中，喪失立足之地。

傑夫・比爾（Jeff Beer）在商業雜誌*Fast Company*寫道：「過去二、三十年，人生階段和年齡逐漸脫鉤。求學、結婚、生子、拼事業及退休，都是人生重要的里程碑，但是這些里程碑逐漸不受傳統的年齡限制。」然而，行銷顧問與客戶經理仍聽從上級指示，從年輕人招攬新顧客，完全不管年輕人處於人生哪一個階段。佛瑞斯特（Forrester）分析師迪潘揚・查特吉（Dipanjan Chatterjee）指出：「品牌有一種通病，只獎勵招攬新客戶的行銷人員，一旦新客戶上鉤了，就會轉交其他部門負責。」由此可見，企業內部的獎勵制度有必要進行一些調整，好歡迎所有年齡層的消費者。根據美國退休者協會的研究，有太多的廣告公司對熟齡消費者一無所知。

說到年齡歧視，學術界和代理商或品牌相比，沒有表現得特別好。一九八〇年至二〇一四年間，有關「熟齡」消費者行為的同儕審查研究，總共有一百二十八篇，經過羅伯特・茲尼瓦（Robert Zniva）和沃夫岡・威索（Wolfgang Weitzl）的分析，這些研究「仍以年齡為基礎」，幾乎不考慮人們會如何變老，以及生活方式是否在某一刻改變。他們只找到唯一一份研究，不把生理年齡當成主要的解釋變數。此外，只有三分之一的研究使用年齡以外的衡量方式，來確認研究結果不受指標選擇影響。最重要的是，大部分的研究並未長期追蹤消費者，蒐集縱貫性數據，主因是這麼做會特別

「燒錢和耗時」。

不同的世代互相影響

傳奇女星麗塔·莫瑞諾（Rita Moreno）曾演出《西城故事》（*West Side Story*），後來在《踏實新人生》（*One Day at a Time*）飾演祖母莉迪亞時，說了這麼一句台詞：「在我那個時代，我就像iPhone一樣流行。」她這麼說，是為了鼓勵孫女艾蓮娜，「快拿起手機，傳訊息給對方」，為自己的成年禮派對找個伴。Netflix熱門劇集《踏實新人生》，無論是哪一集，這位祖母永遠在影響家人，她住在一個多代同堂的家庭，影響家中每個人的決策，尤其是人際關係和花錢的決定。其他一些情境喜劇，家裡最具影響力的人可能是中年的媽媽，例如Netflix的《闔家團圓》（*Family Reunion*），也可能是中年的爸爸，例如ABC電視台的《黑人當道》（*Black-ish*）。

未來最重要的趨勢之一，就是與代間影響力有關。社群行銷平台Influencer Marketing Factory創辦人尼克拉·巴托莉（Nicla Bartoli）表示：「從臉書到YouTube和抖音，我們最近在社群媒體平台上，看到越來越多嬰兒潮世代及X世代的網紅。」這群人稱為**爺奶網紅**（granfluencers）。二〇二一年假期購物季，例如亞馬遜（Amazon）、Nike和Lululemon等知名企業，以及像是Altuzarra、Fenty、Jacquemus與Rachel Comey之類的新銳時尚設計師品牌，紛紛邀請熟齡網紅進行推廣。線上媒體Social Standard的部落客寫道：「爺奶網紅就像典型的網紅，也涵蓋各種主題，通常會主打特定的小眾市場，參與付費活動，並在網路上公開分享他們的生活，讓成千上萬的粉絲知道。」這群人會鼓勵粉絲擁抱年齡的多樣性，切勿倉促或躁進，以免做出不正確的結論。「有些品牌的行銷策略，開始邀請爺奶網紅，為品牌形象增添智慧、真實和人生經驗的元素。」最重要的是，還真的吸引到大量年輕消費者，這正是多世代引力的典範。

「我從一九二八年開始偷走妳的男人。」這句話是海倫．露絲．埃蘭（Helen Ruth Elam）最受歡迎的名言，廣為流傳（為什麼是一九二八年？因為她在那一年出生）。辣嬤溫格（Baddiewinkle）更出名，她在八十五歲成為Instagram網紅，就連音樂巨星蕾哈娜（Rihanna）也抵擋不了，開始關注她。她現在有兩百五十萬粉絲，多家廣告代理商用她的形象來宣傳自己的網站，而且辣嬤溫格還代言許多節目、Netflix影集及產品。世界上有許多排名，列出全球各地最受歡迎的爺奶網紅，其中包括日本「電玩奶奶」森濱子（九十歲），從五十多歲開始投入電玩遊戲，她的YouTube頻道累計近五十萬訂閱者，她說：「看起來很有趣，如果只有小孩玩，真是不公平。」她經過金氏紀錄認定，是全世界「最年長的遊戲類YouTuber」。南韓美妝部落客朴寞禮（七十三歲），長年經營一家小餐廳，六十九歲時成為YouTube和Instagram的網紅，擁有近兩百萬社群媒體粉絲。她主要是發布食品、化妝品和旅遊的貼文。已故的雷迪爺爺（Narayana Reddy），擁有「阿公廚房」（Grandpa Kitchen）YouTube頻道，七十一歲在YouTube發布第一支烹飪影片，兩年後去世時，已經累計六百一十萬訂閱者，如今該頻道訂閱者超過九百萬人，他在影片中為了印度南部社區製作巨無霸的便宜料理。多娜・安潔拉（Doña Angela）是墨西哥廚師，教大家製作傳統料理，她在YouTube有三百四十萬訂閱者，在臉書也有五百萬粉絲。

近年來，還興起「奶奶青年」（grandmillennial）的家居裝飾風。凱特・謝伊（Kait Shea）在線上雜誌*Event Marketer*寫道，根據英國家居雜誌《美麗家居》（*House Beautiful*）報導指出，這是一群千禧世代的消費者，「喜歡那些被主流文化認定為『老土』或『過時』的設計趨勢，例如壁紙、荷葉邊和藤製品。」事實上，爺奶網紅正在形塑和設定年輕一代的品味潮流。這個現象在中國特別明顯，九十歲的奶奶網紅江敏慈，擁有數百萬粉絲，主要是千禧世代。她只是拍攝影片分享個人生活，包括奉父母之命成婚，而後擺脫婚姻，成為鐵路工程師。簡單來說，這些爺奶網紅的生活方式已經成為偶像級典範。

三代同堂下的消費影響

抖音原本是為青少年和青年設計的平台，現在也開始鼓勵祖孫互動，促進跨越世代的理解。例如，喬伊・艾靈頓（Joe Allington）就以抖音帳號@grandadjoe1933聞名，這位八十七歲的老人家擁有兩百萬粉絲，他之所以會開始發文，是因為在孫女的影片裡露面，出奇受到歡迎。他自己也說：

「真沒想到世界各地的人都到抖音看我，但我不是為了名氣而拍片，只是因為跟孫女玩得很開心。」八十八歲的珍妮．克魯帕（Jenny Krupa），和二十歲的孫子史凱樂．克魯帕（Skylar Krupa），一起在加拿大亞伯達省錄製抖音影片。她甚至誇下海口：「雖然我八十八歲了，但是我的粉絲數可能比你還多。」（她擁有一百多萬粉絲，排名前一%。）

行銷人員不只要認識爺奶網紅，肯定他們巨大的潛力，還要忙著確認多代同堂的情況下，誰才是主要的影響者，也就是負責做出購買決策的那個人。答案似乎沒有那麼直接，畢竟祖孫的角色配置仍受限於很多因素，例如社會階層、種族、民族及宗教背景。

顧問公司January Digital創辦人暨執行長韋克．德拉比奇（Vic Drabicky）表示：「現在的資訊容易取得，五十歲的X世代家長可能會影響二十歲的Z世代子女，但是子女也有可能影響家長。因此，品牌要慎思市場策略，要適應這種動態。」他提出的問題非同小可，有賴一套更精緻的市場策略。他說：「如何完成有效的代間行銷，並確立一套行銷策略，讓所有年齡的消費者都有共鳴？品牌必須找到共通點，把所有世代都串連起來。」電視影集已經透露出一些線索。他主張：「什麼是共通點？這通常隱含不分世代的幽默感，或是共通的情感心態。」勤業眾信常務董事卡拉．馬丁（Karla Martin）也這麼認為：「雖然不是每個人都有這樣的趨勢，但是確實有越來越多年輕女性從母親的衣櫃借衣服，同時母親也會參考年輕人的打扮，選購時髦的單品，改變自己的造型。」這不僅僅是世代之間互相影響，還會透過實際行動互通有無。

有一些品牌已經注意到上述這些趨勢，正設法增加跨越世代的貼文。抖音的高層表示：「我們希望祖父母和孫兒一起享受抖音。」抖音有越來越多的帳號，都是祖孫一起製作影片，這個趨勢始於疫情封城時。和祖父拍攝影片的麗貝卡．米勒（Rebekah Miller）擁有近五十萬粉絲，她認為多世代的數位體驗有助於減少孤獨感，還可以強化情感連結，創造「代代相傳」的回憶。她說：「我真的很驚訝，這是我從未想過的情況。」其中一部影片的觀看次數，甚至達到一百多萬點閱率，她的祖父驚呼道：「哇，真多人！」

此外，尼爾森全球智庫主管史考特．麥肯齊（Scott McKenzie）認為：「多代同堂的家庭變多了，品牌購買決策會趨於複雜。」現在美國有六千萬人住在多代同堂的家庭裡，同一個屋簷下至少有三個世代。加拿大產品服務評測公司Parent Tested Parent Approved創辦人夏農．溫德林（Sharon Vinderine）認為，「因此和以前任何年代相比，現在的孩子更容易受到年長照顧者的購物習慣影響，對消費心態可能會有長遠影響。因此，年長照顧者成為新的直接影響者，孩子在一旁直接觀察並模仿，可能會影響品牌忠誠度，以及對價格的敏感度和價值的認知。」有越來越多的孩子與年輕人，消費行為受到父母和更長壽的祖父母影響，即使沒有住在同一個屋簷下。

最近還有另一個多世代動態，就是Uber和Airbnb之類的數位平台，主打「協同消費」（collaborative consumption）。目前大多數的資產（如房屋、汽車），掌握在四十五歲以上的人手中，而叫車平台和短租住宿的用戶，年齡大多低於四十五歲，可見這些雙向媒合平台為多世代互動創造獨特的機會，而且這些例子只會越來越多。

不老世代和後世代行銷

勤業眾信的馬丁指出：「有越來越多行銷人員，開始討論『不老世代』，因為這群人的消費行為，只順應自己的信念，而不是年齡。」（第五章曾介紹，這個名詞是由連續企業家佩爾提出。）重點是後世代的動態本身，正在設定新趨勢。「不老世代的消費者，勇於嘗試新事物，通常不在意『應該』穿什麼，只在乎對他們而言什麼才是真實。」後世代時代來臨，未來的不老世代會越來越多，取代模稜兩可的傳統世代概念。德拉比奇說道：「托里．柏奇（Tory Burch）……創立自己的品牌，她不可能對外宣布：『我正在為十八歲至七十歲的女性建立一個品牌，就讓我們開始設計吧！』相反地，品牌專注於無懈可擊、歷久彌新的設計，以及優質的產品，還有聆聽顧客的心聲，並忠於品牌本身，而非迎合每個人。」這家位於美國紐約的零售商，在全世界擁有三百多家分店，旗下電商網站支援七種語言。柏奇建議大家：「從品牌之中尋找和年齡無關的情感元素，還要勇於冒險，嘗試新的產品、媒體平台、設計等。」馬丁也附和道：「在後世代社會，沒有一套放諸四海皆準的策略。」商業就是這麼一回事。

品牌開始探索後世代行銷的概念。二〇一五年，法國時裝品牌Céline邀請年逾八十的美國女作家瓊・蒂蒂安（Joan Didion），擔任海報女郎。二〇一六年，Nike發布「無限青春」（Unlimited Youth）系列廣告，破天荒選用八十六歲的「鋼鐵修女」（Iron Nun），也就是鐵人三項的名人瑪丹娜・卜德（Madonna Buder）姐妹。她在影片中說道：「很多時候，我會害怕失敗，擔心達不到我設定的目標，但是後來我看開了，唯有不嘗試才是失敗，因為你努力本身就是成功。」這部廣告受到*Advertising Week*青睞，入選每日精選廣告（Ad of the Day）。

根據產業專家的說法，Nike似乎完成不可能的任務，針對敏感的議題傳達出幽默又勵志的訊息。很顯然這兩則廣告觸動人們的神經，「無數人讚美這部廣告……令人會心一笑……這不僅打動人的心……也成功贏得關注。」廣告分析公司Ace Metrix指出，這則廣告引發大批觀眾共鳴，好感度與關注度都很高。一位千禧世代觀眾表示：「我喜愛那位修女和她傳達的訊息，心不老，永不老。」另一個人也說道：「我喜愛修女與播音員的對答，讓廣告更真實、更貼近生活，不像一般的廣告。」第三位千禧世代觀眾則說：「我喜歡這部影片的拍攝手法，還有影片中的主角。我完全可以理解，因為我也拚命保持活力，希望自己老了的那一天，還可以如此活躍。Nike的鞋子，是我穿過最舒適的跑鞋。」這部廣告還吸引更年輕的觀眾，就連Z世代也淪陷了，「這是很棒的廣告！我喜歡那位修女和她的決心……她比我更有活力……哈哈！看了廣告，認識鋼鐵修女，勵志又有趣。」

一年後，二〇一七年，賓士（Mercedes-Benz）推出「像你的樣」（Grow Up）系列活動，設定各種主題，包括找工作及當稱職的父母。這個系列是為了吸引千禧世代的消費族群，同時不損害賓士在前幾個世代心中的地位。它強調設計和科技，但是品質、可靠度及安全性不打折扣。德國廣告公司Antoni創意總監維特・莫勒（Veit Moeller）表示：「我們針對賓士的小型車款，設計宣傳活動，提供觀眾有意義的廣告內容。這是我們第一次把五款車，放在同一個品牌策略推廣，而不是個別獨立的宣傳活動。」他還說：「這也是我們第一次有機會瞄準更年輕的客群，因為從很多層面來看，小型車很容易入手。」他們的方法無非是建立「一套普世的觀點，一來要延續品牌的傳統，二來要打動新生代的車主。」擴大潛在客群的公式，似乎被他們找到了。

同樣在二〇一七年，美國美妝品牌CoverGirl推出「我創造我自己」（I Am What I Make Up）廣告活動，邀請伊莎・蕾（Issa Rae，當時三十二歲）和梅耶・馬斯克（Maye Musk，六十九歲）等名人，宣傳一系列新產品，包括四十種不同色調的粉底，適合不同的膚色。MPC紐約工作室的山姆・卡恩（Sam Caine）表示：「我參與CoverGirl的活動，覺得很有趣，因為它反映當今的文化氛圍：正向積極、包容一切、讓女性表達各自的美感。」科蒂消費者美容（Coty Consumer Beauty）總裁羅倫・克萊特曼（Laurent Kleitman）也指出，這項活動是為了「慶祝和尊重美的多樣性。當我們支持個體性與自我表達時，美的概念應該會讓人感到喜悅。」

這些例子無非印證，品牌可以採取各種途徑來擁抱後世代市場。全球廣告集團TBWA Worldwide美國分公司全球文化策略總監莎拉・瑞比亞（Sarah Rabia）認為：「我看出兩種策略：第一種策略是變得更包容，不去劃分年紀，只關注所有受眾的價值觀和共通點，畢竟嬰兒潮世代與千禧世代有很多共通點；第二種策略則是瞄準特定的受眾，但是語氣要積極、現代和前衛。」大家期望怎麼老去？行銷人員經常提到，人們希望自己老去時，可以活在一個不分年紀的環境，享受不同年齡群體的交集與多樣性。

品牌針對不同世代，微調表達方式

德拉比奇觀察到，「重要的是，在大多數情況下，人不是刻意忽視年齡差異，而是自然而然地發生。」對行銷人員來說，這是大好的機會，因為人口結構的變化，剛好和行銷的演算法革命吻合。馬丁認為，消費者「期待與品牌持續對話，感覺自己對產品有發言權，也感覺自己是社群的一部分。從品牌行銷的角度來看，品牌要盡量創造和消費者的接觸點，而且這些接觸點必須因應不同的人群客製化。換句話說，產品大致相同，但是行銷訊息要量身訂做。」

波士頓顧問集團合夥人皮耶・杜普雷（Pierre Dupreelle）表示：「品牌整體的訊息，仍須傳達一致的情感和功能，但是與不同的世代溝通時，可以微調表達的方式。現在有精準的數位行銷和個性化策略，可以讓品牌精準選擇目標市場（micro-targeting），透過年輕人常用的媒體或管道，凸顯文化公信力的關鍵驅動因素，吸引年輕消費者，同時不會疏遠老一輩的顧客。」全球廣告公司McCann建議不分年紀，按照生活態度區隔，分成冒險家、社區照顧者、實現自我的成年人、追求年輕的人、擔心未來的人等。甲骨文（Oracle）組織發展顧問潔西卡．克里格爾（Jessica Kriegel）指出：「現在我們可以輕鬆取得消費者生活的個人細節，包括愛好、朋友、職業興趣及度假計畫。當企業瞄準消費者打廣告，可以參考更具體準確的訊息，而非基於過時和毫無根據的刻板印象……世代這個類別太空泛了。」事實上，不僅空泛，甚至還模稜兩可，有誤導之嫌。

除了運用演算法、精準區隔市場和定位目標外，還有另一個相反的策略同樣可行，而且更有包容力，也適合數位行銷。女性內衣品牌ThirdLove共同創辦人暨共同執行長海蒂．札克（Heidi Zak）回憶道：「最近和附近的貝果店老闆聊天，得知她經過女兒介紹，才開始穿我們公司的內衣，接著她對我說，她媽媽最近也開始買我們公司的內衣，可見這個產品有三個世代在使用，從顧客口中聽到這個消息，覺得很酷。」對她而言，成功的祕訣是直接忽略年齡，專心提升產品的魅力，吸引到最廣泛的客群。「我們希望為所有的女性做內衣，所以確實考慮各個年齡層，但其實當時更在乎的是，我們的產品能不能適應各種體型的人……因此，一次向幾個世代推銷產品，並不需要多重行銷策略。」

ThirdLove的忠實客戶，大多年齡都超過四十歲，但是該公司的廣告只採用年輕的模特兒，札克卻從未注意到這一點，直到有一天，有人開口提醒她。札克認為：「不必針對老年人設計廣告訊息，反而要建立一個強調包容性和多元性的品牌。」現在，你可以在ThirdLove的Instagram和臉書粉絲專頁，看到各種年齡與體型的女性照片。「我們分享年長模特兒的照片，粉絲的反應非常熱烈，不僅是老一代的粉絲，年輕的女性粉絲也經常在下面留言，或是寫私訊聯絡客服團隊，說她們很喜歡看到這些貼文。」札克的目標是建立一個真實而包容的品牌，「來傳達普世的訊息，吸引所有年齡層的支持。」這對任何產業來說，都是一個好方法。

擁抱多樣性，消除年齡歧視

有越來越多的廣告公司正在擁抱多樣性，消除行銷界的年齡歧視。獵才顧問公司Unknown創辦人奧利．史考特（Ollie Scott）說道：「把最開放和最願意合作的員工，無論老少，全部聚集在一起，看看會發生什麼事。認知多元化（cognitive diversity）是我們保持活力的獨特方法，行銷產業最需要退休的，其實是年齡歧視。」英國出版社Immediate Media營收長鄧肯．提克爾（Duncan Tickell）附和道：「說到品牌行銷，我們長期以來一直重視成熟受眾的價值，因為我們研究發現，四十歲以上的人口才是精通科技的媒體消費者……稱為『財富世代』（Generation Wealth），可見有許多品牌長期錯估市場，過度強調年輕一代，卻長期忽視四十歲以上的消費族群。」美國行銷機構Sparks & Honey策略合作副總裁安內莉．克麗安（Annalie Killian）觀察發現，「有超過五倍的行銷預算花在千禧世代身上，但是如果從消費金額來看，五十五歲以上人口的消費量其實是十八歲至三十四歲的兩倍以上。」她建議，「放下對青春的執念，深入理解文化。首先，尊重各年齡層消費者的價值和價值觀；其次，呈現不同年紀的消費者，如何在日常生活、工作及娛樂共存和互動。」要如何做到？必須拋棄長久以來按照年齡區隔市場的做法。

無論是類比還是數位行銷，重點都一樣，必須找到跨越世代的接觸點，並且善加利用。馬修・史瓦茲（Matthew Schwartz）在美國國家廣告商聯合會（Association of National Advertisers）的部落格寫道：「為了做好世代行銷（建立一個包容的平台，讓所有人樂在其中），品牌經理必須尋找各種線索，把不同世代的人都串連起來，否則大多數的行銷人員忙著分頭滿足所有年齡層的期望，反而會浪費寶貴的資金。」例如美國前進保險（Progressive Insurance）在二〇一七年推出一項活動，名為「活得跟爸媽一樣」（Parentmorphosis），吸引各個年齡層的人。基本上，這是在提醒大家，我們都會活成父母的樣子，令觀眾會心一笑。其中一部廣告是，一位年輕的婦人活出父親的樣子，個性大剌剌，喜歡打高爾夫球。她情緒很激動地把燈關了，「省電一點，你以為自己是電力公司的股東嗎？」每部廣告的結尾都會打上一句話：「前進保險不能阻止你活成父母的樣子，但是我們可以保護你的家和汽車。」

行銷數據公司Data Axle策略與顧問資深副總裁史塔夏・戈達德（Stacia Goddard）說道：「談到行銷偏好，不同世代之間的共同點可能出奇多，消費者普遍希望從有關聯和偏好的品牌中，獲得個性化的溝通與體驗。」該公司調查發現，嬰兒潮世代、千禧世代、Z世代及X世代，竟然有七七%至八八%都有這種想法。就連媒體通路的偏好，重疊程度也很驚人，每個人的首選都是電子郵件，

Z世代是唯一的例外，更喜歡社群媒體。最大的差別應該是對網紅的態度，年輕人確實會更喜愛一點。「雖然購買習慣、媒體偏好，以及期望和品牌互動的方式，會隨著世代而改變，但是大家要記得，世代並非市場區隔的基準，更何況目前的市場區隔也做得不夠精確。」

行銷人員還有漫漫長路要走，才能真正擁抱後世代的行銷手法。這只是再度證明，我們的思維方式還需要大幅調整，來因應劃時代的改變，舉凡預期壽命和健康壽命延長、許多退休人員重返工作崗位、另類家庭的興起、女性在社會的新角色與新現況，以及數位行銷新工具誕生。現在的世界不再如同過去清楚劃分年齡，我們不一定要和同年齡的人，一起生活、學習、工作、玩耍與購物，也不用遵循特定年齡的規範和行為模式。那麼後世代的社會與經濟，到底會是什麼樣貌？

第十章
邁向後世代社會，人人都是不老世代

◇◆◇

「真正的困難，不是發展新觀念，而是拋棄舊觀念。」

——約翰·梅納德·凱因斯（John Maynard Keynes，一八八三—一九四六）

二〇一三年，日本人三浦雄一郎已經八十歲了，經歷四次心臟手術，骨盆還曾經骨折，仍然成功登上聖母峰，這是他一生中第三次攻頂。當他站在世界之巔，打衛星電話給女兒時，簡單說了幾句話：「我從未想過還能在八十歲時站在聖母峰頂端，雖然我已經筋疲力盡，但這是世上最棒的感覺。」第三次攀登聖母峰，經過精心策劃。他回憶道：「我告訴自己，我不會放棄。攀登的過程中，我也曾經想過放棄或者猶豫不決，但我總是忽略，繼續往上爬。」這項壯舉打破傳統對年齡與韌性的觀念。聖母峰頂的空氣比海平面稀薄三倍，即使攜帶氧氣瓶，大約也只能停留半小時。三浦雄一郎回想道：「我卻發現自己停留一個小時，欣賞景色，拍照留念。能夠在地球上的最高點度過這一個小時，是我人生最奢侈的經歷。」

只有少數頂尖登山者曾獨自攀登聖母峰。三浦雄一郎已經八十歲，還能完成這項壯舉，多虧有一個大團隊，集結多世代的力量，其中包括他的兒子三浦豪太。有人說，攀登聖母峰需要三十多歲的活力和體力、四十多歲的登山經驗與判斷力，還有五十歲以上的堅韌。三浦雄一郎的登山隊伍中，包括一位五十歲出頭的日本嚮導、四十三歲的兒子、三十多歲的攝影師，以及年齡介於二十六歲至四十四歲之間隨行的雪巴人，還有五位年齡未知的日本人負責在基地營支援，外加五位年齡介於十四歲至十八歲的雪巴人負責廚房大小事。人類能夠達到的極限有限，但是如果幾個世代互相合作，各自貢獻他們獨特的強項，團結起來面對各種難關，就沒有那麼可怕了。一路上會有很多險阻，舉凡基地營上方的冰瀑、海拔兩萬英尺（六千零九十六公尺）的可怕雪崩，從山頂下來，有些路段特別險惡。此外，在這次遠征中，各個世代發揮不同的功用，互相學習，同時為未來的遠征做好準備。

三浦雄一郎堪稱不老世代的典範，他振奮人心的成就，並不是強迫大家要挑戰高風險活動，攀登冰天雪地的高峰。他的這些成就是在質疑我們傳統上對生命歷程的看法。但是，還有一個最微妙的觀點，人生序列模型規定只有同一代人（最多兩代人），可以一起生活、學習、工作及消費，而三浦雄一郎的聖母峰探險記卻打破這個觀念，這種人生觀快要崩潰了。文化人類學家米德在一九二八年出版暢銷書《在薩摩亞成年》（*Coming of Age in Samoa*），當時她就觀察到，「玩耍和學習集中在童年，工作集中在中年，所有的遺憾只留給老年，不僅錯得離譜，也很殘忍。」四十年後，一九七〇年代初，最具遠見的管理顧問彼得．杜拉克（Peter Drucker），樂觀地對大家說：「現在我們把學習看成一輩子的事，如此一來，才能跟得上時代潮流。」如今又過了五十年，我們仍然停留在過去，妄想在學校或大學學到的知識能夠終生受用，在某個產業工作一輩子，然後享受漫長的退休。壽命持續延長，科技日新月異，學校－工作－退休的人生序列模型已經過時，需要重新審視。

過去一百多年，一個世代負責玩耍，另一個世代專心學習，還有一、兩個世代在上一個世代的監督下工作，另外有兩個世代退休不工作。這難道是最好的人生安排嗎？這麼做就會成功、幸福嗎？我們的社會有許多問題，人生序列模型至少要負起一部分的責任。前面幾章探討許多問題，包括青少年壓力、小孩長不大、青少女懷孕生子、生育率下滑、工作與家庭失衡、中年危機、事業停滯不前、代間衝突、退休金缺口、退休人士孤獨、性別歧視、經濟不平等、不滿的消費者。這些問題正在消耗每個人，並且讓整個社會與國家承受瀕臨爆炸的緊張。我們的政策不該只是東拼西湊，而是必須重新安排人生，直接消除問題，並非只是解決問題，從而讓這些問題真正消失。俾斯麥的人生序列模型太僵化，該是放棄的時候，從此以後擁抱不老世代的心態，不再以年齡界定自己，決定我們的行為。

不老世代的思維該如何實行？

我在序言曾聲明本書不會提供解決方案，解決人生序列模型造成的大問題。前面幾章提及後世代革命和「不老世代」崛起（有人口與科技轉型的因素），促使每個人重新評估在現行的體制中，到底是誰受益、誰受害，鼓勵我們反思目前的生活方式，是否有必要重新檢討，以實現真正的平等機會，發揮每個人全部的潛能。每次我看到約定俗成的觀念，教大家如何玩耍、學習、工作和消費，就會忍不住質疑。舊時代的模式，就是要打破！因為我們周圍的現實，早已超越了僵化的人生序列模型。然而，問題仍然存在，其中一些問題還惡化了。現在是時候一起擁抱不老世代的方法論，以及後世代的生活方式，真正消除問題，不只是解決問題，進而改變我們人生背後的體制，釋放新的機會。

首先，如果我們奉行不老世代的理念，就算沒有按時通過人生各階段，也無須背負汙名，這樣豈不是更公平？例如，有些人在青少年時期沒有好好規劃職涯，另外有一些人的人生沒有那麼順遂。如果不同世代可以一起生活、學習、工作和消費，這些人就更有機會找到出路，不會淪為社會邊緣人。

不老世代的思維對其他領域也有貢獻，就連人生順遂的人也可以從中獲益，例如現代人傾向自我改造，但是依照目前的職涯模式，並不支持我們這樣做。職場上，有許多不同的世代一起共事，但是我們尚未充分發揮各世代的技能、專業知識和經驗，讓彼此相輔相成。科技日新月異，導致知識過時，但我們在人生週期中，卻無法在學習和工作之間來回自由穿梭。大多數的行銷人員仍然故步自封，認為品牌經營要主打年輕族群，卻忽略在家庭內外，不同世代其實會相互影響。

想像一個後世代社會

二〇一九年，美國退休者協會研究發現，「七〇%的工作者表示，他們樂於和不同世代一起工作。大多數人認為，不管是年輕或年長的勞工，都可以創造許多正面效益，改善職場環境。勞工最珍惜的，莫過於多世代職場環境中的互動和交流。」美國退休者協會公共政策長黛博拉．惠特曼（Debra Whitman）指出，多世代職場的潛在效益涵蓋很多層面。「跨世代組成的工作小組，表現更好……多世代勞動力提高連續性、穩定性，也保留知識資本……此外，勞動力的年齡趨於多元，有助於企業了解市場，例如大量的熟齡消費族群。」我們在先前的章節已提及這些關鍵優勢。

然而，這些效益不只關乎商業和經濟。年齡既是生物學的現實，也是社會與政治的建構。醫學和科技的發展，正在重新定義預期壽命與健康壽命，促使我們改變長期以來的假設、認知及期望，不再限制各個年齡「可以做什麼」、「不可以做什麼」。從現在開始，我們要改造生活方式。

真正的後世代社會，人人都是不老世代，會鼓勵我們重新安排生活、學習、工作及消費，因為人們可以在校園和職場自由穿梭，讓各個世代互相交流，這屬於混合式的學習模式，包含當面實體教學與遠距學習。青少年尋找人生定位時，不用背負那麼大的壓力，如果還沒準備好，也不用迫於父母的壓力，貿然做出攸關命運的決定，而是可以多次重返學園，重新想像自己的職涯。至於家長們（尤其是小媽媽），也可以平衡工作與家庭，不用再強迫自己二選一，無論在任何年紀都可以自由切換學習、工作和育兒，沒有必要遵循僵化的時間表。於是，那些曾經被人生序列模型排除在外的人，例如中輟生，或是因為科技革新或經濟變遷，導致事業停滯不前的人，都可以獲得新機會。此外，也能讓完全或部分退休的人過著充實的生活，維持經濟穩定。

先來總結一下，後世代社會有哪些潛在效益，然後再來評估文化、組織、政策必須進行什麼改革。如果我們可以擺脫人生序列模型，可能會有下列幾個好處：

- 彈性的人生時程表，還有多元的升遷途徑。如此一來，當我們面臨人生過渡期，就不會有那麼大的壓力。
- 允許其他替代道路（或許比較曲折），讓那些落後的人可以走出不幸或錯誤的決策，迎向滿意的人生。
- 在職場導入新的工作方式，兼顧認知能力和工作經驗，讓每個年齡層的人都能發揮潛力。
- 鼓勵更多人接受教育和學習知識，倡導終身學習，以適應科技創新及改造自我。

- 創造更彈性的職涯路徑，為企業界和勞動力市場中的父母，提供公平競爭的機會。
- 協助退休人士找到兼職工作（如果他們有意願持續工作），可以避免退休的負面副作用，例如孤獨。
- 改革退休金制度，鼓勵退休人士兼職或成為自營作業者，一來讓退休人士獲得應有的獎勵（合理的退休金）；二來也顧及年輕人的期望。
- 協助每個人認識自己固有的優缺點，以免某些群體承受不公平的刻板印象。久而久之，這會化解年齡偏見和歧視。
- 採納更包容的行銷策略，建立全新的消費市場，讓每個世代都可以感覺自在。

這些可能性都值得我們用心追求，但是除非改革文化、組織和政策，否則不會有任何進展。改革不一定要大刀闊斧，或者創新求變。改革也可以小心審慎，循序漸進。讓我們慢慢來，一路實驗和調整。每一步的進展，都會帶領著我們邁向不老世代的社會。

文化變革

莎士比亞的作品《皆大歡喜》（*As You Like It*）中，有一句知名的開場白。賈奎斯被憂鬱的情緒淹沒，說著一段獨白：「全世界都是舞台。所有男男女女，都只是演員。」他提到「七個年紀」，道盡了「出場和入場」，包括嬰兒在「哭泣嘔吐」、學生在「抱怨」、戀人在「嘆息」、戰士「像豹子一樣凶猛和冷酷」、法官「有腹部贅肉」，以及「第六個年紀……配戴眼鏡和隨身小物」，最後則是「返老還童……沒有牙齒、沒有眼睛、沒有味覺，什麼都沒有」。

唯獨莎士比亞才能描繪得如此生動，而且直白。

在我們的文化，人生序列模型已經根深柢固，不管是戲劇、小說、詩歌、電影或電視節目，都會描述人生各個階段，從嬰兒期、童年、青春期、成年到退休等生命過渡，可能會面臨的考驗和困難。大家對於各個人生階段有固定的想像，也期待自己按部就班，從某個階段進入下一個階段（如果沒有按照順序，沒有按時通過每個階段，就要承擔後果，已在第二章至第四章探討）。

後世代社會來臨，不老世代崛起，第一步就是要改變心態。學校、大學、企業、政府機構及整個經濟體系，都是按照固定的年齡層把我們分門別類。這一套體系為世界服務一百多年，現在看來已經過時。人們越來越長壽、越來越健康，再加上科技持續進步，對組織和社會構成壓力，我們必須找到新的模板，讓不同世代的人盡情享受更長壽、更健康的人生，迎接後世代的玩耍、生活、學習、工作和消費方式。

文化歸根究柢就是和分類有關，有一些分類是束縛，限制我們能做什麼、不能做什麼，定義何謂「適齡」，這些分類必須廢除。有一些分類系統格外有害，一直在排他，而且管東管西，要求每個人在任何時間點，只能選擇一個類別。人生序列模型按照年齡和活動，把我們分成幾個世代，為那些想要出人頭地的人，制定一條線性路徑，從搖籃一路到墳墓。因此，許多組織都這樣管理人群，包括托兒所、學校、大學、醫院、政府機構和公司。

要放棄類別，恐怕不太可能，但如果要消除有關年齡和世代的偏見，倒是有希望。例如，世界價值觀調查（World Values Survey）在二〇一〇年至二〇一四年，訪問全球五十七個國家，總共八萬多名受訪者，詢問什麼年紀適合當主管，三十歲還是七十歲的人？另外還有別的問題，例如他們的國家怎麼看七十歲以上的人？七十歲以上的人是不是「親切的」、「有能力的」和「受人尊重的」？這份調查也包含一些直接的問題，例如「老年人是社會的負擔嗎？」「老年人從政府獲得的福利，超出應得的範圍嗎？」「老年人的政治影響力太大嗎？」以及最重要的是，「僱用年輕人的公司是否表現更出色？」

超過半數的受訪者表示，可以接受三十歲或七十歲的主管。有趣的是，拉丁美洲、俄羅斯、前蘇聯及一些西歐國家（如荷蘭、西班牙和瑞典），人們偏好年輕的老闆；相反地，在中國、德國與日本，人們則偏好七十歲的老闆。至於美國和南韓，人們則覺得沒有差別。

向大家說一個好消息，根據一份詳盡的統計分析指出，「教育程度較低、年紀偏小的男性，容易有年齡歧視」。為什麼這會是好消息？因為身為教育者，我知道文化變革是可以達成的，只要教育年輕人，尤其是年輕的男性，讓他們理解後世代社會的好處。年齡和世代的偏見，在南亞、中東及非洲低收入國家特別明顯，因為這些地區的人口偏年輕，但是隨著學校教育普及，可以讓更多的人受惠。因此，我對未來抱持著樂觀態度。只不過礙於組織的規範和程序，文化變革可能會停滯不前，所以也要改革組織。

組織變革

德州聖安東尼奧（San Antonio）的居民黛安．胡斯（Diane Huth）坦言：「我現在六十九歲，沒有人會僱用我。我曾經在美國大企業工作四十多年，和大名鼎鼎的品牌公司合作。」她的經歷就和無數的專業人士一樣。「但是我找不到工作，就連十五年前做得很出色的工作也不要我了，所有的篩選機制，都在阻止我獲得面試的機會。我太老了；大家看到我的年紀，就會忽略我的求職信，即使那是我以前很擅長的工作。」至於年輕人也是抱怨連連，不管做什麼事都要先問主管，而且薪資太低，買不起房子，甚至找不到穩定的工作。

這和文化變革的情況一樣，我們又捲入年齡歧視和世代歧視的辯論，試圖解決問題，而不是真正消除問題。所有明顯或隱而不顯的歧視，當然都必須透過法律、文化及組織的手段解決。除此之外，還要發揮多代一起學習、工作和休閒的潛力，這適用於所有的組織環境，包括教育機構、企業與政府。否則青少年憂鬱、中年危機、職業停滯成長、退休金危機等問題，恐怕永遠都無法解決。

後世代社會來臨，不老世代崛起，最有潛力改變世界的領域，莫過於教育界。教育界可以克服文化偏見，讓民眾在校園和職場之間來回穿梭。作家暨顧問艾爾文・托佛勒（Alvin Toffler）認為，二十一世紀的文盲並非缺乏讀寫能力，而是不懂得學習、歸零和進修。人口、經濟與科技的變遷，迫使我們在一生中，經歷好幾次「學習、歸零和進修」的循環。有越來越多超過二十五歲的人，繼續學習新技能，例如資料分析、演講力或素描，不僅有正規的學校教育（美國有三分之一的大學生，年齡超過二十五歲），還有一連串令人眼花撩亂的數位學習管道。就連留在原本的組織，挑戰全新的職位，也要忘記舊習慣、舊程序及舊心態，更別說換公司或轉行了。例如，從銀行家變成社運人士，經常要提醒自己，從事社區組織運動，內部報酬率並不容易計算。此外，有一大部分的進修，其實是重溫以前學過的東西。我教過的學生經常說，他們還在就讀商學院時，並不覺得領導力有多麼重要，直到多年後，做了幾年技術性工作，終於成為企業的管理階層為止。

為了讓民眾學習、歸零和進修，追求各種非線性職涯，社會要提供新的教育機會，雇主也要願意反省過去的做法，用不一樣的方式甄選人才、吸引人才及留住人才。這是艱鉅的任務，因為無論是政府或企業，人力資源部門都已經高度官僚化。第一步，最好先把職涯階梯變得更有彈性。有些工廠生產線和行銷部門（其實不只這兩個部門），已經建立後世代工作場所，不妨仿效這些企業的例子，來彌補人生序列模型的缺陷。蓋瑞・科佩瓦斯（Gary Kopervas）任職於費城市郊的品牌代理公司 20nine，擔任品牌策略、故事設計和創新資深副總裁，他認為「全球都在經歷改變，企業為了要持續成長，必須解決一些棘手的問題。研究顯示，把嬰兒潮世代、X世代、千禧世代和Z世代齊聚在創意的環境中，大家想出來的解決方案會更豐富多元……如果企業的目標是發揮創意，就建立一個多世代職場吧！可以想出更優質的解決方案。」

後世代的勞動力，該怎麼誕生？無論企業規模大小，在評估求職和升遷申請時，應該採納線上教育的證明，否則線上學習者越來越多，雇主恐怕會錯過這些人才。例如，二〇一九年秋季學期（也就是疫情爆發前），美國就有三百四十萬名大學生只透過線上學習，約占總數的一七・五％，其中公立大學的比例占了一三％，但在非營利的私立學院和大學比例是二一・四％，至於營利的私校甚至高達六二・八％。因此，公立大學必須盡快創新，趕上這一波浪潮。

前面幾章就說過，有些企業已經看出後世代行銷和職場的潛力，只可惜這樣的企業還不多。現在有賴大企業拋磚引玉，率先建立真正不分世代的職場，勢必會掀起一股浪潮。但是，為了讓更多企業共襄盛舉，可能還需要更多的鼓勵、規範和新政策。

政策變革

聯合國的《年齡歧視報告》（*Global Report on Ageism*），訪問七十四歲的海地女性奧菲莉亞（Olipcia），她說道：「我認為整個社會，尤其是政府，應該促進年輕人和老年人相互理解。」但是，政策制定者本身也要懂得克服自己的年齡偏見，否則一不小心，這些偏見經常會滲透到政策，以致教育、工作、住宅及醫療保健等領域，對特定年紀的人抱持刻板印象、偏見與歧視。政府官僚機構的高層決策者以「中年人」居多，介於年輕人和退休人士之間，至於政治人物的年齡則往往偏高。

到了後世代社會，人人都是不老世代，為了實現這個願景，當然需要修法消除各式各樣的歧視，讓青年和六十歲以上的老年人，可以自由就業、找住所、接受醫療、受到法律保護。聯合國報告顯示，無論是已開發國家或開發中國家，在年齡光譜的兩端普遍有歧視的問題。然而，一個真正不分世代的社會，光是修法還不夠，文化、組織、政策各個方面，都必須克服年齡歧視，支持全新的人生安排，加強不同世代之間的互動。不分世代的接觸和合作，有助於克服基於年齡的刻板印象、偏見及歧視。

政策不僅要根除歧視，還要增加教育機會，培養不老世代的心態，包括心態的改變，還有更彈性的職涯。隨著預期壽命延長，政府應該考慮資源重新分配，確保民眾可以保持健康，延長預期健康壽命。如果要發揮後世代課堂和職場的潛在效益，應該更大膽一點，關注世代的公平性、多樣性及包容性，例如經濟學家大衛・紐馬克（David Neumark）最近為智庫布魯金斯學會（Brookings Institution）撰寫文章，提到平權行動（affirmative action）。如果想要快一點看到成效，配額制是不錯的方法。依照這種制度，大企業必須招募一定人數的中輟生、有幼兒的家長，以及有孫兒的老年人。配額制可能會造成反效果，對其他人不公平，但是也可能富有成效。在我看來，現行的體制必須大刀闊斧，重新出發。大概也只有配額制，可以讓我們重新開始吧！在一些領域，例如公司董事會，配額制確實行得通，要不是有這些規定，公司治理恐怕會繼續排擠女性和少數族裔。因此，為什麼不在整個企業試試呢？

政府在各個層面都可以扮演推手和提供誘因，包括退休儲蓄、節約能源、刺激生育等。跨世代交流可能有很多好處，該是制定獎勵政策的時候了。何不針對學校、大學及企業，提供積極的獎勵措施？鼓勵民眾追求非線性的人生軌跡，以適應經濟和勞動市場的變化。何不針對工作場所，促進跨世代的交流與合作？又或者何不讓民眾在健康的壽命裡，自由搭配工作和休息，確保退休金制度可以長期延續？我們確實要盡量發揮想像力，從人生序列模型的線性路徑，轉向多重的人生路徑，讓每個人都能找到自己的人生軌跡。科技快速發展，導致知識更容易過時，所以人要懂得變通，不斷地學習，同時科技也是救星，提供更多元的教育與職涯選擇。

加速後世代的社經發展

和大家說一個好消息，後世代的生活、學習、工作和消費方式，是一股很強大的趨勢，每天都在增強。這種不老世代的心態，已經開始扎根。生育率下滑，上學和上大學的孩子變少了，尤其在東亞、歐洲及北美，因此傳統教育機構有更大的誘因，滿足其他年齡群體的學習需求。此外，科技改革也會推動後世代學習，因為我們過去學到的知識和技能比以前更快過時，只好重新學習，和其他年齡的人當同學。再者，人口變動、地緣政治緊張及新冠肺炎疫情之後，勞動力普遍短缺，企業和其他雇主不得不放下年齡偏見。隨著消費的重心轉移到高齡，品牌與行銷人員正在調整策略。既然學校、工作及購物朝著後世代靠攏，休閒和娛樂也會如此，因為我們一起娛樂的對象，通常是學校同學或職場同事。因此，不老世代崛起的驅動力，包括人口波動、科技變革、新冠肺炎疫情等重大事件。

邁向後代社會的步伐，取決於背後的動機。我們先探討多代同堂的家庭。以已開發國家為例，高達二〇%的人口生活在多代家庭中（參見第三章），而這個比例正在增加，主因仍是迫於無奈，但是也有越來越多的人，自願和兩代以上的人共同生活。至於新興和開發中國家，由於都市化與新的經濟機會興起，多代同堂的家庭反而減少了。因此，談到多代同堂的生活，全球的趨勢是分歧的，主要差別在已開發國家與開發中國家。

說到第二個面向，多世代的學習倒是很不一樣。全球二十歲以上人口，有越來越多人繼續受教育，但這是因為本來的基準就很低。三十歲以上人口就比較少了，唯獨澳洲、芬蘭和土耳其，有超過一〇%還繼續追求高等教育；丹麥、冰島、瑞典、紐西蘭、匈牙利及巴西則有超過五%；美國大約是四%。第五章已經探討，中國六十歲以上的人，每四位就有一位正在參加專門為老年人設計的大學課程。傳統學位最大的挑戰，不只是接納不同年紀的學生，還必須放棄為不同年紀制定教育方案的舊觀念。這才是真正的後世代學習環境，允許不同年紀的人並肩學習。

有別於傳統的教育，後世代的線上教育，已經在全球各地不同的年齡層之間迅速發展。在歐盟二十七個會員國中，三十歲以上的人口接受線上教育的比率，從二〇一五年不到一〇%倍增至二〇二一年的二〇%以上，在英國，這個比例甚至逼近三〇%，美國也同樣這麼高。企業已經注意到了，根據顧問公司安侯建業（KPMG）的數據，一九九五年，美國中大型企業中只有四%為員工提供線上學習機會，到了二〇二二年，暴增至將近九〇%。二〇一九年至二〇二〇年，美國退休者協會調查經濟合作暨發展組織三十六個會員國，將近六千名高階主管，結果發現，超過八〇%的受訪者肯定有關終身學習、教育和訓練的資訊，認為非常實用或有點實用。大約七五%的受訪者表示，公司極為可能或有點可能為員工提供訓練和終身學習的機會。現在三十歲以上的人口，有很大比率參與終身學習。下一步就是建立「不老世代」的教育體制，以免教育受到年齡的束縛，充分發揮跨世代學習的好處。

由於人才嚴重短缺，企業界開始接受多世代職場，也就是第三個面向。美國退休者協會的同一份調查發現，現在的企業中有六四%重視平等、多元和包容，其中有四七%開始考慮年齡的面向。在受訪企業中，大約四六%想過多世代勞動力的潛在優勢，七〇%至八〇%有興趣了解（極有興趣或有點興趣），包括多世代職場的商業價值與策略優勢，以及有哪些相關的指標，可以和其他企業互相比較，該如何設計符合多世代勞動力需求的職場，以及多世代勞動力與團隊管理的實踐和分析。此外，二度就業和重返職場的計畫，還有跨世代人力資源部門、混齡團隊及分階段退休計畫等倡議，也吸引這些企業關注，將近八四%的受訪者認為，建立跨世代的勞動力對企業的成功有極大或一些貢獻。

因此，企業高層似乎對多世代職場非常感興趣，但是一般勞工怎麼想？二〇二〇年六月，勤業眾信針對七個歐洲國家，總共一萬名員工進行調查，結果發現，只有六%的受訪者認為，他們的公司具備領導和管理多世代勞動力的能力，可見理想與現實存在巨大的鴻溝。

成長的多世代消費

至於第四個面向是，多世代消費也在成長，因為多代同堂生活、學習和工作的機會變多了。品牌行銷開始主打多個世代，一來強調世代之間的共通點；二來善用多代同堂消費和不老世代行銷的趨勢。不可思議的事情正在發生。媒體和串流公司正在設計多世代的內容，包括Discovery頻道（Discovery Channel）、福斯娛樂（Fox Entertainment）、CBS電視台、世界電視網（Telemundo）、抖音和臉書。美容品牌正瞄準「十九歲至九十九歲」的年齡層，加拿大美妝品牌19/99的官網宣稱，該品牌「針對的客群，是那些想定義自己的美麗，不擔心何謂適齡的人。」在他們看來，「並沒有什麼神奇的數字，這才是叛逆時代的美麗。」第九章就曾探討，汽車品牌也有這樣的趨勢，就連迪士尼（Disney）和樂高（LEGO）等知名公司一樣如此。

令人鼓舞的是，生活、學習、工作及消費的趨勢互相強化，逐漸朝著後世代的社會和經濟邁進。先總結一下，有哪些好方法可以加速實現後世代社會成形，促進不老世代崛起？

- 消除嚴重的年齡歧視，維持法律平等，凡是會限制教育、就業、住宅和醫療機會的年齡歧視，一律都要消滅。
- 在教育部門鼓勵創新和競爭，讓大家能夠終身學習，而且是多世代一起學習，例如為所有年齡的學生提供獎助學金。
- 改革工作考績與升遷制度，讓有孩子的職員不必糾結，到底該選擇家庭還是工作，例如有一些制度，早就有公司和機構在使用（延長申請升遷的期限、提供有薪休假等）。
- 政府推行政策，為個人和企業提供誘因、激勵及補助，一來讓民眾更容易在學校和職場來回穿梭；二來鼓勵機構加強不分世代的交流和合作。
- 鼓勵企業和政府機構，以不分世代的心態來看待工作、訓練、進修及職涯發展。在招募新人與評估升遷時，應該採納優質的線上教育證書。如此一來，早一點採行的企業和政府就會成為改革先鋒，讓其他企業組織爭相仿效。政府與有遠見的雇主，必須倡導跨世代的社會和經濟，帶動跨世代的意識、學習及合作。

只不過我們觀察這波改革浪潮，不應該盲目樂觀。除了考慮潛在利益外，也要顧及一些大風險。發動後世代革命，採納不老世代的心態，務必注意三個重點。首先，提供充足的工具和方法，包括教育、科技、經濟穩定，讓每個人可以追求多重的人生路徑。每個人享受這些資源的機會必須平等，如此一來，後世代社會的效應才會散播開來，就像基本收入的提案，對於鼓勵人們在面臨經濟和科技變革的新浪潮時，換工作和轉行會有很大的幫助。

其次，儘管壽命延長了，但是由於生育率下滑，再加上知識經濟中財富加速累積，仍有可能導致遺產暴增，最終加劇不平等。雖然全球各地受到不同的影響（參見第七章），但是在富有者和貧窮者之間，收入與財富差距有可能會擴大，嚴重抵銷後世代社會的整體利益，甚至危害機會平等。

第三，有一些國家的文化政治氛圍，頓時陷於兩極化。一旦人生序列模型加速沒落，轉向另一種人生模型，強調多樣化途徑和有轉圜的餘地，可能會引發軒然大波。這是因為當社會提倡新的生活方式時，會引發各種反應，端視個人的文化、政治觀點而定。如果傳統的核心家庭不再是主流，極端保守勢力說不定會提議回歸傳統，重拾古老的價值觀和做法，例如強迫女性回歸傳統的角色，然而這麼做不僅不切實際，對社會中的許多群體來說也無法接受。因此，雖然我們要繼續前進，但是同時也要避免引發反彈，以免社會和政治分歧持續擴大。

擺脫舊觀念，順應新浪潮

讓我們務實一點吧！善用策略思維，結合漸進和激進的改革，盡量避免社會鬥爭與政治極端主義。還需要不斷反思，人生序列模型如何妨礙我們發揮潛力。一起質疑那些最有問題的假設，尤其是把人生劃分成幾個階段。從此以後，基於新的思維和前景，嘗試各種前瞻計畫，一來防止有人被社會遺棄；二來在人口、經濟及科技持續改革的時代，充分發揮每個人的潛力。政府、企業、教育機構等組織，一起將民眾、學生和勞工看成不老世代，鼓勵每個人發揮創意、跳脫框架思考、成為改革的引擎，我們要消除問題，而不只是解決問題。只要有一些組織願意嘗試後世代的生活、學習、工作及消費方式，就會有重大的改變。

當我們轉向更平衡、更彈性的不老世代社會時，仍要持續關注世代之間的矛盾，例如在工作、住宅、稅收、醫療保健、退休金、永續性等層面，這絕對是最大的考驗。大規模轉型一向都不簡單，也不可能毫無摩擦。事實上，經常伴隨社會和政治的崩潰、動盪及混亂，這一次也不例外。然而，放棄過時的假設和生活方式，再加上大量的想像力，我們應該能重新安排生活，為大多數人創造更美好的未來：無論是高中輟學生，或是擁有碩士學位的資優生；無論是十幾歲的小媽媽、職業婦女，還是打算二度就業的離婚婦女；無論是因為科技創新而失業的人，或是知識工作者。一旦採納不老世代的心態，就可以實現這些願景，從此以後，人們不再被硬性歸類，劃分成僵化的類別與人生的階段。

人口和科技的巨變，催生後世代的生活、學習、工作及消費方式。因此，未來會有越來越多人可以擺脫人生序列模型的限制，公平競爭，每個人都有機會過有意義的生活。現在正是時候，我們可以採用不老世代的心態來消除問題，而不只是解決問題。現在的社會與經濟，不再是十九世紀末的社會和經濟，當時的環境條件剛好適合線性的人生安排，滿足工業化需求。如今我們身處於迅速發展的後工業經濟，背後的驅動力是知識和科技，無論是組織或個人都必須更快速靈活，以適應變化多端的環境。如果要在競爭激烈的新環境脫穎而出，必須讓不同世代的人一起生活、學習、工作及消費。後世代革命已經開始了，越來越多人成為真正的不老世代。我們要做的，只是擺脫舊有的觀念，順應變革的浪潮。

謝詞

寫一本書，就像踏上個人探索的旅程。因為本書，我更明白該如何從人生的某個階段，前進到下一個階段。坦白說，我的職涯正好從教授變成院長，加上遇到疫情，我和大多數人一樣，對未來感到困惑，比以前更能體會時光的流逝，於是撰寫本書。本書質疑一般的生活方式，挑戰一些常見的假設。當我開始和其他人討論，才猛然驚覺這些共同的信念有多大的影響力。我是一名教授，書中有很多的內容都是來自課堂上的回饋。我特別感謝無數的學生、企業高層及其他讀者提出指教，讓我可以完成細緻的論述，延伸探討其他子題。

我很幸運可以和出版界最出色的人合作：Aevitas Creative Management的珍・馮・梅倫（Jane von Mehren）、St. Martin's Press編輯麥可・弗萊米尼（Michael Flamini）、由保羅・史力克（Paul Sliker）領導的公關團隊，以及Chartwell Speakers Bureau的法

蘭西斯・霍奇（Francis Hoch）。他們追求卓越，鼓勵我高瞻遠矚，努力完成作品。

本書真正撰寫的過程，都是在我費城和劍橋的家進行。我非常感謝皇后學院（Queens College）校長默罕默德・埃－里安（Mohamed El-Erian），我在那裡度過無數的夜晚與週末，一次次打字和重寫文稿。班尼托・卡席奈羅（Benito Cachinero）、荷西・曼紐爾・坎帕（José Manuel Campa）、卡羅斯・德拉克魯斯（Carlos de la Cruz）、艾爾瓦羅・奎佛（Álvaro Cuervo）、朱立歐・嘉西亞・柯伯斯（Julio García Cobos）、艾米里歐・安提維洛（Emilio Ontiveros）及山卓・蘇亞雷斯（Sandra Suárez）這些人，一如往常提供無數建議，以免我犯下許多錯誤。

一如既往，我的妻子珊卓（Sandra）及女兒丹妮拉（Daniela）和安德莉亞（Andrea）見證我的創作過程，一直給予支持，因此我謹將本書獻給她們三人。

參考資料

◇◆◇

所有網路資料來源均於二〇二二年八月二十日瀏覽。

多世代社會的關鍵數據

1. "Life Expectancy in the USA, 1900-1998," https://u.demog.berkeley.edu/~andrew/1918/figure2.html; U.S.; United Nations, World Population Prospects 2022 (New York: United Nations, 2022); World Health Organization, Global Health Observatory, https://apps.who.int/gho/data/view.main.HALEXv; Bureau of the Census, "American Families and Living Arrangements: 2021," tables H1 and FG3, https://www.census.gov/data/tables/2021/demo/families/cps-2021.html; "Financial Issues Top the List of Reasons U.S. Adults Live in Multigenerational Homes," Pew Research Center, March 24, 2022, https://www.pewresearch.

org/fact-tank/2018/04/05/a-record-64-million-americans-live-in-multigenerational-households/; OECD的教育資料庫https://data.oecd.org/education.htm; 關於各年齡層線上學習的數據來自統計數據網資料庫; *Global Insights on a Multigenerational Workforce* (Washington, DC: AARP Research, August 2020); "The Rise of Intergenerational Influence?," Media Leader, March 2, 2021, https://the-media-leader.com/the-rise-of-intergenerational-influence/.

前言

1. 世界經濟論壇關於老年的定義，可見"What is Old Age?," April 21, 2015, https://www.weforum.org/agenda/2015 /04/what-is-old-age/.
2. 關於BMW，參見Christoph Loch, Fabian J. Sting, Nikolaus Bauer, and Helmut Mauermann, "The Globe: How BMW Is Defusing the Demographic Time Bomb," *Harvard Business Review*, https://hbr.org/2010/03/the-globe-how-bmw-is-defusing-the-demographic-time-bomb; Val Grubb, "Managing Four Generations in the Workplace," Val Grubb & Associates, October 18, 2015, https://valgrubbandassociates.com/managing-four-generations-in-the-workplace/; "The Future of Work: Changing Values in a Multi-Generational Workforce,"

GetSmarter, September 28, 2020, https://www.getsmarter.com/blog/market-trends/the-future-of-work-changing-values-in-a-multi-generational-workforce/; Marti Konstant, "Multigenerational Workforce Requires Culture Shift," Marti Konstant's website, 2022.

3. 關於多世代職場，參見Brendan Shaw, "Five Generations in the Workplace," Shawview Consulting, June 7, 2019, https://www.shawview.com/post/2019/06/07/an-historical-moment-five-generations-in-the-workplace; Jeff Desjardins, "How Different Generations Approach Work," Visual Capitalist, May 30, 2019, https://www.visualcapitalist.com/generations-approach-workplace/; Michael Vincent, "The Benefits of Having Multiple Generations in the One Workplace," ABC News Australia, March 6, 2019, https://mobile.abc.net.au/news/2019-03-06/benefits-of-having-multi-generations-in-the-one-workplace/10873564.

4. 關於運用大腦各區來解決問題，參見Katherine Ellen Foley, "Scientifically, This Is the Best Age for You to Lead," Quartz, May 9, 2019, https://qz.com/work/1614701/the-best-age-to-lead-is-probably-in-your-50s/.

第一章

1. 關於義務教育的歷史，參見Peter Gray, "A Brief History of Education," *Psychology Today*, August

20, 2008, https://www.psychologytoday.com/us/blog/freedom-learn/200808/brief-history-education; Francisco O. Ramirez and John Boli, "The Political Construction of Mass Schooling," *Sociology of Education* 60, no. 1 (January 1987): 2-17.

2. 德國老師與對學生的懲罰被引用於James Mulhern, *A History of Education: A Social Interpretation*, 2nd ed. (New York: Ronald Press, 1959), 383.

3. 關於工業化和上學的關係，參見E. P. Thompson, "Time, Work-Discipline, and Industrial Capitalism," *Past & Present* 38 (December 1967): 56-97. 透納引用的話在第八十四頁。Charles Perrow, "A Society of Organizations," *Theory & Society* 20, no. 6 (December 1991): 725-762.

4. 關於職場的小說，參見Joanna Biggs, "Top 10 Books About Working Life," *Guardian*, April 29, 2015.

5. 帕森斯知名的論文，"The School Class as a Social System" appeared in *Harvard Educational Review* 29 (1959): 297-318.

6. 關於彼得潘症候群，參見Dan Kiley, *The Peter Pan Syndrome: Men Who Have Never Grown Up* (New York: Avon Books, 1983); Aldous Huxley, *Island* (New York: Perennial, 1962), 184-185; Melek Kalkan, Meryem Vural Batik, Leyla Kaya, and Merve Turan, "Peter Pan Syndrome 'Men Who Don't Grow': Developing a Scale," *Men and Masculinities* 24, no. 2 (June 2021): 245-

257.

7. 何塞・奥特加・加塞特（José Ortega y Gasset）的引言，來自"Overprotecting Parents Can Lead Children to Develop 'Peter Pan Syndrome,'" Science Daily, May 3, 2007, https://www.sciencedaily.com/releases/2007/05/070501112023.htm.

8. 關於艾瑞克森的人生階段理論，參見Kendra Cherry, "Erik Erikson's Stages of Psychosocial Development," Verywell Mind, August 3, 2022, https://www.verywellmind.com/erik-eriksons-stages-of-psychosocial-development-2795740.

9. 貝克的人口學理論，摘錄自Matthias Doepke, "Gary Becker on the Quantity and Quality of Children," *Journal of Demographic Economics* 81 (2015): 59-66. 他所說的話，引用自Gary Becker, *A Treatise on the Family* (Cambridge, MA: Harvard University Press, 1991), 144.

10. 關於吉爾柏斯一家人做過的嘗試，參見Frank B. Gilbreth Jr. and Ernestine Gilbreth Carey, *Cheaper by the Dozen* (Binghamton, NY: Vail-Ballou Press, 1948), 2, 10, 21-22, 88; Ernestine M. Gilbreth, *Living with Our Children* (New York: W. W. Norton, 1928), 3, 11.

11. 關於女性教育程度和孩子數目的關係，參見Gladys M. Martinez, Kimberly Daniels, and Isaedmarie Febo-Vazquez, "Fertility of Men and Women Aged 15-44 in the United States: National Survey of Family Growth, 2011-2015," *National Health Statistics Report* no. 113 (July

11, 2018).

12. 關於家長承受的壓力，以及孩子的教育計畫，參見Carl O'Brien, "Parents Warned of Obsession with Sending Children to University," *Irish Times,* May 23, 2018, https://www.irishtimes.com/news/education/parents-warned-of-obsession-with-sending-children-to-university-1.3402361, 包括羅賓森的引言：Avik Mallick, "How Obsession with Grades Harms Children's Education," India Education, 2022, https://indiaeducation.net/students-corner/how-obsession-with-grades-harms-childrens-education/; Alia Wong, "The American Obsession with Parenting," *Atlantic,* December 12, 2016, https://www.theatlantic.com/family/archive/2016/12/the-american-obsession-with-parenting/510221/.

13. 關於文化資本和學校成績，參見Paul DiMaggio, "Cultural Capital and School Success," *American Sociological Review* 47 (April 1982): 189–201.

14. 加布里博士的話引用自"Parental Pressure and Behavior May Put Teens at Risk for Substance Use and Abuse Say Experts from Caron Treatment Centers," GlobeNewswire, March 14, 2019, https://www.globenewswire.com/news-release/2019/03/14/1754943/0/en/Parental-Pressure-and-Behavior-May-Put-Teens-at-Risk-for-Substance-Use-and-Abuse-Say-Experts-from-Caron-Treatment-Centers.html.

15. 關於中年危機的內容，引用自Rebecca A. Clay, "Researchers Replace Midlife Myths with Facts," *Monitor on Psychology* 34, no. 4 (April 2003): 36. 亦可參見"Midlife," *Psychology Today,* https://www.psychologytoday.com/intl/conditions/midlife; Jonathan Rauch, "The Real Roots of Midlife Crisis," *Atlantic,* December 2014, https://www.theatlantic.com/magazine/archive/2014/12/the-real-roots-of-midlife-crisis/382235/; Xu Qin, "Did Snow White Deal with Midlife Crisis?," Shine, October 16, 2020, https://www.shine.cn/feature/book/2010167822/.

16. 關於獨居和孤獨，參見"Percentage of Americans Living Alone, by Age," Our World in Data, https://ourworldindata.org/grapher/percentage-of-americans-living-alone-by-age?time=1900.2018; "Social Isolation, Loneliness in Older People Pose Health Risks," National Institute on Aging, https://www.nia.nih.gov/news/social-isolation-loneliness-older-people-pose-health-risks. 關於退休後的孤獨感，參見"How to Combat Loneliness in Older Age," Gransnet, https://www.gransnet.com/relationships/older-people-feeling-lonely-making-new-friends; James Sullivan, "The Financial and Human Cost of Loneliness in Retirement," *Journal of Accountancy Newsletter/CPA Insider*, January 21, 2020, https://www.journalofaccountancy.com/newsletters/2020/jan/financial-consequences-isolation-senior-

clients.html; Oejin Shin, Sojung Park, Takashi Amano, Eunsun Kwon, and BoRin Kim, "Nature of Retirement and Loneliness: The Moderating Roles of Social Support," *Journal of Applied Gerontology* 39, no. 12 (2020): 1292–1302; Esteban Calvo, Kelly Haverstick, and Steven A. Sass, "Gradual Retirement, Sense of Control, and Retirees' Happiness," *Research on Aging* 31, no. 1 (2009): 112–135.

17. 關於包浩斯創辦人葛羅培斯和法蘭克，參見Mauro F. Guillén, *The Taylorized Beauty of the Mechanical: Scientific Management and the Rise of Modernist Architecture* (Princeton, NJ: Princeton University Press, 2006).

18. 關於代間動態，參見"Intergenerational Solidarity and Needs of Future Generations," United Nations, August 5, 2013, https://sustainabledevelopment.un.org/content/documents/2006future.pdf; Michael J. Urick, Elaine C. Hollensbe, Suzanne S. Masterson, and Sean T. Lyons, "Understanding and Managing Intergenerational Conflict: An Examination of Influences and Strategies," *Work, Aging and Retirement* 3, no. 2 (April 2017): 166–185; "Inheriting Climate Change," Climate One, https://www.climateone.org/audio/inheriting-climate-change-0; Bruce Gibney, *A Generation of Sociopaths: How the Baby Boomers Betrayed America* (New York: Hachette Books, 2017).

19. 最佳歷史紀錄，來自James C. Riley, *Rising Life Expectancy: A Global History* (Cambridge, England: Cambridge University Press, 2001). 引用處在第 I 頁。倫敦歷來的死因記載在第十七頁。

20. 關於百歲人瑞史達林，參見Neil G. Bennett and Lea Keil Garson, "The Centenarian Question and Old-Age Mortality in the Soviet Union, 1959–1970," *Demography* 20, no. 4 (November 1983): 587–606; Neil G. Bennett and Lea Keil Garson, "Extraordinary Longevity in the Soviet Union: Fact or Artifact?," *Gerontologist* 6, no. 4 (August 1986): 358–361; Lea Keil Garson, "The Centenarian Question: Old-Age Mortality in the Soviet Union, 1897 to 1970," *Population Studies* 45, no. 2 (July 1991): 265–278.

21. 美國平均預期壽命的歷史資料，參見"Life Expectancy in the USA, 1900–1998," University of California, Berkeley, https://u.demog.berkeley.edu/~andrew/1918/figure2.html.

22. 男性菁英的預期壽命資料，參見J. P. Griffin, "Changing Life Expectancy Throughout History," *Journal of the Royal Society of Medicine* 101, no. 12 (December 2008): 577.

23. 全球預期壽命的資料，參見Aaron O'Neill, "Life Expectancy in the United Kingdom 1765-2020," Statista, https://www.statista.com/statistics/1040159/life-expectancy-united-kingdom-all-time/; "Life Expectancy by Age," Infoplease, https://www.infoplease.com/

us/health-statistics/life-expectancy-age-1850-2011; Lauren Medina, Shannon Sabo, and Jonathan Vespa, "Living Longer: Historical and Projected Life Expectancy in the United States, 1960 to 2060," *Current Population Reports*, February 2020, https://www.census.gov/content/dam/Census/library/publications/2020/demo/p25-1145.pdf; Raphael Minder, "Spain's Formula to Live Forever," *Foreign Policy*, July 4, 2019, https://foreignpolicy.com/2019/07/04/spains-formula-to-live-forever/; Steven Johnson, "How Humanity Gave Itself an Extra Life," *New York Times Magazine*, April 27, 2021.

24. 關於青春之泉，參見Herodotus, *The Histories*, book III, http://www.perseus.tufts.edu/hopper/text?doc=Perseus%3Atext%3A1999.01.0126%3Abook%3D3; "Myth of the Source: Historical References," Acción Cultura Española, https://www.accioncultural.es/virtuales/florida/eng/search/myth_history.html; Tad Friend, "Silicon Valley's Quest to Live Forever," *New Yorker*, March 27, 2017; Jocelyn Kaiser, "Google X Sets Out to Define Healthy Human," *Science*, July 28, 2014; Eva Hamrud, "Scientists Think We Can 'Delay' the Aging Process, but How Far Can We Actually Go?," Science Alert, April 3, 2021; Adam Gopnik, "Can We Live Longer but Stay Younger?," *New Yorker*, May 13, 2019.

25. 關於美國「絕望死」的資訊，參見Anne Case and Angus Deaton, "Rising Morbidity and Mortality

in Midlife among White Non-Hispanic Americans in the 21st Century," *Proceedings of the National Academy of Sciences* 112, no. 49 (November 2, 2015); Alan B. Krueger, "Where Have All the Workers Gone?," paper prepared for "The Elusive 'Great' Recovery: Causes and Implications for Future Business Cycle Dynamics," Sixtieth Annual Economic Conference, Federal Reserve Bank of Boston, Boston, MA, October 14, 2016, https://www.bostonfed.org/-/media/Documents/economic/conf/great-recovery-2016/Alan-B-Krueger.pdf.

26. 外出工作影響兩性的死亡率，參見UN, *World Population Prospects: 2019 Revision*; Bertrand Desjardins, "Why Is Life Expectancy Longer for Women Than It Is for Men?," *Scientific American*, August 30, 2004; Rochelle Sharpe, "Women's Longevity Falling in Some Parts of the U.S., Stress May Be Factor," *Connecticut Health*, November 12, 2012, http://c-hit.org/2012/11/12/womens-longevity-falling-in-some-parts-of-u-s-stress-may-be-factor/; Irma T. Elo et al., "Trends in Non-Hispanic White Mortality in the United States by Metropolitan-Nonmetropolitan Status and Region, 1990–2016," *Population and Development Review* 45, no. 3 (2019): 549–583; Arun S. Hendi, "Trends in Education Specific Life Expectancy, Data Quality, and Shifting Education Distributions: A Note on Recent Research," *Demography* 54, no. 3 (2017): 1203–1213; Monica Potts, "What's Killing Poor White Women?," *American*

Prospect, September 3, 2013.

27. 不同種族的新冠肺炎死亡率，參見Tamara Rushovich, Marion Boulicault, and Heather Shattuck-Heidorn, "Sex Disparities in COVID-19 Mortality Vary Across US Racial Groups," *Journal of General Internal Medicine* 36 (2021): 1696–1701.
28. 關於單親媽媽的統計數據，參見"Single Mother Statistics," Single Mother Guide, May 17, 2021, https://singlemotherguide.com/single-mother-statistics/.
29. 用健康狀態調整後的預期壽命數據，參見"Healthy Life Expectancy at Birth," UN, https://www.un.org/esa/sustdev/natlinfo/indicators/methodology_sheets/health/health_life_expectancy.pdf.
30. 詹森的引言，來自Josephine Cumbo, "'Their House is on Fire': The Pension Crisis Sweeping the World," *Financial Times*, November 17, 2019.
31. 關於平均退休年齡，參見Brendan Shaw, "Five Generations in the Workplace," Shawview Consulting, June 7, 2019, https://www.shawview.com/post/2019/06/07/an-historical-moment-five-generations-in-the-workplace.
32. 政府報告是*Intergenerational Fairness and Provision Committee Report* (London: House of Lords, January 21, 2021), https://lordslibrary.parliament.uk/intergenerational-fairness-and-provision-committee-report/. 亦可參見Aart-Jan Riekhoff, "Pension Reforms, the Generational Welfare

Contract and Preferences for Pro-Old Welfare Policies in Europe," *Social Policy & Administration* 55, no. 3 (December 2020): 501-518.

33. 關於一九五〇年代的倫敦公車罷工紀錄，參見"London Buses on the Streets, 1940s and 1950s," https://www.1900s.org.uk/1940s-london-buses.htm; "Bus Drivers and Their Special Skills, 1940s and 1950s," https://www.1900s.org.uk/1940s-london-bus-drivers.htm.

第三章

1. 關於美國和全球的家庭數據，參見Bureau of the Census, "American Families and Living Arrangements: 2021," tables H1 and FG3, https://www.census.gov/data/tables/2021/demo/families/cps-2021.html; Stephanie Kramer, "U.S. Has World's Highest Rate of Children Living in Single-Parent Households," Pew Research Center, December 12, 2019, https://www.pewresearch.org/fact-tank/2019/12/12/u-s-children-more-likely-than-children-in-other-countries-to-live-with-just-one-parent/.

2. 核心家庭的引述，來自Margaret Mead and Ken Heyman, *Family* (New York: Macmillan, 1965), 77-78; David Brooks, "The Nuclear Family Was a Mistake," *Atlantic,* March 2020; Joe Pinsker, "If the Nuclear Family Has Failed, What Comes Next?," *Atlantic,* March 2020.

3. 女性雜誌的引述，來自Francesca M. Cancian and Steven L. Gordon, "Changing Emotion Norms in Marriage: Love and Anger in U.S. Women's Magazines Since 1900," *Gender and Society* 2, no. 3 (September 1988): 308–342. 引言來自Robert N. Bellah, Richard Madsen, William M. Sullivan, Ann Swidler, and Steven M. Tipton, *Habits of the Heart: Individualism and Commitment in American Life* (Berkeley: University of California Press, 1985)的第六頁。另一段引言來自Robert D. Putnam, *Bowling Alone: The Collapse and Revival of American Community* (New York: Simon & Schuster, 2000)第一八三、二七七頁。

4. 單親媽媽和家庭結構的關聯，來自OECD Family Database, https://www.oecd.org/els/family/database.htm#structure; Huizhong Wu, "Denied Benefits, Chinese Single Moms Press for Change," *Associated Press*, March 15, 2021, https://apnews.com/article/china-single-moms-denied-benefits-d7c841920b21331e7c18ca4f40e69b6a; Vivian Wang, "For China's Single Mothers, a Road to Recognition Paved with False Starts," *New York Times*, May 31, 2021; Kanksha Raina, "The Joys and Struggles of Being a Single Mother in India," *Kool Kanya*, July 28, 2020, https://blogs.koolkanya.com/the-joys-and-struggles-of-being-a-single-mother-in-india/; Bella DePaulo, *How We Live Now: Redefining Home and Family in the 21st Century* (New York: Simon & Schuster, 2015).

5. 關於《草原小屋》，參見Diana Bruk, "11 Reasons 'Little House on the Prairie' Was Once the Best Show on Television," *Country Living*, November 12, 2014, https://www.countryliving.com/life/a6263/little-house-on-the-prairie/.
6. 南韓的《我獨自生活》實境節目，參見Sam Kim, "South Korea Crosses a Population Rubicon in Warning to the World," *Bloomberg*, May 26, 2021.
7. 關於獨居生活，參見Bella DePaulo, "Living Alone: Men and Women, Young to Old, Around the World," *Psychology Today*, February 28, 2020, https://www.psychologytoday.com/us/blog/living-single/202002/living-alone-men-and-women-young-old-around-the-world; Albert Esteve, David S. Reher, Rocío Treviño, Pilar Zueras, and Anna Turu, "Living Alone over the Life Course: Cross-National: Variations on an Emerging Issue," *Population and Development Review* 46, no. 1 (2019): 169–189; Eric Kilnenberg, *Going Solo: The Extraordinary Rise and Surprising Appeal of Living Alone* (New York: Duckworth Books, 2013).
8. 關於和父母同住的成年人，參見Richard Fry, Jeffrey S. Passel, and D'Vera Cohn, "A Majority of Young Adults in the U.S. Live with Their Parents for the First Time Since the Great Depression," Pew Research Center, September 4, 2020, https://www.pewresearch.org/fact-tank/2020/09/04/a-majority-of-young-adults-in-the-u-s-live-with-their-parents-for-

the-first-time-since-the-great-depression/; "When Are They Ready to Leave the Nest?," Eurostat, August 12, 2020, https://ec.europa.eu/eurostat/web/products-eurostat-news/-/edn-20200812-1; "The Ominous 'Kangaroo' Generation in Korea," Newsnpr, November 7, 2021, https://www.newsnpr.org/the-ominous-kangaroo-generation-in-korea-parents-do-not-let-their-children-be-independent-until-the-age-of-40-they-still-have-no-intention-of-leaving-the-house/; "Census Data Shows More than 42% of South Koreans in their 30s Are Unmarried," Allkpop, September 29, 2021, https://www.allkpop.com/article/2021/09/census-data-shows-more-than-42-of-south-koreans-in-their-30s-are-unmarried; Christina Newberry, "Adult Children At Home? Learn Strategies for Making It Work—Including How to Word a Contract for Adult Children Living at Home That Makes the Rules Clear!," Adult Children Living at Home, https://adultchildrenlivingathome.com/.

9. 引言來自迪波洛的*How We Live Now: Redefining Home and Family in the 21st Century*, Kindle edition (New York: Atria Books, 2015) 第五到六頁。

10. 國際同志協會的全球性傾向法律地圖，參見https://ilga.org/maps-sexual-orientation-laws.「語言是監獄」的引用，參見https://www.reddit.com/r/Showerthoughts/comments/3qghcp/language_is_a_prison_we_cannot_break_out_of_it_is/.

11. 關於性別用語和不平等，參見"The Subtle Ways Language Shapes Us," BBC, https://www.bbc.com/culture/article/20201006-are-some-languages-more-sexist-than-others; Jennifer L. Prewitt-Freilino, T. Andrew Caswell, and Emmi K. Laakso, "The Gendering of Language: A Comparison of Gender Equality in Countries with Gendered, Natural Gender, and Genderless Languages," *Sex Roles* 66, nos. 3-4 (February 2011): 268-281.

12. 關於多代同堂，參見Robert Habiger, "Multigenerational Living: A Personal Experience," Dekker Perich Sabatini, https://www.dpsdesign.org/blog/multigenerational-living-a-personal-experience; Peter Muennig, Boshen Jiao, and Elizabeth Singer, "Living with Parents or Grandparents Increases Social Capital and Survival: 2014 General Social Survey—National Death Index," *SSM Population Health* 4 (April 2018): 71-75; James Tapper, "All Under One Roof: The Rise and Rise of Multigenerational Life," *Guardian*, March 10, 2019; Ian Marcus Corbin, "A Return to Multigenerational Living," Institute for Family Studies, June 22, 2020, https://ifstudies.org/blog/a-return-to-multi-generational-living; D'Vera Cohn et al., "Financial Issues Top the List of Reasons U.S. Adults Live in Multigenerational Homes," Pew Research Center, March 24, 2022, https://www.pewresearch.org/fact-tank/2018/04/05/a-record-64-million-americans-live-in-multigenerational-households/; *Family Matters:*

Multigenerational Living Is on the Rise and Here to Stay (Washington, DC: Generations United, 2021), https://www.gu.org/app/uploads/2021/04/21-MG-Family-Report-WEB.pdf; Gemma Burgess and Kathryn Muir, "The Increase in Multigenerational Households in the UK: The Motivations for and Experiences of Multigenerational Living," *Housing, Theory and Society* 37, no. 3 (2020): 322–338; Shannon Guzman, "Multigenerational Housing on the Rise, Fueled by Economic and Social Changes," AARP Public Policy Institute, June 2019, https://www.aarp.org/content/dam/aarp/ppi/2019/06/multigenerational-housing.doi.org.10.26419-2Fppi.00071.001.pdf; Daphne Lofquist, "Multigenerational Households," U.S. Census Bureau, working paper #2013-20, https://www.census.gov/content/dam/Census/library/working-papers/2013/acs/lofquist-01.pdf.

13. 關於公社和烏托邦，參見Rosabeth Moss Kanter, *Community and Commitment* (Cambridge, MA: Harvard University Press, 1972).

第四章

1. 關於父母給孩子的壓力，參見Janet Sasson Edgette, "Let's Stop Stressing Out Our Kids with Career Choice Pressure," *Philadelphia Inquirer*, March 11, 2019; Elena Blanco-Suarez,

"The Myths About the Teenage Brain," *Psychology Today*, March 19, 2019, https://www.psychologytoday.com/us/blog/brain-chemistry/201903/the-myths-about-the-teenage-brain; Richard Wike, "Americans Say Kids Need More Pressure in School, Chinese Say Less," Pew Research Center, August 22, 2013, https://www.pewresearch.org/fact-tank/2013/08/22/americans-say-kids-need-more-pressure-in-school-chinese-say-less/; Amy Morin, "The Dangers of Putting Too Much Pressure on Kids," Verywell Family, September 22, 2020, https://www.verywellfamily.com/the-dangers-of-putting-too-much-pressure-on-kids-1094823.

2. 關於學業表現，參見PISA 2018 results, https://www.oecd.org/pisa/PISA-results_ENGLISH.png; "Dropout Rates," National Center for Education Statistics, https://nces.ed.gov/fastfacts/display.asp?id=16; H. Dryler, "Parental Role Models, Gender, and Educational Choice," *British Journal of Sociology* 49, no. 3 (September 1998): 375–398; Grace Chen, "Parental Involvement Is Key to Student Success," Public School Review, August 14, 2021, https://www.publicschoolreview.com/blog/parental-involvement-is-key-to-student-success.

3. 關於大學的選擇，參見John Katzman and Steve Cohen, "Why Parents Pick the Wrong Colleges for Their Kids," *Time,* April 14, 2017; Kristin van Ogtrop, "A Letter of Apology to

a Son Graduating from College," *Time,* April 13, 2017; Anna Raskind, "Major Problems: How to Choose a Major Under Pressure," *Columbia Daily Spectator*, April 21, 2016; Leighann Camarero, "When It Comes to Choosing a Major, College Students Feel the Pressure," WAMC Northeast Public Radio, April 4, 2013, https://www.wamc.org/post/when-it-comes-choosing-major-college-students-feel-pressure; Editorial Board, "Do Parentals Pressure Career Choices?," *Ledger,* November 14, 2018; Sonu Kumari Singh, "Academic and Psychological Consequences of Imposed Career Choices," master's thesis, National Institute of Technology, Rourkela, India, May 2015, https://core.ac.uk/download/pdf/80147549.pdf.

4. 關於完美主義，參見Rachel Simmons, "Perfectionism Among Teens Is Rampant (and We're Not Helping)," *Washington Post,* January 25, 2018; Thomas Curran and Andrew P. Hill, "Perfectionism Is Increasing Over Time: A Meta-Analysis of Birth Cohort Differences from 1989 to 2016," *Psychological Bulletin* 145, no. 4 (2019): 410–429.

5. 葛魯柏的故事來自她的美國聽證會，"No Place to Grow Up," May 19, 2015, United States Finance Committee, https://www.finance.senate.gov/imo/media/doc/Gruber%20Testimony.pdf.

6. 關於各州的助學計畫，"Tuition Waivers by State," University of Washington, https://depts.washington.edu/fostered/tuition-waivers-state.
7. 關於成癮者康復的資料，David Eddie et al., "From Working on Recovery to Working in Recovery," *Journal of Substance Abuse and Treatment* 113 (June 2020).
8. 關於勞動力的技術，參見"The Professional and Technical Workforce: By the Numbers," AFL-CIO Department for Professional Employees, September 27, 2021, https://www.dpeaflcio.org/factsheets/the-professional-and-technical-workforce-by-the-numbers; David J. Deming, "The Growing Importance of Social Skills in the Labor Market," *Quarterly Journal of Economics* 132, no. 4 (November 2017): 1593–1640; J. D. Mayer, R. D. Roberts, and S. R. Barsade, "Human Abilities: Emotional Intelligence," *Annual Review of Psychology* 59 (2008): 507–536; *The Future of Jobs* (Geneva: World Economic Forum, January 2016), http://www3.weforum.org/docs/WEF_Future_of_Jobs.pdf.
9. 普的引言，來自Nicole Krueger, "Preparing Students for Jobs That Don't Exist," ISTE, August 31, 2021, https://www.iste.org/explore/ISTE-blog/Preparing-students-for-jobs-that-don%27t-exist.
10. 關於工作與科技專家的引言，來自 "The Future of Jobs and Jobs Training," Pew Research

Center, May 3, 2017, https://www.pewresearch.org/internet/2017/05/03/the-future-of-jobs-and-jobs-training/; National Academies of Science, Engineering, and Medicine, *Information Technology and the U.S. Workforce* (Washington, DC: National Academies Press, 2017), https://www.nap.edu/read/24649/chapter/1.

11. 畢卡索的引言，來自William Fifield, "Pablo Picasso: A Composite Interview," *Paris Review* 32 (summer-fall 1964).

12. 關於金融素養和功能性文盲，參見Annamaria Lusardi and Olivia S. Mitchell, "The Economic Importance of Financial Literacy: Theory and Evidence," *Journal of Economic Literature* 52, no. 1 (2014): 5-44; Meredith Cicerchia and Chris Freeman, "How Common Is Functional Illiteracy?," Touch-type Read and Spell, https://www.readandspell.com/functional-illiteracy.

13. 關於學習外國語言，參見"Which Countries Are Best at English as a Second Language?," World Economic Forum, November 2019, https://www.weforum.org/agenda/2019/11/countries-that-speak-english-as-a-second-language. 亦可參見Mauro F. Guillén, "The Real Reasons to Support Language Study," *Chronicle of Higher Education*, July 27, 2009, https://www.chronicle.com/article/the-real-reasons-to-support-language-study/.

14. 朗的引言，來自Byron Pitts, "Battling the Scourge of Illiteracy," CBS News, October 4, 2009,

https://www.cbsnews.com/news/battling-the-scourge-of-illiteracy/; Daniel Lattier, "32 Million U.S. Adults Are 'Functionally Illiterate' . . . What Does That Even Mean?," Intellectual Takeout, August 26, 2015, https://www.intellectualtakeout.org/blog/32-million-us-adults-are-functionally-illiterate-what-does-even-mean/; "National Assessment of Adult Literacy (NAAL)," National Center for Education Statistics, https://nces.ed.gov/naal/; "Program for the International Assessment of Adult Competencies," National Center for Education Statistics, https://nces.ed.gov/surveys/piaac/; "Survey of Adult Skills," OECD, https://www.oecd.org/skills/piaac/.

第五章

1. 關於轉行，參見Stacy Rapacon, "Career Change Is the New Normal of Working," CNBC, April 27, 2016, https://www.cnbc.com/2016/04/26/career-change-is-the-new-normal-of-working.html; Helen Barrett, "Plan for Five Careers in a Lifetime," *Financial Times*, September 5, 2017.
2. 關於線上教育的未來，參見"The Future of Jobs and Jobs Training," Pew Research Center, May 3, 2017, https://www.pewresearch.org/internet/2017/05/03/the-future-of-jobs-and-

jobs-training/; Emma Jacobs and Aimee Keane, "Career Changers: Cracking It as a Coder," *Financial Times*, August 30, 2018, 包括另一段克羅斯和錢伯斯的引言：https://www.ft.com/content/1ee55290-963e-11e8-b67b-b8205561c3fe; "Creativity Peaks in Your 20s and 30s," BBC News, April 27, 2019, https://www.bbc.com/news/newsbeat-48077012.

3. 關於科技導致工作消失，參見Andrew J. Chapin, "Forget Robots, Blockchain Technology May Be the Real Threat to Your Job," *Observer*, November 18, 2018, https://observer.com/2018/11/blockchain-smart-contracts-middle-management-jobs/; "Resoundingly Human: Robots on the Job—What's the Real Impact for Their Human Counterparts?," Knowledge at Wharton, November 6, 2020, https://ai.wharton.upenn.edu/news-stories/resoundingly-human-robots-on-the-job-whats-the-real-impact-for-their-human-counterparts/; Joe McKendrick, "It's Managers, Not Workers, Who Are Losing Jobs to AI and Robots, Study Shows," *Forbes*, November 15, 2020, https://www.forbes.com/sites/joemckendrick/2020/11/15/its-managers-not-workers-who-are-losing-jobs-to-ai-and-robots-study-shows/?sh=22fd3ce520d5; *Technology and the Future of the Government Workforce* (Walldorf, Germany: SAP, 2020), https://www.instituteforgovernment.org.uk/sites/default/files/publications/tech-future-government-workforce.pdf; "The Future of

Public Service," Deloitte, https://www2.deloitte.com/us/en/pages/public-sector/articles/future-of-public-service.html.

4. 關於老年人和教育，參見"China Focus: Silver-Haired Students Rise Against Population Ageing," XinhuaNet, May 8, 2017, http://www.xinhuanet.com//english/2017-05/08/c_136266199.htm; Neha Thirani Bagri, "China's Seniors Are Lining up to Go Back to College," Quartz, May 9, 2017, https://qz.com/978805/chinas-seniors-are-lining-up-to-go-back-to-college/; *Tech and the Modern Grandparent* (Washington, DC: AARP, 2019), https://www.aarp.org/content/dam/aarp/research/surveys_statistics/life-leisure/2019/aarp-grandparenting-study-technology-fact-sheet.doi.10.26419-2Fres.00289.016.pdf; Peter Rinderud, "Seniors and Technology During Covid-19," Ericsson, January 26, 2021, https://www.ericsson.com/en/blog/2021/1/seniors-and-technology-during-covid; Laurie Quinn, "Going Back to College After 50: The New Normal?," *Forbes,* July 1, 2018; Jacob Share, "Career Changes After 40: True Stories of Real People Who Succeeded," JobMob, April 4, 2019, https://jobmob.co.il/blog/career-changes-after-40-success-stories/; "Is It Too Late to Become a Doctor? Not According to Today's Medical Students," St. George's University Medical School, May 20, 2021, https://www.sgu.edu/blog/medical/becoming-a-doctor-

later-in-life/.

5. 關於一生中平均會換幾個工作，參見"Number of Jobs, Labor Market Experience, Marital Status, and Health," Bureau of Labor Statistics, August 31, 2021, https://www.bls.gov/news.release/pdf/nlsoy.pdf; "Average Time Spent with One Employer in European Countries 2020," Statista, August 4, 2021, https://www.statista.com/statistics/1209552/average-time-spent-with-one-employer-in-europe/.

6. 關於多世代職場，參見"Managing the Multigenerational Workplace," January 1, 2014, Future of Work Hub, https://www.futureofworkhub.info/allcontent/2014/1/1/managing-the-multigenerational-workplace; Caroline Ngonyo Njoroge and Rashad Yazdanifard, "The Impact of Social and Emotional Intelligence on Employee Motivation in a Multigenerational Workplace," *Global Journal of Management and Business Research* 14, no. 3 (2014); Eddy S. Ng and Emma Parry, "Multigenerational Research in Human Resource Management," in *Review in Personnel and Human Resources Management* (Bingley, England: Emerald, 2016), 1-41; "The Hartford's Reverse Mentoring Program," *Profiles in Diversity Journal*, July 1, 2013, https://diversityjournal.com/11474-the-hartfords-reverse-mentoring-program/; Carol Hymowitz, "The Tricky Task of Managing the New, Multigenerational Workplace," *Wall*

Street Journal, August 12, 2018; David Mallon, Yves Van Durme, and Maren Hauptmann, "The Postgenerational Workforce: From Millennials to Perennials," Deloitte, May 15, 2020, https://www2.deloitte.com/us/en/insights/focus/human-capital-trends/2020/leading-a-multigenerational-workforce.html; "The Perennial Mindset in the Era of Ageless with Gina Pell and Susan Hoffman," Arts Research Center, University of California, Berkeley, https://arts.berkeley.edu/the-perennial-mindset-in-the-era-of-ageless-with-gina-pell-and-susan-hoffman/; Lindsey Pollak, *The Remix: How to Lead and Succeed in the Multigenerational Workplace* (New York: Harper Business, 2019).

7. 關於世代標籤，參見"Most Millennials Resist the 'Millennial' Label," Pew Research Center, September 3, 2015, https://www.pewresearch.org/politics/2015/09/03/most-millennials-resist-the-millennial-label/.

8. 卡佩利的引言，來自Carol Hymowitz, "The Tricky Task of Managing the New, Multigenerational Workplace," *Wall Street Journal*, August 12, 2018. 亦可參見Peter Cappelli and Bill Novelli, *Managing the Older Worker: How to Prepare for the New Organizational Order* (Boston, MA: Harvard Business Review Press, 2010).

9. 本書引述普雷齊奧西、威斯曼、芬伯格的話，來自"Company Culture and the Multigenerational

Workforce," Built In, May 10, 2021, https://builtin.com/company-culture/multigenerational-workforce.

第六章

1. 反對退休的論述，參見Eric Brotman, "Why Retirement Is a Bad Idea Financially and Psychologically," *Forbes,* June 30, 2020, https://www.forbes.com/sites/ericbrotman/2020/06/30/why-retirement-is-a-bad-idea-financially-and-psychologically/?sh=4cbc5ce53c76.
2. 關於托妮和托比的訪問，來自Don Ezra, "#56 Interviews about Retirement," *Life After Full-Time Work* (blog), 2017, https://donezra.com/56-interviews-about-retirement/.
3. 關於退休對健康的影響，參見Iris van der Heide et al., "Is Retirement Good for Your Health? A Systematic Review of Longitudinal Studies," *Academic BMC Public Health* 13, no. 1 (2013): 1-22; Elizabeth Mokyr Horner et al., "The Impact of Retirement on Health," *MBC Health Services Research* 16 (2016): 1-9; Ranu Sewdas, "Association Between Retirement and Mortality: Working Longer, Living Longer?," *Journal of Epidemiology and Community Health* 74 (2020): 473-480; *Living in the Covid-19 Pandemic: The Health, Finances, and Retirement Prospects of Four Generations* (Cedar Rapids, IA: Transamerica Center for Retirement

Studies, August 2021), https://transamericacenter.org/docs/default-source/retirement-survey-of-workers/tcrs2021_sr_four-generations-living-in-a-pandemic.pdf.

4. 老年人的時間怎麼安排，參見"American Time Use Survey," Bureau of Labor Statistics, https://www.bls.gov/TUS/CHARTS/OLDER.HTM; Jasmin Collier, "Excessive Daily TV at Older Age Tied to Poorer Memory," *Medical News Today*, March 1, 2019, https://www.medicalnewstoday.com/articles/324598; Gretchen Livingston, "Americans 60 and Older Are Spending More Time in Front of Their Screens Than a Decade Ago," Pew Research Center, June 18, 2019, https://www.pewresearch.org/fact-tank/2019/06/18/americans-60-and-older-are-spending-more-time-in-front-of-their-screens-than-a-decade-ago/; AJ Dellinger, "How the Elderly Spend Their Time with Screens," Mic, August 15, 2019, https://www.mic.com/life/screen-time-is-higher-for-the-elderly-than-younger-people-new-data-reports-18660210; Edward C. Baig, "Worried About Increased Screen Time? Think About Its Quality," AARP, April 6, 2020, https://www.aarp.org/home-family/personal-technology/info-2020/increased-screen-time.html, 包括馬里克的引言；Katharine G. Abraham and Susan N. Houseman, "Policies to Improve Workforce Services for Older Americans," Economic Studies at Brookings, November 2020, https://www.brookings.edu/wp-content/

uploads/2020/11/ES-11.19.20-Abraham-Houseman.pdf.

5. 關於全球的退休年齡，參見"At 54, China's Average Retirement Age Is Too Low," *Economist*, June 24, 2021; Kasper Lippert-Rasmussen, "The EU and Age Discrimination: Abolishing Mandatory Retirement!," Twelve Stars, March 7, 2019, https://www.twelvestars.eu/post/kasper-lippert-rasmussen.

6. 關於老年人和就業成長，參見William R. Emmons, "Older Workers Accounted for All Net Employment Growth in Past 20 Years," Federal Reserve Bank of St. Louis, February 1, 2021, https://www.stlouisfed.org/on-the-economy/2021/february/older-workers-accounted-all-net-employment-growth; Jo Ann Jenkins, "It's Time to Rethink Aging and Retirement, AARP's Jenkins Says," *Barron's*, May 17, 2021; Nicole Maestas, "Back to Work: Expectations and Realizations of Work after Retirement," *Journal of Human Resources* 45, no. 3 (summer 2010): 718–748; Nicole Maestas, "Why Are People Unretiring?," Retirement Wisdom, August 2, 2018, https://www.retirementwisdom.com/podcasts/why-are-people-unretiring-nicole-maestas/.

7. 關於退休後的工作，參見Sherry E. Sullivan and Adram Al Ariss, "Employment After Retirement: A Review Framework for Future Research," *Journal of Management* 45, no. 1 (January 2019):

262–284; Zaria Gorvett, "What If We Have to Work Until We're 100?," BBC, July 16, 2018, https://www.bbc.com/worklife/article/20180710-whats-it-like-working-past-your-100th-birthday，包括法金漢的引言。

8. 關於年長者、科技和遠距工作，參見Lisa Michaels, "How Is Workplace Technology Supporting an Ageing Workforce," DiversityQ, August 7, 2020, https://diversityq.com/how-is-workplace-technology-supporting-an-ageing-workforce-1509859/; Kerry Hannon, "5 Reasons Working from Home Benefits Older Workers—and Their Employers," AARP, June 9, 2020, https://www.aarp.org/work/working-at-50-plus/info-2020/telework-benefits.html; Caitlin Powell, "Older People Who Work from Home More Likely to Stay in the Workforce, ONS Finds," *People Management*, August 31, 2021, https://www.peoplemanagement.co.uk/news/articles/older-people-work-from-home-more-likely-stay-workforce-ons#gref.

9. 關於零工經濟，參見Eileen Applebaum, Arne Kalleberg, and Hye Jin Rho, "Nonstandard Work Arrangements and Older Americans, 2005–2017," Economic Policy Institute, February 28, 2019, https://www.epi.org/publication/nonstandard-work-arrangements-and-older-americans-2005–2017/; "UK's Gig Economy Workforce Has Doubled Since 2016," TUC, June 28, 2019, https://www.tuc.org.uk/news/uks-gig-economy-workforce-has-doubled-2016-

tuc-and-feps-backed-research-shows; Damjan Jugovic Spajic, "The Future of Employment: 30 Telling Gig Economy Statistics," SmallBizGenius, May 26, 2021, https://www.smallbizgenius.net/by-the-numbers/gig-economy-statistics/#gref; Andrew Fennell, "Gig Economy Statistics UK," StandOutCV, January 2022, https://standout-cv.com/gig-economy-statistics-uk; Elaine Pofeldt, "Why Older Workers Are Embracing the Gig Economy," *Forbes*, August 30, 2017, https://www.forbes.com/sites/elainepofeldt/2017/08/30/why-older-workers-are-embracing-the-gig-economy/?sh=193903aa42ce; Leonardo Castañeda, "Boomers, Not Millennials, May Be the Most Active Generation in the Gig Economy," *Mercury News*, June 28, 2019, 文中有提到臨時工招募平台Wonolo研究。

10. 新冠肺炎疫情和退休生活不平等的關係，參見Brett Arends, "How the Covid Crisis Is Making Retirement Inequality Worse," MarketWatch, September 11, 2021, https://www.marketwatch.com/story/how-the-covid-crisis-is-making-retirement-inequality-worse-11631201005; Owen Davis et al., "The Pandemic Retirement Surge Increased Retirement Inequality," Schwartz Center for Economic Policy Analysis, June 1, 2021, https://www.economicpolicyresearch.org/jobs-report/the-pandemic-retirement-surge-increased-retirement-inequality; Mark Miller, "America's Retirement Race Gap, and Ideas for Closing It," *New York Times*, August

14, 2020.

第七章

1. 狄更斯的引言，來自*Our Mutual Friend* (1864–1865), chapter 11, available from Project Gutenberg, https://www.gutenberg.org/cache/epub/883/pg883-images.html.
2. 長壽如何影響大家對遺產的期待，參見Richard Venturi, "Inherited Wealth in Greying Societies," France Stratégie, July 6, 2017, https://www.strategie.gouv.fr/english-articles/inherited-wealth-greying-societies; Amy Feldman, "When Longevity Upends Trusts," *Forbes*, November 29, 2014; Amy Fontinelle, "Why Millennials Should Not Rely on an Inheritance," MassMutual, July 28, 2020, https://blog.massmutual.com/post/why-millennials-should-not-rely-on-an-inheritance; "Survey of Consumer Finances (SCF)," Board of Governors of the Federal Reserve System, https://www.federalreserve.gov/econres/aboutscf.htm; Will Kenton, "Average Inheritance: How Much Are Retirees Leaving to Heirs?," NewRetirement, June 29, 2020, https://www.newretirement.com/retirement/average-inheritance-how-much-are-retirees-leaving-to-heirs/; Nicolas Gattig, "'Inheritance Mother': Tackling Taboo of Caring for Elderly Parents," *Japan Times*, August 12, 2017; "Ameriprise Study:

Family Financial Discussions Go Smoother Than Anticipated, but Unrealistic Inheritance Expectations Persist," BusinessWire, March 15, 2017, https://www.businesswire.com/news/home/20170315005007/en/Ameriprise-Study-Family-Financial-Discussions-Go-Smoother-Than-Anticipated-But-Unrealistic-Inheritance-Expectations-Persist, 包括柯克樂的引言；"Despite Good Intentions, Millennials and Gen Z Are Demonstrating Unrealistic Expectations About Their Financial Futures," BusinessWire, August 13, 2018, https://www.businesswire.com/news/home/20180813005101/en/Despite-Good-Intentions-Millennials-and-Gen-Z-Are-Demonstrating-Unrealistic-Expectations-About-Their-Financial-Futures, 包括嘉信理財的引言；"Over-Optimistic UK Adults Overestimating Their Inheritance," Just, https://www.wearejust.co.uk/waj-archive/ARCHIVED-my-home-my-future/ARCHIVED-inheritance-expectations/; "Millennials 'Misjudging Inherintance Windfall,'" *Week,* May 10, 2019; Gail Johnson, "Nearly Half of Canadians Are Banking on an Inheritance to Meet Their Financial Goals. What Are the Dangers?," *Globe and Mail*, October 22, 2019; Edward Jones, "Canadians Are Banking on an Inheritance as Many Struggle to Meet Their Financial Goals," Newswire Canada, September 30, 2019, https://www.newswire.ca/news-releases/edward-jones-survey-canadians-are-banking-on-an-inheritance-as-manystruggle-to-meet-their-financial-goals-834230408.html; Mary R. Tomlinson, "Gen Y Housing Aspirations Could Depend on a Housing Inheritance," Future Justice issue paper, https://www.futurejustice.com.au/reports/pdf/GenY-Housing-Inheritance-issue-paper.pdf; "The Inheritance Expectation," Eldernet, October 12, 2021, https://www.eldernet.co.nz/gazette/the-inheritance-expectation-experts-say-spend-it-while-you-can/; Jay Zagorsky, "Do People Save or Spend Their Inheritances? Understanding What Happens to Inherited Wealth," *Journal of Family and Economic Issues* 34, no. 1 (March 2013): 64-76.

3. 關於全球的代間契約，參見Misa Izuhara, "Care and Inheritance: Japanese and English Perspectives on the 'Generational Contract,'" *Ageing & Society* 22, no. 1 (January 2002): 61-77; Yun Sheng, "Little Emperors," *London Review of Books* 38, no. 10 (May 19, 2016); Christina Zhou, "One-Child Policy: A Look Inside the Struggles and Benefits of China's 'Little Emperor' Generation," ABC News Australia, February 3, 2018, https://www.abc.net.au/news/2018-02-03/the-struggles-and-benefits-of-chinas-little-emperor-generation/9323300; Tanza Loudenback, "The Typical American Heir Is Now a Middle-Class 50-Something Who Puts the Money Toward Retirement," Business Insider, November 21, 2019, https://www.businessinsider.com/personal-finance/older-americans-get-more-

inheritances-use-for-retirement-2019-11，包括普魯斯的引言。

4. 關於三星的李家，參見Joyce Lee and Keekyoung Yang, "Samsung's Lee Family to Pay More Than $10.8 Bln Inheritance Tax," Reuters, April 28, 2021, https://www.reuters.com/business/samsungs-lee-family-pay-more-than-12-trln-won-inheritance-taxes-2021-04-28/; Choe Sang-Hun, "An Inheritance Tax Bill You 'Can't Fathom': $10.8 Billion," *New York Times*, April 28, 2021; Bae Hyunjung, "Samsung Estate Sparks Debate on Inheritance Tax," *Korea Herald*, May 11, 2021.

5. 關於遺產稅和不平等，參見*Inheritance Taxation in OECD Countries* (Paris: OECD, 2021), 74-75; Facundo Alvaredo, Bertrand Garbinti, and Thomas Piketty, "On the Share of Inheritance in Aggregate Wealth: Europe and the USA, 1900-2010," *Economica* 84, no. 334 (April 2017): 239-260; Mikael Elinder, Oscar Erixson, and Daneil Waldenstrom, "Inheritance and Wealth Inequality: Evidence from Population Registers," *Journal of Public Economics* 165 (September 2018): 17-30; Meredith Haggerty, "The Impact of Inheritance," Vox, March 23, 2021, https://www.vox.com/the-highlight/22320272/inheritance-money-wealth-transfer-estate-tax; "Inheritance for All," Friedrich Ebert Stiftung, March 31, 2020, https://www.ips-journal.eu/interviews/inheritance-for-all-4207/，包括皮凱提的引言；Eric Levitz, "Will 'the

Great Wealth Transfer' Trigger a Millennial Civil War?," *New York,* July 18, 2021, https://nymag.com/intelligencer/2021/07/will-the-great-wealth-transfer-spark-a-millennial-civil-war.html.

6. 關於再婚對遺產的影響，參見Gretchen Livingston, "The Demographics of Remarriage," Pew Research Center, November 14, 2014, https://www.pewresearch.org/social-trends/2014/11/14/chapter-2-the-demographics-of-remarriage/; Sarah O'Brien, "Remarried After Having Kids? Here Are Tips to Avoid Accidentally Disinheriting Them," CNBC, January 17, 2019, https://www.cnbc.com/2019/01/17/estate-planning-for-second-marriages-when-you-have-kids.html; Jamie M. Lewis and Rose M. Kreider, "Remarriage in the United States," United States Census Bureau Report Number ACS-30, March 10, 2015, https://www.census.gov/library/publications/2015/acs/acs-30.html; Tammy La Gorce, "When Your Parents Remarry, Everyone Is Happy, Right?," *New York Times*, March 22, 2018, 包括這個主題的引言。

7. 自古以來女性和遺產的關係，參見Suzanne McGee and Heidi Moore, "Women's Rights and Their Money: A Timeline from Cleopatra to Lilly Ledbetter," *Guardian,* August 11, 2014; "Women, Business, and the Law Database," World Bank, https://wbl.worldbank.org/en/wbl; Pooneh Baghai et al., "Women as the Next Wave of Growth in US Wealth Management," McKinsey,

July 29, 2020, https://www.mckinsey.com/industries/financial-services/our-insights/women-as-the-next-wave-of-growth-in-us-wealth-management; "Women's Wealth 2030: Parity, Power, and Purpose," UBS, March 8, 2021, https://www.ubs.com/global/en/wealth-management/women/2021/women-wealth-parity-power-purpose.html; "How Women's Wealth Is Driving Economic Change," Barclays, March 6, 2020, https://privatebank.barclays.com/news-and-insights/womens-rising-wealth/; "The Face of Wealth and Legacy: How Women Are Redefining Wealth, Giving, and Legacy Planning," RBC Wealth Management, https://www.rbcwealthmanagement.com/gb/en/research-insights/the-new-face-of-wealth-and-legacy-how-women-are-redefining-wealth-giving-and-legacy-planning/detail/; Warren Lewis, "Majority of Women Planning on Leaving an Inheritance Unlikely to Seek Advice," Financial Reporter, October 5, 2021, https://www.financialreporter.co.uk/finance-news/majority-of-women-planning-on-leaving-an-inheritance-unlikey-to-seek-financial-advice.html, 包括米林的引言：Tanita Jamil, "The Inheritance Challenge Facing Women in the Sandwich Generation," St. James's Place, January 7, 2021, https://www.sjp.co.uk/news/how-to-manage-inheritance; "$8.5 Billion Inheritance Skipping a Generation Every Year," One Family, August 7, 2019, https://www.onefamily.com/our-story/media-centre/2019/8-5-

billion-inheritance-skipping-a-generation-every-year/.

第八章

1. 關於女性、母職和生物時鐘，參見Carley Fortune, "The Career Advice I Wish I Got Before Having a Baby," Refinery29, July 23, 2020, https://www.refinery29.com/en-gb/2020/07/9929316/career-advice-for-new-mothers; Richard Cohen, "The Clock Is Ticking for the Career Woman," *Washington Post*, March 16, 1978; Moira Weigel, "The Foul Reign of the Biological Clock," *Guardian,* May 10, 2016; Quoctrung Bui and Claire Cain Miller, "The Age That Women Have Babies: How a Gap Divides America," *New York Times*, August 4, 2018, 包括拉克金的引言；Melinda Mills et al., "Why Do People Postpone Parenthood?," *Human Reproduction Update* 17, no. 6 (November–December 2011): 848–860.
2. 關於女性的職涯，參見Sharon Mavin, "Women's Career in Theory and Practice: Time for Change?," *Women in Management Review* 16, no. 4 (2011): 183–192; Patrick Ishizuka and Kelly Musick, "Occupational Inflexibility and Women's Employment During the Transition to Parenthood," *Demography* 58, no. 4 (221): 1249–1274.
3. 關於女性的工作和壓力，參見"Women More Likely to Be Stressed Than Men," Priory, https://

www.priorygroup.com/blog/why-are-stress-levels-among-women-50-higher-than-men, 包括莫琳的引言；Nancy Beauregard et al., "Gendered Pathways to Burnout: Results from the SALVEO Study," *Annals of Work Exposures and Health* 2, no. 4 (May 2018): 426–437; "For Mothers in the Workplace, a Year (and Counting) Like No Other," McKinsey, May 5, 2021, https://www.mckinsey.com/featured-insights/diversity-and-inclusion/for-mothers-in-the-workplace-a-year-and-counting-like-no-other.

4. 更多關於女性就業的文獻，參見Marianne Cooper, "Mothers' Careers Are at Extraordinary Risk Right Now," *Atlantic,* October 1, 2020, https://www.theatlantic.com/family/archive/2020/10/pandemic-amplifying-bias-against-working-mothers/616565/; Michelle Fox, "Men Have Been Promoted 3 Times More Than Women During the Pandemic, Study Finds," CNBC, October 13, 2020, https://www.cnbc.com/2020/10/13/pandemic-fallout-men-got-3-times-more-promotions-than-women.html, 包括Qualtrics和theBoardlist的研究；Caitlin Powell, "Could Working from Home Stall Women's Careers?," *People Management*, November 15, 2021, https://www.peoplemanagement.co.uk/news/articles/could-working-from-home-stall-womens-careers#gref, 包括史帝文森的引言。

5. 愛莉森的故事，來自Jen Gann, "6 Women on How They've Been Treated at Work After Having

Kids," *New York,* June 13, 2018.

6. 關於當媽媽受罰，參見Shelley Zalis, "The Motherhood Penalty: Why We're Losing Our Best Talent to Caregiving," *Forbes,* February 22, 2019; *The Pursuit of Gender Equality: An Uphill Battle* (Paris: OECD, 2017), figures 12.3, 12.4, and 12.5; Henrik Kleven, Camille Landais, and Jakob Egholt Sogaard, "Children and Gender Inequality: Evidence from Denmark," National Bureau of Economic Research, working paper 24219; Claire Cain Miller, "The Motherhood Penalty vs. the Fatherhood Bonus," *New York Times*, September 6, 2014, 包括布德格的引言；Katja Möhring, "Is There a Motherhood Penalty in Retirement Income in Europe?," *Ageing & Society* 38, no. 2 (December 2018): 2560–2589; M. Gough and M. Noonan, "A Review of the Motherhood Wage Penalty in the United States," *Sociology Compass* 7, no. 4 (2013): 328–342; M. J. Budig and P. England, "The Wage Penalty for Motherhood," *American Sociological Review* 66 (2001): 204–225; M. J. Budig, J. Misra, and I. Boeckmann, "The Motherhood Penalty in Cross-National Perspective: The Importance of Work-Family Policies and Cultural Attitudes," *Social Politics: International Studies in Gender, State & Society* 19, no. 2 (2012): 163–193; *The Pursuit of Gender Equality: An Uphill Battle*, figure 13.14; Gann, "6 Women," including the Sally quotes; Joan R. Kahn, Javier Garcia-Manglano, and Suzanne M. Bianchi,

"The Motherhood Penalty at Midlife," *Journal of Marriage & Family* 76, no. 1 (February 2014): 56-72.

7. 關於母親不工作的罪惡感，參見Katie Martin, "When Women Choose Children Over a Career," *Atlantic,* December 19, 2016, https://www.theatlantic.com/business/archive/2016/12/opting-out/500018/.
8. 關於「媽咪軌道」，參見Felice N. Schwartz, "Management Women and the New Facts of Life," *Harvard Business Review*, January-February 1989; Tamar Lewin, "'Mommy Career Track' Sets Off a Furor," *New York Times*, March 8, 1989; Lisa Endlich Heffernan, "Want to Keep Mothers in the Workforce? Make It Possible for Them to Stay," Vox, May 7, 2015, https://www.vox.com/2015/5/4/8523753/mommy-track, 包括沃達豐與IBM的案例：Cathy Barrera, "The Economics of the 'Mommy Track' Explain Why Parental Leave Isn't Enough," Quartz, February 6, 2018, https://qz.com/work/1189295/the-economics-of-the-mommy-track-explain-why-offering-parental-leave-isnt-enough/.
9. 關於有哪些政策可以改善女性的職涯，參見Melinda Mills, "Why Do People Postpone Parenthood?"
10. 關於小媽媽，參見Courtney Pellegrino, "The Lived Experiences of Teenage Mothers That

Foster Resiliency," doctor of education thesis, Northeastern University, Boston, MA, August 2014, 包括史黛西的引言，第五十六頁，https://repository.library.northeastern.edu/files/neu:336610/fulltext.pdf; "Reproductive Health: Teen Pregnancy," Centers for Disease Control and Prevention, November 15, 2021, https://www.cdc.gov/teenpregnancy/about/index.htm.

11. 艾爾費羅的故事是根據Eric Breier, "From Teen Mom to College Graduate," California State University at San Marcos, May 8, 2017, https://news.csusm.edu/from-teen-mom-to-college-graduate/.

12. 關於青少女的懷孕率和生育率，來自"Trends in Teen Pregnancies and Childbearing," U.S. Department of Health & Human Services, https://opa.hhs.gov/adolescent-health/reproductive-health-and-teen-pregnancy/trends-teen-pregnancy-and-childbearing; "Early Childbearing," UNICEF, May 2021, https://data.unicef.org/topic/child-health/adolescent-health/; Josephine Nabugoomu, Gloria K. Seruwagi, and Rhoa Hanning, "What Can Be Done to Reduce the Prevalence of Teen Pregnancy in Rural Eastern Uganda?," *Reproductive Health* 17, no. 134 (2020); Nana Yaa Konadu Gyesaw and Augustine Ankomah, "Experiences of Pregnancy and Motherhood Among Teenage Mothers in a Suburb of Accra, Ghana,"

International Journal of Women's Health 5 (2013): 773-780; "National Single Parent Day," U.S. Bureau of the Census, https://www.census.gov/newsroom/stories/single-parent-day.html.

13. 關於女性重返校園，參見Andrew J. Hostetler, Stephen Sweet, and Phyllis Moen, "Gendered Career Paths: A Life Course Perspective on Returning to School," *Sex Roles* 56 (2007): 85-103; Amy B. Valente, "Back on the Career Path: A Qualitative Study of Employment Transitions for Women Who Take a Career Break and Their Re-Entry Experiences," doctoral thesis, Northeastern University, Boston, MA, December 2019, https://repository.library.northeastern.edu/files/neu:m044ww78b/fulltext.pdf; Zoe May Simpson, "The Return of Teen Mothers to the Formal School System," doctoral thesis, University of Sheffield, August 2010, https://etheses.whiterose.ac.uk/14998/1/555516.pdf; Linnea Lynne Watson, "Educational Resiliency in Teen Mothers," doctoral dissertation, University of Northern Colorado, Greeley, CO, January 12, 2014, https://digscholarship.unco.edu/cgi/viewcontent.cgi?article=1272&context=dissertations; Zarina Chogan and Malose Langa, "Teenage Mothers Talk About Their Experience of Teenage Motherhood," *Agenda: Empowering Women for Gender Equity* 25, no. 3 (2011): 87-95, 包括蘇的引言，第九十一頁；"10 Teen Pregnancy Quotes," Texas Adoption Center, December 12, 2019, 包括十五歲小媽媽

的引言，https://www.texasadoptioncenter.org/blog/teen-pregnancy-quotes/.

第九章

1. 關於行銷和世代，參見"Marketing to People Based on Their 'Generation' Will Ultimately Fail," Dragonfly Marketing, https://dragonflymarketing.com.au/marketing-people-based-generation-will-ultimately-fail/; Laura Slattery, "Advertisers' Portrayal of Older People Isn't Just Alienating, It's Self-Defeating," *Irish Times,* October 25, 2021, 包括奧傑斯的引言，Sonya Matejko, "How to Bridge the Age Gap in Marketing," *Forbes,* October 15, 2021; Alexandra Pastore, "Blurring the Lines for Multigenerational Appeal," WWD, January 7, 2021, https://wwd.com/business-news/business-features/multigenerational-appeal-1234690602/.
2. 關於千禧世代、刻板印象和流行文化，參見Jeff J. Butler, "Where Did the Avocado Toast Millennial Stereotype Come From?," April 12, 2019, https://jeffjbutler.com/2019/04/12/where-did-the-avocado-toast-millennial-stereotype-come-from/; Ash Collyer, "Generational Stereotypes Are 'Insulting, Recycled and Not True,'" Rhino Interiors Group, June 12, 2018, https://www.rhinooffice.co.uk/blog/generational-stereotypes; Tom Wolfe, "The 'Me' Decade and the Third Great Awakening," *New York,* April 8, 2008; Jean Twenge, "Millennials:

the Me Me Me Generation," *Time*, May 20, 2013.

3. 關於年齡歧視，以及對世代觀念的批評，參見Stéphane P. Francioli and Michael S. North, "Youngism: The Content, Causes, and Consequences of Prejudices Toward Younger Adults," *Journal of Experimental Psychology: General* 150, no. 12 (2021): 2591-2612; "The Whys and Hows of Generations Research," Pew Research Center, September 3, 2015, https://www.pewresearch.org/politics/2015/09/03/the-whys-and-hows-of-generations-research/; A. Bell and K. Jones, "The Impossibility of Separating Age, Period and Cohort Effects," *Social Science & Medicine* 93 (2013): 163-165; Stacy M. Campbell et al., "Fuzzy but Useful Constructs: Making Sense of the Differences Between Generations," *Work, Aging and Retirement* 3, no. 2 (April 2017): 130-139; P. J. Urwin and E. Parry, "The Evidence Base for Generational Differences: Where Do We Go from Here?," WestminsterResearch, 2017, https://westminsterresearch.westminster.ac.uk/download/f9124d9430b69b3df89f8a631919e4a56795e04cde20a95d33139865d2bcba21/200052/Generations%20paper%20for%20WAR%20v4%20241116.pdf; Cort W. Rudolph et al., "Generations and Generational Differences: Debunking Myths in Organizational Science and Practice and Paving New Paths Forward," *Journal of Business and Psychology* 36 (2021): 945-967.

4. 關於年齡歧視、女性和行銷，參見Tamar Miller, "It's Time for the Fashion Industry to Stop Ignoring Older Women," Swaay, June 22, 2020, https://swaay.com/ageism-fashion-industry-older-women; "Ageism in Marketing Is Not Only Harmful; It's Bad for Business," *Forbes,* January 3, 2020, 包括洛克斯的引言；Patrick Coffee, "Age Discrimination Is the Biggest Hidden Bias in Advertising—and It's Gotten Worse During the Pandemic," Business Insider, June 30, 2021, https://www.businessinsider.com/the-ad-industrys-silent-battle-against-ageism-2021-6?r=US&IR=T, 包括洛克斯的第一段引言；Georganna Simpson, "L'Oréal and Vogue Challenge Beauty Perceptions After 50," Campaign, https://www.campaignlive.co.uk/article/loreal-vogue-challenge-beauty-perceptions-50/1587434; Aimée McLaughlin, "Is Advertising Finally Addressing Its Age Problem?," *CreativeReview*, November 9, 2021, https://www.creativereview.co.uk/advertising-age-problem/，包括麥奎爾的引言；"Ageism Is Rife in Marketing," Longevity, August 12, 2021, https://www.longevity.technology/ageism-is-rife-in-marketing/, 包括魏斯的引言。
5. 關於老年人的消費和行銷，參見Mari Shibata, "The Untapped Potential of the 'Longevity Economy,'" BBC, October 10, 2019, https://www.bbc.com/worklife/article/20190930-the-untapped-potential-of-the-longevity-economy; Jeff Beer, "Why Marketing to Seniors Is

So Terrible," *Fast Company*, June 5, 2019, 包括查特吉的引言；Robert Zniva and Wolfgang Weitzl, "It's Not How Old You Are but How You Are Old: A Review on Aging and Consumer Behavior," *Management Review Quarterly* 66 (2016): 267–297; Pastore, "Blurring the Lines," 包括德拉比奇與馬丁的引言。

6. 關於爺奶網紅，參見"How 'Granfluencers' Are Shaking Up Social Media Representation and Influencer Marketing," PR Daily, December 31, 2021, https://www.prdaily.com/how-granfluencers-are-shaking-up-social-media-representation-and-influencer-marketing/; "The Rise of the Granfluencer," Social Standard, https://www.sostandard.com/blogs/the-rise-of-the-granfluencer/; Kantaro Komiya, "Grandparents Gone Viral," Rest of World, https://restofworld.org/2021/social-media-isnt-just-for-young-people/; Kait Shea, "The Golden Age of Influence: Eight 'Granfluencers' Shaking Up Consumers' Social Media Feeds," Event Marketer, March 28, 2022, https://www.eventmarketer.com/article/social-media-granfluencers-eight-types/; Carlo Pizzati, "Aging Influencers, Chinese Grandmas Are Social Media Hit," World Crunch, September 3, 2021, https://worldcrunch.com/culture-society/-aging-influencers-grandmas-in-china.

7. 關於抖音的引述，來自Lindsay Dodgson, "TikTokers Are Dancing with Their Grandparents

for Content, and It Could Help Curb the Pandemic of Loneliness Among Older People," Insider, June 11, 2020, https://www.insider.com/how-tiktok-brings-grandparents-and-grandchildren-together-2020-6; Sydney Page, "Grandparents Are Dancing with Their Grandkids on TikTok. People Can't Get Enough," *Washington Post*, May 14, 2020.

8. 關於多代同堂和行銷，參見Scott McKenzie, "Nielsen: The Rise of Multigeneration Homes and the New Gatekeepers Within," Drum, August 4, 2020, https://www.thedrum.com/opinion/2020/08/04/nielsen-the-rise-multi-generation-homes-and-the-new-gatekeepers-within; Sharon Vinderine, "Multigenerational Households Are Influencing North American Retail Trends," *Entrepreneur*, November 6, 2018, https://www.entrepreneur.com/growing-a-business/multigenerational-households-are-influencing-north-american/322144.

9. 關於Uber和Airbnb的統計數據，參見"Celebrating Airbnb's 60+ Host Community," Airbnb blog, https://blog.atairbnb.com/celebrating-airbnbs-60-host-community; "Airbnb Statistics, User Counts, Facts & News (2022)," DMR, https://expandedramblings.com/index.php/airbnb-statistics/; "Uber Revenue and Usage Statistics," BuildFire, https://buildfire.com/uber-statistics/. 關於不老世代的引言，來自Pastore, "Blurring the Lines."

10. 關於Nike，參見Carol Kuruvilla, "'Iron Nun' Proves Youth Is Unlimited in Nike Ad," Huff-

Post, August 15, 2016, https://www.huffingtonpost.co.uk/entry/iron-nun-proves-youth-is-unlimited-in-nike-ad_n_57b209e1e4b0718404123f79; Miriam Tremelling, "The Iron Nun Inspires Us All in Nike's 'Unlimited Youth,'" Campaign, August 23, 2016, https://www.campaignlive.co.uk/article/iron-nun-inspires-us-nikes-unlimited-youth/1406682.

11. 關於賓士，參見"Mercedes-Benz 'Grow Up' Campaign: Tapping into an Urban Subculture," Advertising + Marketing, April 18, 2018, https://www.marketing-interactive.com/mercedes-benz-grow-up-campaign-tapping-into-an-urban-subculture; "Your Shot: Diving Deeper Into Mercedes-Benz's Compelling 'Grow Up' Series," Little Black Book, https://www.lbbonline.com/news/your-shot-diving-deeper-into-mercedes-benzs-compelling-grow-up-series.

12. 關於CoverGirl，參見"CoverGirl Embraces Inclusivity in Their New Campaign by Droga5," MPC, https://archive.mpcadvertising.com/our-work/all/covergirl-i-am-what-i-make-up; Ruby Boddington, "CoverGirl Releases Biggest Reinvention in Brand's 60-Year History: I Am What I Make Up," It's Nice That, October 16, 2017, https://www.itsnicethat.com/news/covergirl-i-am-what-i-make-up-graphic-design-161017.

13. 瑞比亞的引言，來自Beer, "Why Marketing to Seniors Is So."

14. 關於跨世代的行銷，參見Jessica Kriegel, "Why Marketing to Millennials and Other

Generations Is Pointless," *Forbes,* November 25, 2015; Heidi Zak, "How to Successfully Market One Product to Multiple Generations," Medium, July 23, 2019, https://medium.com/swlh/how-to-successfully-market-one-product-to-multiple-generations-7c23428d11ee，包括ThirdLove的案例；Sam Bradley, "How Do You Solve a Problem Like . . . Ageism in the Marketing Business?," Drum, June 1, 2021, https://www.thedrum.com/news/2021/06/01/how-do-you-solve-problem-ageism-the-marketing-business，包括史考特與廣告公司的引言；Matthew Schwartz, "Finding the Common Threads Is Key for Generational Marketing," ANA, June 23, 2020, https://www.ana.net/blogs/show/id/mm-blog-2019-12-common-threads-for-generational-marketing; "'Parentmorphosis'—Progressive's Latest Ad Campaign Reminds Us . . . We're All Becoming Our Parents," UTA Social, March 29, 2017, https://utasocial.wordpress.com/2017/03/29/parentmorphosis-progressives-latest-ad-campaign-reminds-us-were-all-becoming-our-parents/; Paul Talbot, "How Marketers Can Engage with Different Generations," *Forbes,* November 11, 2021，包括戈達德的引言。

第十章

1. 三浦雄一郎的引言，來自"80-Year-Old Japanese Man Yuichiro Mirua Becomes Oldest

to Conquer Mount Everest," *Independent*, May 23, 2013; Kara Goldfarb, "He Was the Oldest Man to Climb Mount Everest—10 Years Later He Beat His Own Record," All That's Interesting, May 14, 2018, https://allthatsinteresting.com/yuichiro-miura. 亦可參見"About Miura Everest 2013 Project," Miura Everest 2013, http://miura-everest2013.com/pdf/project_english_130322.pdf.

2. 米德的引言，來自Millard Dale Baughman, *Teacher's Treasury of Stories for Every Occasion* (Englewood Cliffs, NJ: Prentice-Hall, 1958), 69.
3. 杜拉克的引言，來自Goodreads, https://www.goodreads.com/quotes/861169-we-now-accept-the-fact-that-learning-is-a-lifelong.
4. 世界價值觀調查對於年齡世代的態度，參見Alana Officer et al., "Ageism, Healthy Life Expectancy and Population Ageing: How Are They Related?," *International Journal of Environmental Research and Public Health* 17, no. 9 (2020): 3159; Michael S. North and Susan T. Fiske, "A Prescriptive, Intergenerational-Tension Ageism Scale: Succession, Identity, and Consumpion (SIC)," *Psychological Assessment* 25, no. 3 (September 2013): 706–713. 原始資料在"Online Data Analysis," World Values Survey, https://www.worldvaluessurvey.org/WVSOnline.jsp.
5. 胡斯的引言，來自Joe Kita, "Workplace Age Discrimination Still Flourishes in America,"

AARP, December 30, 2019, https://www.aarp.org/work/working-at-50-plus/info-2019/age-discrimination-in-america.html.
6. 托佛勒的引言，來自Susan Ratcliffe, *Oxford Essential Quotations* (Oxford, England: Oxford University Press, 2016).
7. 科佩瓦斯的引言，來自Sam Bradley, "How Do You Solve a Problem Like . . . Ageism in the Marketing Business?," Drum, June 1, 2021, https://www.thedrum.com/news/2021/06/01/how-do-you-solve-problem-ageism-the-marketing-business.
8. 美國只用線上學習的學生統計數據，來自美國國家教育統計中心，https://nces.ed.gov/programs/digest/d21/tables/dt21_311.15.asp.
9. 奧菲莉亞的引言，來自*Global Report of Ageism* (New York: United Nations, 2021), 125, https://www.who.int/teams/social-determinants-of-health/demographic-change-and-healthy-ageing/combatting-ageism/global-report-on-ageism.
10. 關於年齡歧視和人口老化，參見David Neumark, "Strengthen Age Discrimination Protections to Help Confront the Challenge of Population Aging," Brookings Institution, November 19, 2020, https://www.brookings.edu/research/strengthen-age-discrimination-protections-to-help-confront-the-challenge-of-population-aging/.

11. 美國退休者協會二〇一九年的研究，引用於G. Oscar Anderson, "Mentorship and the Value of a Multigenerational Workforce," AARP, January 2019, https://www.aarp.org/research/topics/economics/info-2019/multigenerational-work-mentorship.html.
12. 惠特曼的引言，來自Kerry Hannon, "Forget 'OK, Boomer'—Workplaces of the Future Will Be Multigenerational," MarketWatch, December 16, 2019, https://www.marketwatch.com/story/forget-ok-boomer-workplaces-of-the-future-will-be-multigenerational-2019-12-16.
13. 依年齡區分的大學註冊數據，來自OECD的教育資料庫， https://data.oecd.org/education.htm.
14. 依年齡區分的線上學習數據，引用統計數據網資料庫。
15. 美國退休人員協會對高階主管的調查由瑞貝卡・佩隆（Rebecca Perron）進行，並出版為*Global Insights on a Multigenerational Workforce* (Washington, DC: AARP Research, August 2020).
16. 勤業眾信的調查，被引用於Gildas Poirel and Michela Coppola, "Wrong Numbers," Deloitte, https://www2.deloitte.com/us/en/insights/focus/technology-and-the-future-of-work/post-pandemic-talent-strategy-generations-in-the-workplace.html.
17. 關於娛樂產業的跨世代行銷，參見Natalie Oganesyan, "Entertainment Executives See Return to Multi-Generational Viewing," Yahoo! News, October 2, 2020, https://www.yahoo.com/

now/entertainment-executives-see-return-multi-201447044.html.
18. 加拿大品牌19/99的引述，參見Lisa Payne, "New Multigenerational Beauty Brand Targets Ages 19 to 99," Stylus, https://www.stylus.com/new-multigenerational-beauty-brand-targets-ages-19-to-99.

新商業周刊叢書 BW0833

華頓商學院趨勢剖析——多世代革命

人口組成與科技創新，如何共創一個顛覆學習、工作與娛樂的未來？

原文書名／The Perennials: The Megatrends Creating a Postgenerational Society
作　　者／馬洛・吉蘭（Mauro F. Guillén）
譯　　者／謝明珊
企劃選書／黃鈺雯
責任編輯／黃鈺雯
編輯協力／蘇淑君
版　　權／吳亭儀、林易萱、江欣瑜、顏慧儀
行銷業務／周佑潔、林秀津、賴正祐、吳藝佳

總 編 輯／陳美靜
總 經 理／彭之琬
事業群總經理／黃淑貞
發 行 人／何飛鵬
法律顧問／台英國際商務法律事務所
出　　版／商周出版　臺北市中山區民生東路二段141號9樓
電話：(02)2500-7008　傳真：(02)2500-7759
E-mail：bwp.service@cite.com.tw
發　　行／英屬蓋曼群島商家庭傳媒股份有限公司　城邦分公司
台北市104民生東路二段141號2樓
電話：(02)2500-0888　傳真：(02)2500-1938
讀者服務專線：0800-020-299　24小時傳真服務：(02)2517-0999
讀者服務信箱：service@readingclub.com.tw
劃撥帳號：19833503
戶名：英屬蓋曼群島商家庭傳媒股份有限公司城邦分公司
香港發行所／城邦(香港)出版集團有限公司
香港灣仔駱克道193號東超商業中心1樓
電話：(825)2508-6231　傳真：(852)2578-9337
E-mail：hkcite@biznetvigator.com
馬新發行所／城邦(馬新)出版集團
Cite (M) Sdn Bhd
41, Jalan Radin Anum, Bandar Baru Sri Petaling,
57000 Kuala Lumpur, Malaysia.
電話：(603)9057-8822　傳真：(603)9057-6622　email: cite@cite.com.my

國家圖書館出版品預行編目(CIP)數據

華頓商學院趨勢剖析——多世代革命：人口組成與科技創新，如何共創一個顛覆學習、工作與娛樂的未來？/馬洛．吉蘭(Mauro F. Guillén)著；謝明珊譯. -- 初版. -- 臺北市：商周出版：英屬蓋曼群島商家庭傳媒股份有限公司城邦分公司發行, 2023.11
面；　公分. -- (新商業周刊叢書：BW0833)
譯自：The Perennials: The Megatrends Creating a Postgenerational Society
ISBN 978-626-318-926-3 (平裝)

1.CST: 未來社會 2.CST: 社會發展 3.CST: 趨勢研究

541.49　　112017814

封面設計／萬勝安　內文排版／無私設計・洪偉傑　印　刷／鴻霖印刷傳媒股份有限公司
經 銷 商／聯合發行股份有限公司　電話：(02)2917-8022　傳真：(02) 2911-0053
地址：新北市231新店區寶橋路235巷6弄6號2樓

ISBN／978-626-318-926-3（紙本）　978-626-318-924-9（EPUB）
定價／499元（紙本）　350元（EPUB）

城邦讀書花園
www.cite.com.tw

2023年11月初版

商周出版

廣　告　回　函
北區郵政管理登記證
臺北廣字第 000791 號
郵資已付，免貼郵票

104 臺北市民生東路二段 141 號 9 樓
英屬蓋曼群島商家庭傳媒股份有限公司
城邦分公司

請沿虛線對摺，謝謝！

商周出版

書號：BW0833　書名：華頓商學院趨勢剖析——多世代革命　編碼：

請於此處用膠水黏貼

商周出版

讀者回函卡

線上版讀者回函卡

感謝您購買我們出版的書籍！請費心填寫此回函卡，我們將不定期寄上城邦集團最新的出版訊息。

姓名：＿＿＿＿＿＿＿＿＿＿＿＿＿＿ 性別：□男 □女

生日：西元＿＿＿＿＿＿年＿＿＿＿＿＿月＿＿＿＿＿＿日

地址：＿＿＿＿＿＿＿＿＿＿＿＿＿＿＿＿＿＿＿＿

聯絡電話：＿＿＿＿＿＿＿＿＿＿ 傳真：＿＿＿＿＿＿＿＿＿＿

E-mail ：

學歷：□ 1. 小學 □ 2. 國中 □ 3. 高中 □ 4. 大學 □ 5. 研究所以上

職業：□ 1. 學生 □ 2. 軍公教 □ 3. 服務 □ 4. 金融 □ 5. 製造 □ 6. 資訊

□ 7. 傳播 □ 8. 自由業 □ 9. 農漁牧 □ 10. 家管 □ 11. 退休

□ 12. 其他＿＿＿＿＿＿＿＿＿＿＿＿＿＿＿＿

您從何種方式得知本書消息？

□ 1. 書店 □ 2. 網路 □ 3. 報紙 □ 4. 雜誌 □ 5. 廣播 □ 6. 電視

□ 7. 親友推薦 □ 8. 其他＿＿＿＿＿＿＿＿＿＿＿＿

您通常以何種方式購書？

□ 1. 書店 □ 2. 網路 □ 3. 傳真訂購 □ 4. 郵局劃撥 □ 5. 其他＿＿＿＿

您喜歡閱讀那些類別的書籍？

□ 1. 財經商業 □ 2. 自然科學 □ 3. 歷史 □ 4. 法律 □ 5. 文學

□ 6. 休閒旅遊 □ 7. 小說 □ 8. 人物傳記 □ 9. 生活、勵志 □ 10. 其他

對我們的建議：＿＿＿＿＿＿＿＿＿＿＿＿＿＿＿＿＿＿＿＿

＿＿＿＿＿＿＿＿＿＿＿＿＿＿＿＿＿＿＿＿

＿＿＿＿＿＿＿＿＿＿＿＿＿＿＿＿＿＿＿＿

請於此處用膠水黏貼